Nationens fiende

Lars Larsson

NATIONENS FIENDE

Om mordet på Olof Palme

Lars Larsson: Nationens fiende – Om mordet på Olof Palme
© Lars Larsson 2016
lars_larsson@outlook.com
Utgiven 2016-08-01
Omslagsbild: Emilia Norén
Förlag: BoD - Books on Demand, Stockholm, Sverige
Tryck: BoD - Books on Demand, Norderstedt, Tyskland
ISBN: 9789176991053
Andra utgåvan

Innehållsförteckning

INNEHÅLLSFÖRTECKNING 5

PROLOG 10

FÖRORD 11

TT-TELEGRAM 18

SKOTTEN 21

JAKTEN 29

MÖRDAREN 53

ÖGONVITTNEN 60

Bilburna ögonvittnen 62

Promenerande ögonvittnen 77

SIGNALEMENT 94

Allmänt intryck 100

Huvudbonad 101

Ytterplagg 104

Byxor 111

Skor 111

Ålder 112

Längd 113

Rörelsemönster och kroppstyp 115

Övriga kännetecken 119

Löpstil 120

Ansikte 123

Sammanfattande signalement 125

MORDÖGONBLICKET 126

STURES FÖRHÖR 145

Första förhöret 146

Andra förhöret 149

Tredje förhöret 157

REKONSTRUKTIONEN 165

STURES FJÄRDE FÖRHÖR 173

SKANDIA 198

TINGSRÄTTEN 202

MEDIA 217

MYSTERIET I GRÄNDEN 227

SLUTSATSER 230

EPILOG 244

FÖRFATTARENS EFTERORD 250

Källor 250

Namngivning 250

Citat 251

Fördjupning 251

Författarens tack 254

Kontakt 255

BILAGA 1: TIDSLINJE **256**

BILAGA 2: FÖRHÖR **259**

BILAGA 3: STURES BAKGRUND **269**

Prolog

Sent på fredagskvällen den 28 februari 1986 sköts Olof Palme ner på öppen gata inför över tjugo ögonvittnen. Mördaren agerade snabbt och effektivt. Efter fullbordad gärning tog han sig springande från platsen utan att lämna minsta spår efter sig. Polisen har lagt ner enorma resurser på att finna mördaren, men vet idag inte mycket mer än vad den gjorde för trettio år sedan.

De olika ögonvittnena ger en relativt samstämd bild av vad som hände den där kvällen. Hur mördaren såg ut, vad han gjorde och var han tog vägen efter skotten.

Men ett vittne avviker från de övriga på ett markant sätt. Hans berättelse stämmer inte alls med de andras, och dessutom är det ingen som ens har sett honom på platsen. Polisen beslutar sig snart för att avpollettera honom. Mannen kan helt enkelt inte ha varit där. De stämplar honom som mytoman och går vidare med andra vittnen.

Men i förhören framkommer en ytterst märklig omständighet. Vittnet som inte ens varit där avslöjar i förbifarten någonting som ingen borde ha kunnat känna till.

Förutom mördaren.

Förord

Världens mest kända och utredda brott är mordet på John F Kennedy. När detta skrivs så är det mer än 50 år sedan han sköts, och tusentals böcker har skrivits i ämnet. Den ena boken har en mer fantastisk lösning på mordet än den andra. Förvisso kan man hävda att mordet faktiskt redan är löst. Lee Harvey Oswald häktades på sannolika skäl misstänkt för mordet på både en polis och Kennedy, men mördades själv av nattklubbsägaren Jack Ruby innan någon rättegång eller ens en egentlig polisutredning kunde inledas. Detta faktum har lämnat fältet fritt för spekulationer om Oswalds roll i mordet. Var han ensam? Vittesuppgifter pratar ju om skott från flera olika håll. Var han verkligen en kommunist och Kennedyhatare? En del hävdar i stället att han var hemlig agent anställd av FBI eller CIA. Var hans motiv politiska, personliga eller professionella?

Än idag kommer nya uppgifter om mordet fram, och nya spekulationer torgförs. Trots stora ansträngningar är Kennedymordet fortfarande officiellt olöst och verkar så förbli.

Utredningen av Palmemordet är med hänsyn tagen till omfattning och komplexitet inte helt olik Kennedymordet. Den tragiska händelsen på Stockholms gator i slutet av februari 1986 har resulterat i fler hyllmeter utredningsmaterial än något annat kriminalfall i världen, undantaget mordet på John F Kennedy. Palmeutredningen är unik i Sverige oavsett om man ser till dess omfattning av material, kostnad, mängden inblandade utredare, antal gjorda konfrontationer, mediebevakningen, förekomsten av privatspanare, och inte minst den ymniga mängden konspirationsteorier.

Den första personen som misstänktes för mordet på Olof Palme var, för att använda dåvarande spaningsledningens raljanta beskrivning, den galne österrikaren. Han är dessutom ett bra exempel på alla närmast otroliga sammanträffanden och tillfälligheter som förekommer i utredningen. Historien är märklig: Österrikaren är av polisen ökänd för att ha för vana att sprida hotelser omkring sig. Två dagar innan mordet på Olof Palme uttalar han ett mordhot mot Hans Holmér. Hans namn är alltså ytterst aktuellt i polishuset, så till den grad att man överväger att öka den allmänna uppmärksamheten. Det blir därför självklart för polisen att redan på mordnatten kontrollera denna Österrikare. Vittnen säger att han har kommit till restaurang Karelia på Snickarbacken, endast 400 meter från mordplatsen, ungefär tio minuter efter mordet. Detta spår blir snabbt så hett att polisen i stort sett uppfattar det som att mordet redan är löst. Beslut tas snabbt: Österrikaren måste tas in. Omhändertagandet sker på natten några timmar efter mordet under stor dramatik. Han dras handgripligen upp ur sängen där han sover med en tillfällig bekantskap vid sin sida. Under förhöret som följer kan han inte lämna någon bra förklaring vare sig till vad han har gjort under kvällen, eller var han har varit innan han kom till restaurangen.

Österrikaren passar inte perfekt in på det signalement som de första vittnesmålen beskriver, men det finns naturligtvis ett osäkerhetsutrymme så polisen låter sig inte nedslås. Tvärtom: Han hade uttalat hot, det fanns skäl att anta att han var farlig, och dessutom fanns han på plats i lagom tid efter mordet i gärningsmannens flyktväg. I polisens ögon måste det vara svårt att tänka sig någon annan förklaring än att han är skyldig, tagen med fingrarna just uppdragna och avtorkade ur syltburken.

Då händer det obegripliga. Österrikaren får, helt utan egen inblandning, ett fullständigt oslagbart alibi. En polispatrull har klockan 23:20, alltså nästan exakt vid den tidpunkt då mordet sker, av en slump stoppat honom vid Slussen och utfört en rutinkontroll. Uppgifterna om kontrollen kommer fram några timmar efter anhållandet, och polisen kan inte göra annat än att släppa honom. Självklart väcker detta frågor. Hur kan en sådan perfekt gärningsmannakandidat få ett så bra alibi bara några timmar efter anhållandet? Kan vi inte ana oss till en konspiration här? Kanske. Men, mer troligt – kanske inte. Inga andra uppgifter i denna historia står att finna, inget ytterligare har kommit fram. Spåren slutar här. Finns det en konspiration, så är den i så fall väl dold.

En annan minst lika fantastisk tillfällighet inträffade på en buss i Kalmar län där en passagerare dagen innan mordet säger till sin kompis: "I morgon ska jag åka upp till Stockholm och skjuta Palme!" En annan passagerare råkar höra samtalet, och när den hemska nyheten om mordet kommer ut dagen efter så är det inte svårt att förstå tjuvlyssnarens upphetsning: Han vet ju vem som har gjort det!

Polisen får in tipset, de utreder, förhör och kontrollerar enligt konstens alla regler. Till sist kan man konstatera att det rör sig om ett skämt. Den presumtive mördaren har ett vattentätt alibi, och det handlar helt enkelt bara om ett – låt vara ytterst smaklöst – skämt. Busspåret är sedan många år av polisen avskrivet som just en ren tillfällighet. Det finns fler exempel på sådana egendomliga tillfälligheter och sammanträffanden, och om även alla dessa är just sammanträffanden eller om de är tecken på en underliggande konspiration är inte lätt att veta.

Mängden spår, vart och ett med någon form av trovärdighet är överväldigande. Sydafrika, PKK, Ustasja, Christer P, högerextrema poliser, 33-åringen, EAP, WACL, Sydafrikanska agenter, CIA och Alf E är alla exempel på spår som på ett eller annat sätt varit aktuella i utredningen. Beroende på betraktarens utgångspunkt och personliga uppfattning kan de bedömas som mer eller mindre trovärdiga. Förespråkaren för ett visst spår bygger indiciekedjor, radar upp tillfälligheter som talar för sitt favoritspår, pekar på avsaknad av alibi och presenterar starka motiv. Däremot undviker naturligt nog förespråkaren att peka på det som talar emot spåret och framhäver i stället bara det som talar för. Det är ett helt naturligt beteende eftersom hon vill lansera just sitt spår som det mest trovärdiga. Men rent logiskt går det ju att bevisa att om ett av spåren är sant, så är ju alla de andra falska, oavsett hur trovärdiga de är. Åtminstone så länge som vi inte tänker oss en superkonspiration, där alla spåren tillsammans bildar en komplott av enorma magnituder, och i slutändan går ihop i en sorts konspirationernas moder.

Ungefär 130 personer har erkänt att de sköt Olof Palme. De första erkännandena började komma in till polisen redan en stund efter midnatt, alltså strax efter mordet. Om vi accepterar mordplatsvittnenas berättelse om en enskild mördare så måste alltså minst 129 av dessa påstådda gärningsmän ljuga. Mer sannolikt så ljuger alla 130. Polisen har utan större ansträngningar kunnat avfärda flertalet av de självpåtagna mördarna som rena bluffmakare.

Kan man lösa mordet? Finns det bevis som till slut otvetydigt skulle kunna peka ut en mördare? Kan någon, polis eller någon annan, till sist hitta det avgörande beviset? Och vad kommer i så fall att krävas av ett sådant bevis för att någon utan rimligt tvivel skulle kunna fällas? Ett erkännande räcker som vi sett uppenbarligen inte. Inte heller ett utpekande av de bäst placerade vittnena räcker, vilket blev tydligt i rättegångarna mot Christer P. Någon DNA eller liknande teknisk bevisning finns inte heller att jämföra mot. Innehav av revolvern kan förstås vara bestickande, men utan stödbevisning är inte heller det något som skulle räcka för att kunna sätta någon bakom lås och bom. Sannolikt krävs ett eget erkännande tillsammans med innehav av revolvern, gärna tillsammans bevis på att man varit på plats vid tiden för mordet, och dessutom någon form av likhet med signalement, eller rent av ett utpekande från ett eller flera vittnen. Möjligheten för att detta ska inträffa får betraktas som mikroskopisk.

Många så kallade privatspanare har försökt hitta relevanta bevis och de tvärsäkra utpekandena av gärningsmän är många. Med lite god vilja kan man hitta runt 100 böcker som handlar enbart eller till stora delar om Palmemordet. De flesta författare väljer att inte peka ut en gärningsman. Det är inte svårt att förstå, lagen om förtal är tydlig. Det går inte att peka ut folk som statsministermördare hur som helst utan att räkna med påföljder, inte ens om den utpekade gärningsmannen är avliden sedan länge. Trots detta så väljer en del att peka ut och offentligt namnge sin favoritgärningsman och helt enkelt ta risken att bli åtalad. Kanske i hopp om att bli åtalad för förtal så att man i en rättegång kan åberopa, och därmed begära fram, hemligstämplade dokument i ljuset.

Om inte polisen kan lösa mordet, hur skulle en journalist, författare eller privatperson i så fall kunna göra det? Polisen sitter ju på enorma resurser och har tillgång till hemligstämplat material och har dessutom information från förhör och andra spaningsresultat – resurser som inte finns tillgängliga för en privatperson. Den tillgången till information och material som utredarna har, är oerhört mycket mer omfattande än vad en utomstående någonsin kan komma i närheten av. Över 150 polisutredare var inkopplade i fallet den första tiden. Polisens enorma resurser utnyttjades till registerslagningar, spaningar, utredande av tips, förhör, och så vidare. Det är deras jobb, de är utbildade och professionella, och det står klart för var och en att de har bäst förutsättningar för att kunna lösa mordet.

Så varför finns fenomenet privatspanare överhuvudtaget? Ett uppenbart skäl är att de inte litar på polisens förmåga att lösa mordet. Antingen för att man tror att polisen själv är inblandad i någon form av konspiration och därmed hindrar ett effektivt utredningsarbete, eller för att man tror att polisen av kompetensskäl eller av andra orsaker inte gör allt de kan för att hitta mördaren.

Mordutredningen var från 1989 och under flera år framåt helt inriktad på att hitta bevis för att Christer P, trots ett enhälligt frikännande i hovrätten, var rätt man. Detta innebar att endast marginella ansträngningar lades på att hitta mördaren i andra kretsar, helt oavsett vilka sammanlagda resurser som fanns tillgängliga. Dessutom har utredningen från tid till annan gått på sparlåga. Under tiden efter flodvågen i Asien låg utredningen i praktiken helt nere i flera år, eftersom den då enda anställda utredningsmannen även fungerade som identifieringsexpert och därför under lång tid hade uppdrag på plats i Thailand.

Det finns alltså skäl att fundera på om polisen gör och har gjort allt som står i deras makt. Av de tre stora statliga granskningar som gjorts av utredningen pekar i vilket fall den senaste på att polisen varit, låt oss kalla det ojämn, med att nysta i alla trådar. Mängden tips har givetvis varit enorm, och mängden villospår är därmed stor, men för en utomstående betraktare framstår det som ganska klart att många tips har lämnats märkligt outredda. Många gånger har tips och spår lämnats helt orörda ända tills media eller journalister har börjat gräva och ställa frågor, varvid ett intensivt utredningsarbete har inletts. Vad beror detta på? Har polisen struntat i vissa tips för att de har rört deras kolleger? Eller fanns det någon form av lokal handlingsförlamning just när det gällde vissa spår? Eller har tipsmottagaren, eller utredande polisman fattat ett snabbt beslut baserat på sin erfarenhet och magkänsla? Vi vet inte varför. Men vi vet att det finns spår som än idag inte utretts grundligt, varken av polisen eller av privatspanare. Denna bok handlar om ett sådant spår.

Min utgångspunkt när jag har studerat detta spår har hela tiden varit att betrakta den berörda personen som oskyldig. Jag föreslår inte att han verkligen har delaktighet i mordet på Olof Palme. Det jag gör är att sammanställa dels det som talar för att han är oskyldig och dels det som antyder att han är delaktig. Slutsatsen får läsaren dra.

TT-telegram

STOCKHOLM 1986-04-06 15:57
— Jag tror att polisen kan ha lämnat fel signalement på Olof Palmes mördare. Deras signalement stämmer in på mig. Det säger reklamkonsulenten Sture E från Täby. Han var en av de allra första som kom fram till mordplatsen, bara några sekunder efter att Palme skjutits.
— Det signalement som polisen lämnat på mördarens klädsel, mörk trekvartslång rock, keps, stålbågade glasögon, stämmer exakt med vad jag hade på mig vid tillfället, säger han. Han säger också att Lisbet Palme sagt "blå täckjacka" till honom och pekat in i gränden där mördaren försvann. Mördaren kan alltså i stället ha burit en sådan jacka.
Enligt polisen är det dock uteslutet att man förväxlat signalementen på mördaren och Sture E. Man säger också att man inte har något behov av att höra E igen.
Sture E berättar för TT om mordkvällen:

– Jag hade jobbat över på mitt arbete på Skandia. Klockan 23.20 stämplade jag ut och gick snabbt mot Kungsgatan för att hinna med en tunnelbana. Jag hade bara gått en kort bit när jag hörde smällar. Jag var då bara cirka 20 meter från mordplatsen. Tyvärr tittade jag på klockan just då så jag såg aldrig mördaren. Sture E och några andra personer rusade fram till den skjutne. De visste då inte att det var Palme.
– Mannen blödde kraftigt. En flicka började med upplivningsförsök. Efter några minuter kom polis och ambulans. Några poliser började springa efter mördaren. Efter ett tag kom jag på att Lisbet Palme sagt "blå täckjacka" till mig och pekat in i gränden. Jag försökte springa ifatt poliserna för att tala om det för dem. Sture E hann dock inte ikapp poliserna. I stället gick han tillbaka till mordplatsen.
– Då stod ett vittne och beskrev mördarens klädsel. Men alltihopa stämde in på mig, rocken, kepsen, glasögonen. Jag försökte göra polisen uppmärksam på detta, men han verkade inte intresserad, trots att jag stod klädd just så mitt framför honom.
På lördagen kom signalementet ut till allmänheten. Sture E kände åter igen sig själv.
– Då ringde jag polisen och berättade om detta. Jag tyckte de skulle ta bort det felaktiga signalementet. Sedan åkte E på en veckas semester. När han kommit hem blev han samma dag uppringd av sex olika poliser som ville ha hans uppgifter. Han fick dra alltihop om och om igen.

— Den sjätte som ringde sade att han inte kunde tyda de föregåendes anteckningar så han ville spela in samtalet på band.

Trots Sture E:s uppgifter hävdar polisen fortfarande att det givna signalementet gäller. Enligt polisen har man fått detta signalement från ett vittne på en plats på David Bagares gata, där Sture aldrig befann sig. Sture har inte heller fått delta i den rekonstruktion av mordet på Palme som polisen utfört på lördags- och söndagsmorgonen.

— Det tycker jag är lite märkligt. Jag var trots allt bland de första på mordplatsen. Polisen säger att den lägger pussel. Men om man tar bort pusselbitar tycker jag att polisen är dålig på att lägga pussel.

Skotten

Det är sportlovsvecka. Stockholms gator och trottoarer är kalla och hala. Det ligger ett litet tunt puder av snö ovanpå fläckar av is. Luften är 6,8 grader kall och det blåser med fyra sekundmeter. Det är fredagen den 28'e februari 1986. Olof Palme har haft en hektisk men omväxlande dag på jobbet. Fredagen börjar som så många gånger förr med tennis i Kungliga Tennishallen tillsammans med gode vännen Harry Schein. Efter matchen åker Olof med sina livvakter till arbetsplatsen i regeringskvarteren. Framför sig har han en fulltecknad arbetsdag. Men innan den inleds på allvar stannar han på vägen från tennisen till på herrekiperingsbutiken Ströms i korsningen vid Sveavägen och Kungsgatan. Där lämnar han tillbaka en kostym som han har haft hemma till påseende men som fått underkänt betyg av Lisbet.

Väl framme på plats i kansliet ger han livvakterna ledigt resten av dagen. Han behöver dem inte längre. Skulle det förhållandet ändra sig så kommer han att ringa efter dem.

Under dagen är Olof upptagen med diverse möten, telefonsamtal, intervju med tidningen Statsanställd och ett och annat sammanträffande med personalen och regeringskollegor. Efter den för en statsminister vanliga arbetsdagen promenerar Olof hem till sin fru Lisbet Palme, och efter att ha ätit middag tillsammans bestämmer sig paret för att gå på bio. De har talat om biobesök tidigare, och valet har stått mellan två dramakomedier, Lasse Hallströms"Mitt liv som hund" och Susanne Ostens "Bröderna Mozart". Under kvällen pratar Olof i telefon med Mårten, en av parets tre söner, som berättar att han och hans fästmö planerar att gå och se just "Bröderna Mozart". "Kanske ska vi se den också" säger Olof, och de avslutar med att antyda att de kanske ses vid biografen. Innan de beger sig ut ringer Olof och försöker beställa livvakt, men av något skäl misslyckas detta. De bestämmer sig trots allt för att ge sig iväg. Omkring klockan 20:30 lämnar de sitt hem på Västerlånggatan 31 i Gamla Stan, varifrån de tillsammans promenerar ner till tunnelbanestationen. Paret är vana vid att uppmärksammas och de iakttas på promenaden av ett flertal personer, men ingen av dessa så kallade Gamla Stan-vittnen har för polisen senare uppgett att de sett några tecken på att de var förföljda. Från tunnelbanestationen åker de två stationer till Rådmansgatan. De får stå hela vägen.

Framme vid biografen Grand sammanstrålar de med Mårten och hans flickvän. Olof ställer sig i kön och köper biljetter. Biljetterna är egentligen slutsålda, men biljettkassören ger dem ett par undanlagda biljetter som egentligen är reserverade av en chef på Sandrews. Väl inne i biografsalongen sätter de sig på sina platser. Sällskapet får inte sitta tillsammans, Mårten och hans flickvän sitter för sig själva och Olof och Lisbet sitter tillsammans i en annan del av salongen. Olof noterar att TCO-ordföranden Björn Rosengren sitter på raden bakom och börjar prata med honom. De diskuterar bland annat helt kort ett möte som ska hållas någon av de kommande dagarna men avslutar samtalet efter bannor från Lisbet. Nu är det fredag, och de är lediga!

Under tiden som filmen rullar på bioduken observerar personer i biografens foajé hur en man stående utanför dörrarna spanar in i biografen. Andra vittnen rapporterar att mannen rör sig fram och tillbaka i området omedelbart utanför entrén. Denna person benämns i polisutredningen som Grandmannen. Vid den kommande rättegången knappt tre år senare så argumenterar åklagarna för att denna man är identisk med den för mordet åtalade Christer P.

När bion är slut någon gång mellan 23:05 och 23:10 går paret Palme tillsammans med Mårten och hans flickvän Ingrid ut på trottoaren något söder om entrén till Grand. De pratar en stund. Mårten och hans flickvän föreslår att de alla fyra fortsätter kvällen genom att dricka te hemma hos dem. Till sist beslutar de båda paren sig för att det är för sent, och efter att tagit avsked går de åt var sitt håll. Olof vill sträcka på benen och bestämmer sig tillsammans med Lisbet för att promenera hem i stället för att ta taxi. De båda paren skiljs åt och Olof och Lisbet börjar promenera söderut på Sveavägens västra sida. Klockan är nu cirka 23:15. Mårten berättar senare i polisförhör om en man som verkar ha lyssnat eller spionerat på de två paren, och han får också intrycket att mannen verkar följa efter hans mor och far när de väl börjat promenaden hem.

På sin väg söderut passerar de en kyrkogård på sin högra sida. I korsningen med Adolf Fredriks Kyrkogata sneddar de över till andra sidan. Lisbet vill titta på en klänning i skyltfönstret på affären Sari som ligger i norra hörnet av Skandiahuset. Paret dröjer vid butiken en stund, och fortsätter sedan i armkrok söderut. Lisbet går längst ut mot gatan på den breda trottoaren. De promenerar förbi hela Skandiahuset utan att möta någon.

När paret kommer fram till korsningen med Tunnelgatan sneddar de in mot den stängda tunnelbanenedgången som finns på platsen. Vid färgbutiken Dekorimas skyltfönster står en man stilla och tittar på dem när de passerar. Han börjar gå efter dem så snart de har gått förbi. Lisbet släpper armkroken och tar ett par snabba steg fram. Mannen lägger sin vänstra hand på Olofs vänstra axel. I andra handen håller han en revolver. Han tar upp sin högra arm, sträcker ut den mot Olofs rygg och avlossar med någon sekunds mellanrum två snabba skott.

Ett av de två skotten går rakt in i Olofs rygg. Kulan går in i rockens mittsöm, mitt i ryggraden. Först träffar kulan kotpelaren och krossar den femte ryggkotan. Trots sin mycket höga hastighet och stora inneboende rörelseenergi innebär detta första, hårda hinder att kulan snedställs och tumlar runt på sin väg genom kroppen. Efter att ha passerat ryggraden sliter den i tur och ordning sönder matstrupen, aortan och luftstrupen. På sin väg ut ur kroppen krossar den – nu vertikalt stående kulan – bröstbenet. Olof Palmes vitala kroppssystem upphör ögonblickligen att fungera. Skadorna är av den arten att någon möjlighet att överleva är helt utesluten. Eftersom hjärnan nu inte längre är förbunden med nedre delen av kroppen kan benen inte kontrolleras och Olof kan inte längre hålla sig stående. Knäna slår i marken och sedan faller kroppen raklång i marken. Han är medvetslös redan på väg ner.

Det andra skottet träffar Lisbet i ryggen men i en sådan vinkel att någon allvarligare skada inte inträffar.

Hela eller delar av mordet sker framför ögonen på ca 20 personer. Minst ett par personer ser även mördaren och paret en stund innan mordet. En av dem är Inge M, som sitter i sin bil på motsatta sidan på Tunnelgatan i riktning rakt mot mordplatsen. Han ser mördaren redan när han först kommer till platsen. Han berättar senare att han såg mannen stå en stund på platsen, först riktad in mot skyltfönstret och sedan vänd ut åt Sveavägen. Han ser också när paret Palme kommer in i hans blickfång från samma håll som mördaren anlände till platsen. Inge M ser sedan hela mordet inklusive mördarens flykt och blir därmed ett av de viktigare vittnena.

Mördaren stannar till en kort stund på platsen. Han tar ner handen med revolvern och stoppar den i rockfickan, sedan kliver han över Olofs fötter, rundar kroppen, tar ett par steg tillbaka och efter en stunds tvekan så sätter han fart in i gränden. Först går eller joggar han lugnt och prövande, därefter springer han med högre hastighet. Vittnen beskriver stilen att springa på sinsemellan olika sätt.

Även signalementet beskriv på lite olika sätt av vittnena. Några tycker att mördarens huvudbonad såg ut som en keps och några pratar om en stickad mössa. Andra tror att han är barhuvad. Ytterplagget beskrivs av flertalet som en mörk, knälång rock, men även här finns andra uppfattningar. Att han bar mörka byxor tycks däremot de flesta vara överens om. Ett vittne som möter mördaren på flykt ett par hundra meter från brottsplatsen noterar att han bär på en mindre handledsväska.

Ett fåtal vittnen har sett enstaka detaljer av mördarens ansikte men med undantag av Lisbet så uppger sig ingen ha fått en fullständig bild av det.

Mördaren försvinner snabbt in i gränden. 60 meter in på Tunnelgatan står dubbla rader med arbetsbodar i tre våningar mitt i gatan. Två smala passager finns till höger och till vänster om barackerna. Mördaren väljer den smalare vänstra passagen.

I korsningen med Luntmakargatan bakom barackerna vid den högra passagen står ett vittne. Det är Lars J som strax dessförinnan har varit på restaurang Tre Backar inte långt ifrån biografen Grand. Han har lyssnat på musik, pratat med vänner och druckit ett glas portvin. Han gick från restaurangen klockan 23:15 och nu sex minuter senare har han stannat i korsningen mellan Luntmakargatan och Sveavägen för att fundera på hur hans fortsatta kväll ska se ut. Ska han fortsätta mot Apelbergsgatan för vidare promenad ner till Kungsgatan och biograferna, eller ska han gå ner mot den mer upplysta Sveavägen? Medan han står där och funderar hör han två skott och ser hur en man faller in i hans synfält, samtidigt som han hör en kvinna skrika till. Snart hör han hur den vi nu vet är mördaren springa i gränden. Lars J står ett par steg in på Tunnelgatan, bakom barackerna och invid väggen på högra passagen. Han kan höra hur mördaren närmar sig i vänstra passagen men barackerna skymmer än så länge sikten. När mannen skyndat förbi de temporärt uppställda bodarna får Lars en kort glimt av honom. Lars fortsätter att titta när mördaren springer över Luntmakargatan.

I slutet av Tunnelgatan finns en tunnel som gett gatan dess namn. Tunneln leder ut mot Birger Jarlsgatan men är stängd på kvällarna, så också denna kväll. På båda sidor om tunnelingången finns trappor som förgrenar sig och leder upp till Malmskillnadsgatan. Högra sidan är avspärrad eftersom fasaden på det huset håller på att renoveras. Mannen springer upp för de 89 trappstegen som leder upp till Malmskillnadsgatan. Han tar två eller tre steg i taget.

Lars följer tvekande efter och ställer sig vid trappavsatsen och spanar efter mannen. Högst upp på trappkrönet vänder sig mördaren helt kort om, kastar en blick ner mot gatan och försvinner. Detta är den sista helt säkra iakttagelsen av gärningsmannen. Lars bestämmer sig för att försöka följa efter mannen som han nu är säker på är en beväpnad mördare.

Yvonne N har varit på en klubb på Johannesgatan med sin manlige bekant. De är på väg ner till Sveavägen via David Bagares gata, och just när hon och hennes bekant svänger in på David Bagares gata så ser de en springande person uppifrån Malmskillnadsgatan. Mannen passerar dem på motsatta trottoaren. Han bär på en handledsväska som han försöker lägga i eller ta upp något ur och det ser ut som om han försöker öppna eller stänga ett blixtlås på väskan. Han ser sig om flera gånger. Det är uppenbart att mannen flyr från någon eller något. De fortsätter mot trapporna ner mot Tunnelgatan och efter ett eller två trappsteg så möter de Lars J. Han frågar dem om de sett någon springa förbi och de visar ner mot David Bagares gata. Lars fortsätter, men nu med något minskad hastighet.

Nere på Sveavägen har taxichauffören Anders D sett hela förloppet. Han reagerar mycket snabbt, och tar omedelbart upp handenheten till sin taxiradio. Samtidigt som han kör in till kanten, ropar han till Järfälla taxis växeloperatör: "Ring polisen, det är en man skjuten i hörnet Sveavägen Tunnelgatan".

På taxins växel jobbar den kvällen AnnLouise P. Hon tar emot Anders anrop, och gör exakt som han säger. Hon slår upp numret till polisen, och kommer direkt in till deras sambandscentral. Där får hon prata med Ulf H, en polisman som normalt sett jobbar i polispiket 3230. AnnLouise meddelar Ulf vad som har hänt, och strax därefter ringer hon också till larmcentralen och ber dem skicka en ambulans.

En annan taxichaufför som befinner sig på Kungsgatan hör anropet på taxiradion och ser samtidigt en polisbil sakta komma körande. Han springer fram till polisbilen och meddelar att det är ett skottdrama på Sveavägen vid Tunnelgatan. Gösta Söderström som är befälhavare i radiobil 2520 bestämmer sig för att åka upp och se vad som händer. Nästan samtidigt skickar Ulf H i sambandscentralen ut ett områdesanrop gällande skottlossningen. Piketpatrull 3230 svarar, den piket som Ulf H normalt sett brukar jobba i. Patrull 3230 har just kört nedför Malmskillnadsgatan och bara för någon minut sedan, ungefär samtidigt med skotten, passerat trappkrönet uppe i korsningen med David Bagares gata, just där mördaren springer förbi strax efter mordet. Bilen befinner sig nere vid rondellen vid Sergels Torg när de tar emot anropet. Chauffören vänder genast om och kör i hög fart upp på Sveavägen. Patrullen ser hur Gösta Söderströms bil svänger höger från Kungsgatan, och de följer efter honom mot brottsplatsen. Polispiket 3230 kommer fram till mordplatsen ca 10 sekunder efter den första polisbilen. Det har nu gått ett par minuter efter mordet. Gösta är högsta befäl på platsen, och tar kommandot. Han beordrar därför poliserna ur piketen att omedelbart uppta förföljandet. Poliserna i piketen drar sina vapen och springer in på Tunnelgatan. Två poliser springer på höger sida om barackerna, och två till vänster. På vägen stöter de på ett par som sett en man på flykt. Poliserna springer upp för trappan. Väl uppe på krönet möter de polispatrull 1520 som svarat på samma områdesanrop men tagit en annan väg för att skära av mördarens flyktväg.

Men trots ett snabbt polispådrag och en förföljare hack i häl lyckas mördaren komma undan.

Jakten

Polisen drar igång den största jakten i Sveriges historia. Mördaren måste hittas, omedelbart. Men redan från början går det fel. Polisens ledningscentral går på mordnatten initialt bara ut med ett områdesanrop och informerar därmed bara de centrala polisdistrikten i Stockholm om att ett mord på landets statsminister skett och att en mördare söks. Distrikten i Stockholms utkanter får inte reda på någonting alls. Polisens operativa ledning av mordnattens jakt på mördaren är bristfälligt, för att inte säga ickeexisterande. Någon ledning av var poliserna ska leta finns inte utan enskilda polismän tar egna initiativ och eftersöker på platser som de själva väljer. Därför blir flera platser besökta flera gånger och andra inte alls. Ganska snabbt sprids nyheten om mordet till journalister som ringer direkt in i ledningscentralen för att få information vilket ytterligare försvårar arbetet. Något landsomfattande rikslarm går inte ut. Utfarter ur Stockholm spärras inte, tåg kontrolleras inte, Arlanda är ovetande, och framåt klockan ett på natten lägger mordplatsutredarna ner arbetet för dagen. Skyltfönstret vid Dekorima och butikerna vid sidan om kontrolleras inte för fingeravtryck, fotspår säkras inte, och någon särskild kontroll av ledstången vid tunnelgatans trappor görs inte. Avspärrningen på mordplatsen är först så liten att folk kan sträcka sig in och lägga blommor på själva platsen för mordet. Redan från början trampas eventuella spår i snön sönder av kvardröjande vittnen, förbipasserande och journalister.

Kula nummer ett hittas dagen efter på morgonen av Alfredo T, en portugis som verkar som journalist och bland annat skriver för indisk press. Han överräcker kulan till en polis på platsen som med sina bara fingrar uppvisar den för journalister på platsen. Kula nummer två hittas ytterligare en dag senare, endast fyra meter från mordplatsen av en förbipasserande äldre dam. Den portugisisk-indiske journalisten blir för övrigt senare felciterad i pressen där han påstås ha försatt sig själv i trans för att därigenom kunna hitta kulan. I själva verket hade han begagnat sig av meditation för att stå ut med kylan, men i tidningen dagen efter förvandlades alltså detta till ett magiskt sätt att hitta kulan.

Polisen översköljs av tips. Dagen efter mordet har man tagit emot över tusen tips, och efter ytterligare några dagar är man uppe i tio tusen. Som mest jobbar tio personer vid telefonerna med att ta emot ledtrådar från allmänheten och då är det ändå stundtals svårt att komma fram. Många av dessa tips förblir outredda under lång tid. Bara att läsa igenom och värdera alla tips som flödar in är en närmast oöverkomlig uppgift. De första dagarna har man inte heller någon systematisk katalogisering, utan alla tips samlas på hög. Centrala mordplatsvittnen slarvas bort och blir efterlysta i radio och TV trots att de redan lämnat sin utsago.

Det är naturligtvis inte en lätt uppgift att dra i gång en monumental polisutredning bara på några dagar, men misstagen som begås i inledningsskedet gör det inte lättare för polisen att finna mördaren.

Och det skulle bli värre.

En knapp vecka efter mordet offentliggjorde polisen den så kallade fantombilden, en datorgenererad bild framställd i en så kallad signalementsmaskin. Sanna T, av dåtidens massmedia kallad "tecknerskan", befann sig på mordnatten utanför nattklubben Alexandra någon gång mellan tio och tjugo minuter efter mordet. Hon hade gått ut bakvägen för att komma ut på Smala Gränd, några gator söder från den plats där den sista kända observationen av gärningsmannen gjordes. Sanna T fick där syn på en person som gick hopkrupen och med händerna i fickorna. Mannen passerade men vände sig bort som för att undvika ögonkontakt. Observationen gjordes alltså en avsevärd sträcka från mordplatsen, och en bra stund senare. Det framstår nog som mindre troligt att det skulle vara mördaren som dröjde sig kvar på bakgatorna efter mordet, men polisen gjorde en annan bedömning och satte stor tilltro till vittnet. De lät henne rita och berätta om vad hon sett, och efter att ha använt sig av signalementsmaskinen publicerade de fantombilden.

Bilden fick mycket stor spridning. Den visades på TV och löpsedlar inte bara i Sverige utan även i stora delar av världen. Intresset var enormt. Suget efter nyheter om mördaren kan vi nog inte föreställa oss idag, men det kan knappast ha varit många i västvärlden som undgick att ta del av fantombilden. Efter publiceringen formligen dränktes spaningsledningen i tips. De flesta – för att inte säga alla – var naturligtvis värdelösa, dels för att personen som fantombilden sades avspegla knappast hade något med mordet att göra, men dels också för att många av tipsen var substanslösa. Ett sådant tips kunde exempelvis gälla en person som uppgiftslämnaren sett någonstans i något oskyldigt sammanhang men som råkade påminna om fantombilden. Polisen lämnade naturligtvis många sådana tips outredda av naturliga skäl, men deras resurser förbrukades ändå i snabb takt. Tipset skulle tas emot, protokoll skrivas, och en bedömning utföras.

Ytterligare en fantombild, den så kallade "skuggan", publicerades efter ytterligare en månad. Denna skugga sades föreställa en lång och blond man som dagen innan mordet på 20 meters avstånd tycktes förfölja Olof Palme på sin väg in på Åhléns. Även denna bild fick stort genomslag, och resulterade i nya tipsvågor.

Två år efter mordet kunde polisen konstatera att skuggan var en bluff. Vittnet som sades ha sett skuggan lär enligt polisen ha retat sig på att den första fantombilden hade ett så tydligt sydländsk utseende, och han ville därför balansera upp detta genom att torgföra bilden av en misstänkt man med ett nordiskt utseende.

Dessa två fantombilder resulterade i många tusen tips, varav en hel del av karaktären "Jag mötte en man på cykel i går som var väldigt lik fantombilden."

Alla dessa tusentals tips var inte bara svårutredda och krävde stora resurser av polisen, de var dessutom i stort sett värdelösa, helt enkelt av den anledningen att ingen av bilderna med någon sannolikhet beskrev vare sig mördaren eller någon som hade någonting alls med mordet att göra.

Så gick tiden. Och trots oerhörda ansträngningar från hundratals poliser som jobbade enorma mängder övertid fick man inte tag på mördaren.

Börje Wingren, erfaren utredare och kriminalinspektör, tar några timmar efter mordet emot ett tips från en dam som tillsammans med en väninna besökt biografen Saga på mordnatten för att se filmen "Morrhår och ärtor". Kvinnan hade noterat en man som kommit in i biografen 45 minuter efter att filmen hade börjat, vilket skulle motsvara 20 minuter efter mordet på Olof Palme. Mannen sitter tyst och stilla under filmen, och när den är slut reser han sig och går ut lugnt tillsammans med övriga biobesökare.

Börje Wingrens intresse väcks. Biosalongen är enligt honom ett klassiskt gömställe efter ett mord på en statsman. Jämförelsen med Lee Harvey Oswald som misstänktes för att i november 1963 ha skjutit USA:s president John F Kennedy kommer osökt till Börje Wingren. Efter mordet – hävdas det – valde Lee Harvey att springa in på biografen Texas Theatre för att i mörkret gömma sig undan sina förföljare. Lee Harvey greps på platsen men dog senare i polishusets källare, ihjälskjuten av nattklubbsägaren Jack Ruby med motivet att John F Kennedys fru Jacqueline skulle slippa gå igenom en mordrättegång.

Kvinnan från Sagabiografen och hennes väninna förhörs flertalet gånger, och det framkommer att mannen bar en lång mörk rock. Det här börjar bli hett.

Biografvaktmästare BS tas in på förhör. BS förnekar att någon kommit in i biografen vid den tid som de två väninnorna påstått. Vaktmästare GJ förhörs, och bekräftar. Ingen kan ha kommit in.

Det naturliga i det här skedet kanske hade varit att lägga spåret till handlingarna, och börjat gräva i något av de övriga tusentals tipsen i jakt på någonting med mera substans. Men Börje Wingren har en stark magkänsla, och börjar misstänka att personalen ljuger. Flickan i godiskiosken förhörs. Vaktmästare JH förhörs. Till sist ger GJ med sig. Kanske kan han ha besökt toaletten någon gång under kvällen mellan 23:40 och 24:00, vilket öppnar för att någon under den tiden kan ha smitit in.

Som utomstående betraktare läser man uppgifterna om biografbesökaren med stigande förvåning. Det är helt uppenbart att polisen inte har någon som helst anledning att misstänka att mannen som eventuellt klev in på bion på fredagskvällen överhuvudtaget hade någonting med mordet att göra, inte minst med tanke på att fyra vittnen initialt säger att ingen kommit in. Det är svårt att undvika en närmast raljant ton när man försöker beskriva polisens ansträngningar med att driva just detta spår som i princip enbart baserar sig på en magkänsla från den berörde utredaren. Till och med Börje Wingren börjar vid det här laget att misströsta.

Då händer det otroliga.

BS faller till föga och avslöjar i ett av de många förhören att han nog har tagit emot en biobesökare ungefär klockan 23:35. Utredarna jublar, och gratulerar varandra till att ha följt sin initiala misstanke. Nu gäller det bara att se till att hitta mannen också!

Det tar Börje Wingren mindre än en vecka att hitta en passande kandidat. Tre damer har på fredagskvällen den 28'e februari suttit på Café Mon Cheri på Kungsgatan, bara ett stenkast från mordplatsen. Klockan är 22:00 och de sitter tillsammans vid ett bord och pratar. Strax kommer en man objuden fram till vid bordet och börjar konversera. Han har halvblekta blå jeans och en lång mörkgrön rock. Runt honom står en ganska skarp lukt av vitlök. Mannen pratar amerikanska och påstår sig heta Fred Grant. Han är en mästare på att prata och kastar sig hejdlöst mellan olika ämnen. Han kommer snart in på politik och luftar vitt och brett sitt missnöje med Olof Palme och den politik han står för. Han säger också att det skulle vara otänkbart för honom själv att öppet deklarera vad han anser om svensk politik, och att han riskerade att skjutas om han hade sagt samma saker om andra länder på samma sätt som Palme har gjort.

Damerna suckar och himlar med ögonen. Efter att ha lyssnat förstrött en halvtimme så ursäktar de sig och lämnar Fred Grant åt sitt öde. Innan de går berättar Fred att han ska gå på bio.

Mon Cheri ligger vägg i vägg med biografen Saga.

Börje Wingren och hans poliskolleger kan inte önska sig ett bättre utgångsläge. En man som på mordkvällen uttalar sig nedlåtande om Palme, och dessutom pratar om att någon ska skjutas – låt vara inte just Palme – och som strax efter går på bio, precis som Lee Harvey Oswald gjorde, kan inte vara någon annan än mördaren. Nu saknas egentligen bara vapnet och ett erkännande.

Mannen, som i verkligheten heter Victor G, hittas snabbt och tas in på förhör.

Victor är en säregen person. Han är född i Jämjö i Blekinge, bor vid tiden för mordet i Stockholm och försörjer sig bland annat som lärare i språk. Tidigare har han undervisat i Emmaboda och Fårösund. Han är begåvad och talar obehindrat ett antal språk; engelska, tyska, polska, ryska, finska, franska och spanska. Victor är religiös och beskrivs som snäll av vissa och hård av andra, men är i vilket fall känd som en ickevåldsam person. Han har rest mycket, har starka pro-amerikanska åsikter som han gärna torgför och han pratar med allt och alla om allting. Han känner många människor, sitter mycket på caféer och går ofta på bio. En del säger att Victor lever i en fantasivärld. Hans kärleksaffärer är omvittnade.

Victor G tas in för förhör, men det går inte att få någon bra struktur på samtalen. Han pratar sönder förhören, och det går knappt att få något vettigt ur honom. Hans Holmér kallar honom för "Turbokäften". Polisen hittar efterhand ytterligare indicier och blir mer och mer övertygad om att de har fått tag på rätt person.

Victor G anhålls den 12'e mars, knappt två veckor efter mordet. En vecka efter anhållandet är det dags för häktningsförhandling. Vid det här laget har nyheten läckt ut i pressen och Hans Holmérs dagliga presskonferenser är kaosartade. Alla vill veta vem 33-åringen, som han kallas på tidningslöpsedlarna, är.

Tidningen Arbetet offrar pressetisk praxis och publicerar ett foto på Victor G över hela sin förstasida vilket – fullt förståeligt – leder till att Hans Holmér går i taket och inför öppen ridå anklagar den närvarande pressen för att sabotera utredningen. Utbrottet är välgrundat. Victors utseende är med hjälp av tidningen Arbetets publicering nu känt av allmänheten och eventuella senare utpekanden från vittnen tappar därmed dramatiskt i värde. Hur ska man nu efter en eventuell kommande konfrontation kunna veta om ett vittne verkligen sett Victor på mordplatsen eller helt enkelt bara känner igen honom från tidningen?

Förutom utredningsledarens vrede står publiceringen Arbetet dyrt i form av ett saftigt skadestånd till Victor G.

Två dagar senare är det slut. Hans Holmér misslyckas med att övertyga chefsåklagaren K G Svensson om att Victor G är identisk med Olof Palmes mördare och tvingas släppa Victor G fri. Vid den efterföljande presskonferensen meddelar han att en länk i indiciekedjan vid närmare kontroll inte visat sig hålla. I verkligheten fanns det inte ett enda konkret bevis, utan bara en ganska kort rad indicier av tveksamt värde: han hade gått på bio strax efter mordet, han hade talat illa om Olof Palme, han var en allmänt konstig person, och polisen fann en del egendomliga namn och anteckningar i Victors mycket omfattande adressbok. Mycket mer än så var det inte. Tvärtom visade det sig att Victor faktiskt hade alibi för tidpunkten för mordet.

Utredningen hade trots allt lyckats gräva fram en del intressanta detaljer, bland annat några dokument som tillvaratagits vid husrannsakan. En av noteringarna i Victors adressregister fångade utredarnas intresse lite extra.

Två veckor innan mordet på Olof Palme hade Ivan B, en före detta legosoldat, ringt upp Inger Båvner, dåvarande socialborgarrådet i Stockholm och berättat att en viss Charles Morgan kontaktat honom. Charles var amerikansk agent och skenanställd på GSS, en amerikansk storkoncern som vid den tiden hade flera hundra tusen anställda. Charles hade erbjudit Ivan B två miljoner för att mörda Olof Palme. Ivan B, som extraknäckte som dörrvakt på hotell Famous i Stockholm, vilket för övrigt också var ett GSS-ägt företag, hade vänligt men bestämt avböjt erbjudandet. GSS har även tidigare förknippats med USA:s underrättelsetjänst CIA, bland annat i samband med oroligheterna i Chile 1973 då den demokratiskt valde socialistledaren Salvador Allende störtades av militärjuntan i en statskupp och ersattes av Augusto Pinochet. GSS's inblandning påstås ha bestått i att de ekonomiskt stöttade operationen och motivet skulle ha varit att Allende förstatligat Chile superfax, ett GSS-ägt chilenskt monopolföretag. Senare under 1973 utsattes GSS's huvudkontor på femte avenyn i New York för ett bombattentat och det finns indikationer på att detta var en hämnd för inblandningen i statskuppen.

När det visar sig att Victor G har telefonnumret till en viss "Charles GSS" i sitt adressregister tittar poliserna menande på varandra. När de senare upptäcker att även Ivan B ingår i Victors bekantskapskrets så kan man förmoda att pulsen ökar. De har vittring på något stort.

Spåret leder dock ingen vart. Polisen noterar ner ännu ett indicium, men de kommer inte vidare.

Det som polisen istället räknade med att hänga upp hela åtalet på, var vittnesmålet från en taxichaufför som någon gång mellan klockan 23:30 och 00:30 på mordkvällen blivit stoppad av en man på Döbelsgatan i närheten av mordplatsen. Taxichaufförens berättelse var dramatisk: Mannen springer fram till den nervevade fönsterrutan på passagerarsidan av bilen. Han flåsar och är stressad och rycker i dörren för att komma in i bilen. "Kör mig var som helst, bara du kör bort från området" säger han. Chauffören blir rädd och nekar mannen lift. Mannen tar fram en plånbok och visar att han har pengar att betala med. Till sist ger han upp. "Jävla svartskalle!" skriker han och springer iväg.

Taxichauffören, som av Hans Holmér ges det interna öknamnet "negern", ringer in sitt tips dagen efter mordet. Tipset förblir obearbetat fram tills Börje Wingren hör talas om det.

Uvemo och Gustavsson, två erfarna kriminalare, åker till hans bostad och visar honom ett foto på ett antal personer, bland annat Victor G. Taxichauffören kan inte entydigt peka ut honom, så dagen efter tas han in på polisstationen för en klassisk valkonfrontation.

En valkonfrontation går till så att man står i ett mörklagt rum, och tittar in i ett annat ljust rum, åtskiljd av en glasskiva som är så konstruerad att man från det mörka rummet kan se in i det ljusa, men inte tvärt om. I det ljusa rummet står ett antal personer uppställda med nummerskyltar på kroppen, varav en person är den misstänkte och de övriga är oskyldiga figuranter. Meningen är att figuranterna ska vara så lika den misstänkte som möjligt. Om vittnet lyckas identifiera den misstänkte, har man ett utpekande, som ofta väger tungt i en domstol.

Chauffören, som dagen innan av poliserna Uvemo och Gustavsson fått se ett foto på Victor G, pekar nu ut två personer i raden av figuranter. En av dem är Victor G. I det ganska förvirrade protokollet från konfrontationen framstår det dock som om chauffören egentligen pekat ut en annan person först. Efter vad som framstår som en ledande fråga från Börje Wingren ändrar han sig och pekar nu ut Victor G.

När chefsåklagaren K G Svensson senare får klart för sig att vittnet fått se ett foto på den misstänkte innan valkonfrontationen tar han det enda möjliga beslutet och underkänner hela farsen med motivet att ett vittne som redan innan en konfrontation har fått se ett foto på den misstänkte är oanvändbart. Det finns ingen möjlighet att fästa något bevisvärde på ett sådant utpekande, särskilt som det i detta fall dessutom underlättats av ledande frågor från förhörsledaren.

K G Svensson frisläpper Victor G och ett par månader senare läggs förundersökningen ner. Trots detta verkställer polisen telefonavlyssning mot Victor G under en lång tid, och sannolikt figurerade han under ytterligare några år därefter som starkt misstänkt i polisens rullor.

Victor G drabbades personligen mycket hårt av polisens misstankar, och kände sig utpekad och särbehandlad långt efter frisläppandet. Efter ett tag emigrerade han till USA där han levde i några år. Han slutade sina dagar 1993 i skogen vid Deep Gap, North Carolina. Där hittades han liggande naken – så när som på en klocka och en ring – i en glänta, skjuten i huvudet på nära håll. En amerikansk polisman dömdes sedermera för dådet som hade sin upprinnelse i ett svartsjukedrama.

En annan konsekvens av misslyckandet med 33-åringen är att förtroendet för Hans Holmér och hans poliser i utredningen vid den här tidpunkten börjar sjunka. Efter frisläppandet riktar åklagarna skarp kritik mot både polisutredningen och dess ledning med anledning av hur fallet Victor G sköttes, och efter att ha insett att någon förändring inte är att vänta, avgår helt enkelt K G Svensson. Han vill inte längre ha något med utredningen att göra. I ett pressmeddelande menar K G Svensson att Victor G utsatts "för en rättskränkning av allvarlig beskaffenhet" och att han borde ha frisläppts långt tidigare. Några synbara negativa konsekvenser för Börje Wingren verkar dock inte historien ha haft.

Jakten på Olof Palmes mördare trampar tomgång. Heta uppslag saknas inte men ett efter ett slutar de i en återvändsgränd, eller oftare bara i ett intet. Tipsen saknar allt oftare substans, spåren är kalla och svårutredda och alltefter som tiden går blir polisen mer och mer modstulen. Rent statistisk blir ett brott svårare att klara upp ju längre tiden går och detta mord är inte ett undantag. Nu måste någonting hända. Alla kräver besked: varför gör polisen ingenting? Varför har de inte tagit fast mördaren?

Det första rikslarmet som polisen skickade ut runt klockan två på mordnatten angav att mördaren skulle kunna tillhöra

Ustasja. Denna ovanligt specifika beskrivning av mördarens åsiktshemort kom ursprungligen från Lisbet Palme när hon på Sabbatsbergs sjukhus för första gången pratade med polisen. Hon sa då till dem att hon trodde att mördaren kunde komma från just Ustasja. Så småningom togs uppgiften om Ustasja bort från efterlysningen eftersom det inte fanns någonting som tydde på att mördaren hade något med dem att göra.

Lisbet hade antagligen historien om kroaten Miro Baresic i tankarna när hon på mordnatten funderade på vem som skulle vilja ta livet av hennes make.

Baresic dömdes 1971 tillsammans med en kumpan till livstids fängelse för de dåd som de tillsammans utförde på den Jugoslaviska ambassaden i Stockholm samma år. De hade där bland annat tagit gisslan, misshandlat ambassadören, och därefter i berått mod avrättat densamme. Baresic och hans kumpan var medlemmar i den terroriststämplade ultranationalistiska Ustasja-rörelsen, som hade som syfte att med vilka medel som än stod till buds frigöra Kroatien från Jugoslavien. Året efter domen kapade tre meningsfränder ett SAS-plan på väg från Göteborg till Stockholm. Genom att hota med att spränga en bomb tvingade kaparna ner planet till Bulltofta flygplats utanför Malmö. Där krävde de att sju fängslade kroater, däribland Baresic, i utbyte mot gisslan skulle friges. De ville också ha en miljon kronor i sedlar och fri lejd till Madrid.

Sveriges justitieminister Lennart Geijer förhandlade med kaparna på plats, och lyckades byta ut gisslan mot sex av de sju kroaterna. Den sjunde hade bara en kort tid kvar på sitt straff och vägrade gå ombord. Lösensumman prutades ner till en halv miljon, vilken Geijer själv promenerade ut med i en väska till planet.

Efter att ha landat i Madrid greps samtliga och fängslades. Sverige begärde dem utlämnade, men Spaniens dåvarande diktator general Franco vägrade. I stället fick Baresic i hemlighet flytta till USA under ny identitet. Först 1979 hittades han av FBI när han deltog i en karatetävling och blev igenkänd. Han utlämnades till Sverige för att avtjäna sitt straff. 1985 begärde han nåd, och fick av regeringen sitt livstidsstraff omvandlat till ett 18 år tidsbegränsat straff. Baresic blev mycket missnöjd med det långa straffet och anklagade Olof Palme som ansvarig för sitt öde.

Polisen är aldrig särskilt intresserad av Miro Baresic gällande mordet på Olof Palme trots sitt förmodade motiv och sin blodiga historia. Han har ett bra alibi, så bra som det kan bli. Han satt nämligen i fängelse vid tiden för mordet.

Men Baresic har bekanta i fängelset, bland annat en person som heter Naif, och som är medlem i den kurdiska separatistgrupperingen PKK. Polisen får uppgifter att Naif några veckor innan mordet på Sveavägen under en obevakad permission skaffat ett vapen, en Smith & Wesson, av samma storlek och typ som troligen användes vid mordet på Olof Palme två veckor senare.

PKK är till skillnad från Ustasja en vänsterorienterad gruppering. De kallar sig Partiya Karkerên Kurdistanê, på svenska Kurdistans arbetarparti, och deras mål är att upprätta en kurdistansk självstyrd stat, med våld om så krävs.

PKK lär internt ha ett mycket hårt styre. Trohet med partiet eller döden, lyder parollen. Avhoppare bestraffas också i enlighet med den tesen och efter att ha spårats upp så avrättas avhopparna kallblodigt. En sådan händelse inträffade i Uppsala 1984 där en PKK-avhoppare dödades, vilket i sin förlängning ledde till att Sverige samma år stämplade PKK som en terroristorganisation. Kända sympatisörer skulle därmed utvisas, däribland Naif, vilket inte verkställdes eftersom det inte fanns något land att utvisa dem till. I stället sattes de i kommunarrest.

Året efter skedde ett nytt liknande mord på medborgarhuset i Stockholm, och den misstänkte gärningsmannen greps och dömdes den 27'e februari 1986, dagen innan Olof Palme mördades. Gärningsmannen hade knytningar till Naif och polisen började nu fatta misstankar. Både Baresic och Naif har sina egna anledningar att hata Olof Palme, och detta i kombination med ett våldsamt förflutet och tillgång till vapen gör att polisens intresse nu är på topp. Kan PKK ha något med mordet på Olof Palme att göra? Och är det en slump att det ligger ett kurdiskt bokcafé just vid mördarens förmodade flyktväg?

Efter PKK-morden i Uppsala och Stockholm har polisen samlat på sig mängder med material om PKK. Spaningar har gett en hel del intressanta uppgifter att gå på och efter ett helt års telefonavlyssningar mellan misstänkta personer från 1984 och 1985 finns det hyllmeter med pärmar fullproppade med utskrifter av telefonkonversationer att titta igenom. Även PKK:s interna material finns att tillgå i form av flygblad och tidskrifter. Detta tillsammans med ett gediget utredningsarbete från underrättelseorganisationer, analyser från svenska beskickningar och annan internationell expertis gör att det inte är några problem med att hitta fakta.

Palmeutredningen ägnar sommaren att läsa in sig på materialet. Tolkar får översätta de många inspelade och utskrivna telefonsamtalen. Det är inte lätt. Än pratas det turkiska, än kurdiska, till och med i ett och samma samtal. De som hörs på banden är också mycket disciplinerade när det gäller att inte uttrycka sig i klartext, de vet antagligen om att de är avlyssnade. I stället för att gå rakt på sak och säga rakt ut vad de menar så pratar de runt ämnet och använder kodord för känsliga frågor. Den kurdiska som pratas är dessutom dialektal och innehåller också många omskrivningar för ord som saknas i kurdiskan, men som är naturliga i många andra språk. Eftersom de vet att de är avlyssnade lägger de också ut dimridåer och ger ofta medvetet felaktig information i syfte att lura polisen.

Det är svårt för polisen att få grepp om alla kurder med sina speciella namn, deras komplicerade interna relationer, och vilka motiv och syften det är som driver dem.

Polisen kommer snabbt fram till att PKK har utsett den svenska regeringen och dess myndigheter till fiende. Det är något förvånande eftersom den svenska regeringen tidigt tagit ställning mot den turkiska militärjuntan och dess förtryck mot kurderna. Detta manifesteras bland annat genom att Sverige lämnar in en formell anmälan till Europadomstolen. Men sedan 1984 förändras läget enligt polisen. Detta beror på framförallt tre faktorer.

Den första är att den kurdiske PKK-ledaren Öcalan i januari 1984 inte lyckades få inresetillstånd i Sverige, trots att hans fru redan befann sig där. Den andra är att ett antal PKK-avhoppare har sökt och fått en fristad i Sverige, med motiveringen att de är förföljda av PKK vilket godtagits som asylskäl. Det tredje och sannolikt avgörande faktorn är att Sverige terroriststämplade PKK i slutet av 1984. Detta överraskade och oroade PKK, eftersom de fruktade att även andra länder skulle komma att göra samma sak. I augusti 1985 var tålamodet rågat och företrädare för PKK gav svenska regeringen en frist på två månader att avlägsna terroriststämpeln, annars skulle man betrakta Sverige som fiende.

Ett samtal mellan två kurder i februari 1986 fångar särskilt Palmeutredarnas intresse. Det är det så kallade bröllopssamtalet, och skulle komma att få mycket stor betydelse för polisens arbete de närmaste månaderna.

> Remzi: Det här året ska ni under alla omständigheter hålla bröllop.
> Mehmet: Bröll…
> Remzi: En släkting skall ju hålla bröllop.

Mehmet: Ska bli, ska bli! Naturligtvis får inte han lämnas över. Det får naturligtvis inte bli bröllop utan oss.

Remzi: Det vill säga om han finns på plats så kan de naturligtvis göra det, eller hur?

Mehmet: Herregud, vi kan ställa till med bröllop på gatan!

Polisen har från sina källor kunnat konstatera att "bröllop" är PKK:s kodord för attentat eller mord. De förmodar att de nu har kommit någonting viktigt på spåren. Utredningen intensifieras och koncentreras i det närmaste helt på PKK-spåret. Ett större antal kurder sätts under bevakning, och i slutet av 1986 vill polisen få åklagarnas tillstånd att ta in 58 personer, i huvudsak kurder men även exempelvis Baresic, till förhör. Åklagarna tittar igenom materialet och säger nej. De kan gå med på att ta in 20 personer, men inte mer. Tisdagen den 16 januari 1987 slår polisen till. De misstänkta förs under buller och bång till polishuset. Journalister och tidningsfotografer är informerade i förväg och finns på plats.

Men inget nytt kommer fram i förhören och åklagarna informerar bistert Hans Holmér att de kommer att frisläppa samtliga. Inte ens mot dem som misstänks för inblandning i mordet i Medborgarhuset finns tillräcklig bevisning för att kunna motivera ett anhållande.

Det redan ansträngda förhållandet mellan Hans Holmér och åklagarna är nu om möjligt ännu sämre. Förtroendet för Hans Holmér är dessutom förbrukat även från regeringens sida och de ber honom som en konsekvens av detta att kliva av sitt uppdrag.

Hans Holmér accepterar. Nästan på dagen ett år efter mordet lämnar han in sin avskedsansökan. Den beviljas omedelbart.

Den nya spaningsledningen börjar med att gå tillbaka i materialet. PKK och Victor G var ett villospår, men det finns tusentals tips och spår som är helt outredda. Utredningen sluter sig inåt, och ägnar mycket tid åt att titta igenom outredda, eller i vissa fall bara dåligt utredda, spår.

Sådana finns i massor. Sydafrikaspåret och polisspåret är några. Men inte heller de leder någonstans.

Redan i slutet av maj 1986 dyker Christer P upp i utredningen för första gången. Christer är, för att uttrycka sig milt, känd av polisen sedan tidigare. Han har förutom en hel del mindre brottslighet även gjort sig skyldig till dråp på sjuttiotalet, det så kallade bajonettmordet, vilket han också dömdes för. Ganska kort efter mordet på Olof Palme kommer det in tips till polisen att Christer skulle likna en av de fantombilder som polisen låtit ta fram. I detta fall var det frågan om den så kallade "skuggan", en fantombild som egentligen byggde på en uppdiktad händelse. Någon skugga hade alltså aldrig existerat, och själva skälet för att plocka in och förhöra Christer byggde därmed på ganska lösa grunder. Men det visste man naturligtvis inte vid den här tidpunkten. Polisen är nu intresserad av att veta om Christer kan prestera ett alibi för mordkvällen. Det kan han. Christer satt nämligen enligt egen utsago på pendeltåget vid tidpunkten för mordet, och kom hem till sin lägenhet i Rotebro utanför Stockholm strax därefter. Runt 23:45 var han hemma. Att Christer förflyttade sig med pendeltåg och tunnelbana, och inte med bil, var allom bekant och eftersom mordet skedde 23:21 så finns det inga chanser att kunna vara hemma 23:45. Han hade dessutom en bekant, Ulf S, väntandes hemma i lägenheten, som snabbt intygar för polisen att Christer kom hem just vid den tiden. Christers alibi verkar därmed hålla, och polisen lämnar Christer och hans förehavanden utan någon ytterligare åtgärd till handlingarna.

I oktober samma år kommer det in nya tips till polisen, denna gång handlar det om Ulf S, som enligt tipsaren är identiskt med mördaren. Polisen förhör Ulf, och frågar vad han gjorde på mordkvällen. Han hävdar givetvis att han hela kvällen fanns på plats i Christers lägenhet. Som alibivittne anger han Christer, men det dröjer ända tills i april året efter innan Christer förhörs på nytt. Christer ger Ulf alibi.

Logiken i det här kan naturligtvis ifrågasättas. Två kända våldsverkare pekas var för sig ut av olika tips vid olika tidpunkter och vid polisens kontroller ger de varandra alibi. Anar inte polisen ugglor i mossen? Jo, ska det visa sig, det gör de.

Men det ska dröja ända tills i december 1988 innan Christer, och misstankarna om hans eventuella inblandning i mordet, aktualiseras på nytt. Ulf förhörs ett antal gånger. Främst pressas han på tiden för Christers hemkomst. Han vet inte, och uppskattar den till allt från 23:00 till 01:00. Polisen är inte nöjd, och fortsätter sätta press på Ulf. Till sist bestämmer sig Ulf för att ange tiden till 00:30 eller strax före. Detta ställer nu saken i ett helt annat läge. Christer har nu inget trovärdigt alibi, och polisen får anledning att ta in Christer på nya förhör. Så sker också.

Till saken hör att Ulf i rättegången mot Christer återigen svävade betänkligt på tiden. I praktiken ansåg han sig vara manipulerad i förhören att ange en senare tid än vad han egentligen trodde var den riktiga, vilket han också gav uttryck för i rättegången. Det spelar visserligen inte så roll, åklagarna hade ett betydligt starkare kort att spela med än Ulfs klent underbyggda tider.

Christer P föddes den 23'e april 1947. Hans far var kamrer och fastän han var alkoholiserad skötte han sitt jobb, i alla fall under Christers uppväxt. Efter en trasslig period på jobbet tvingades fadern sluta, men fick snart ett nytt jobb. Föräldrarna separerade tidigt, och Christer flyttade med till sin far och hans nya fru. Den nya familjen hade det bra. De tjänade bra, bodde i Solna och var i stort sett en ganska vanlig familj. Tidigt visade Christer tecken på att vara rastlös och utagerande, och de egenskaperna kombinerat med en stor portion självsäkerhet gjorde att han kunde upplevas ha något som skulle kunna liknas vid en grandios personlighet. Han visade också tidigt att han var intelligent. Ett test senare i livet visade en kvot på 130, vilket placerar honom i det övre skiktet av befolkningen. Den sidan verkar inte ha lämnat honom. I förhör och i rättegångarna visar han upp en kvicktänkthet och debattskicklighet som verkar svårförenlig med de livsval han gjorde under större delen av sitt liv.

Redan vid åtta års ålder började han stjäla. Gärna pengar, men även annat som han ansåg sig kunna ha nytta av. Stjälandet utvecklades till vad man närmast skulle kunna likna vid mani, och redan vid tio års ålder togs han in till sitt livs första polisförhör. Han hade stulit pengar, och använt dem till att köpa godis som han bjöd sina kompisar på. Så fortsatte det. Christer stal, åkte fast, och stal igen.

När Christer var fjorton år fick han smak på alkohol. Det var en kärlek som aldrig skulle falna. Christers behov av rus kunde dock inte stillas enbart av alkohol. Under mitten av 60-talet började han experimentera med knark, försiktigt till en början, men under 70-talet blev det tyngre varor, och framförallt fick han smak på amfetamin. Alkohol och droger skulle efterhand prägla en allt större del av Christers liv. Han växlade olika relativt tillfälliga jobb med perioder av sjukskrivningar, fängelsevistelser och arbetslöshet, och det fanns därför ett ständigt behov av pengar som framförallt spenderades på inköp av sprit och droger. En stor del av Christers brottslighet från den här tiden och framåt handlade om jakten på pengar.

Christer gick ofta beväpnad, helst med kniv och gärna bajonett. Skjutvapen befattade han sig inte med. Kniven behövdes till att försvara sig med och kunde även användas till att hota eller råna folk med om det skulle behövas. Någon överdrivet skicklig brottsling var han inte. Han åkte ofta fast, inte sällan på grund av dålig planering eller berusning. Många stölder eller rån verkar ha kommit som infall i stunden. Att lägga någon större möda på att försöka komma undan eller gömma sig verkar inte heller ha varit Christers starkaste sida.

Den 20'e december 1970 är Christer på väg till Smala Gränd i Stockholm där han har sitt tillfälliga natthärbärge. I händerna har han två kassar, en med lite matvaror och öl, och i den andra några julklappar till sin lillasyster. Längst ner i kassen med julklappar har han lagt en bajonett. På Sveavägen i hörnet med Kungsgatan får han, troligen av misstag, en knuff av en man som han försöker passera i julträngseln. Det är två yngre killar som står och pratar. De står och gestikulerar och är lite yviga. "Va fan menar du med det där?" frågar Christer med adress till den av killarna som råkat stöta till honom. "Det ska väl inte du bry dig om!" svarar den tilltalade, och nu ligger bråket i luften. Christer lutar kassarna mot en vägg och vänder tillbaka. Efter en del handgemäng i form av brottning, sparkar och slag ser killarna det för gott att fly fältet. När de springer passar en av killarna på att sparka omkull kassarna så att öl och presenter far ut på gatan. Christer ser rött. Han rusar fram till kassen, sliter upp bajonetten, och börjar springa efter sin antagonist.

Några sekunder senare är han död.

Christer går tillbaka genom folksamlingen till sina kassar med bajonetten i handen, plockar ihop sina saker och promenerar därifrån. Han går raka vägen hem via Tunnelgatan genom tunneln till Birger Jarlsgatan, och viker därefter in på Smala Gränd och går upp till en kompis lägenhet där han för närvarande har sitt tillfälliga härbärge.

Christer grips några dagar senare, erkänner, och döms för dråp.

Under 1988 går Palmeutredningen trögt. Många spår har visat sig vara icke utredbara återvändsgränder. En del andra har visat sig vara grundlösa eller kallnat av andra skäl. Tidigare högintressanta spår som Victor G och PKK är nerlagda.

Polisen bestämmer sig för att ta en ny titt på gamla outredda spår för att se om det kan finnas något som man har förbisett. Det är nu som Ulf S och Christer P, som var för sig samlat på sig flera tips från olika håll, flyter upp till ytan. Christer utmärker sig genom att inte bara ha dödat tidigare, utan även tagit till flykt via Tunnelgatan. Som vi tidigare noterat spräcker Ulf S Christers alibi och man bestämmer sig för att ta in Christer på förhör.

Från gripandet skulle det dröja åtta månader innan han kom hem, men för resten av hans liv skulle han av ett helt folk förknippas med mordet på Olof Palme. Än idag är det en stor andel av Sveriges befolkning som har den bestämda uppfattningen att det var Christer P som släckte Olof Palmes liv den där fredagskvällen för trettio år sedan.

Åklagarnas teori såg ut så här: Christer P har tidigt på mordkvällen varit på Regeringsgatan nära biografen Grand, detta i syfte att skaffa amfetamin av sin langare Sigge C som bodde i närheten. På väg dit har han sett paret Palme utanför Grand. Han har därefter avvikit för att införskaffa ett skjutvapen, kanske hos Sigge C, och sedan ställt sig på post utanför Grand i väntan på att filmen ska ta slut. Där har han observerats av vissa vittnen. När paret till sist kommer ut förföljer han dem en bit söderut på Sveavägen och går efter ett tag i förväg och ställer sig och väntar i det nordöstra hörnet av korsningen mellan Sveavägen och Tunnelgatan. När paret passerar drar Christer upp revolvern, skjuter två skott och flyr in i gränden uppför trapporna på gammalt känt manér.

Bevisningen i målet är åklagarnas verkliga triumfkort, men inskränker sig i huvudsak till en enda sak: Lisbet Palmes kategoriska och absoluta utpekande.

Christer fälls av en oenig tingsrätt. När målet överklagas tar hovrätten upp fallet på nytt. Utgången är väl känd: en enig rätt frikänner Christer med motivet att bevis för att han utom allt rimligt tvivel är gärningsman saknas i målet. Nu betyder inte det att Christer var oskyldig utan bara att åklagarna misslyckades med att presentera tillräcklig bevisning.

Den allmänna uppfattningen hos svenska folket, och även hos en stor del av polisen, var just att Christer var skyldig men att det inte gick att bevisa. Eller rättare sagt: det gick inte att övertyga den bångstyriga hovrättens juristdomare om den saken.

Någon teknisk bevisning anfördes inte, inte heller något mordvapen. Motiv verkar ha saknats och många av de kännetecken som hittills präglat Christers tidigare kriminella karriär – impulsiviteten, klumpigheten vid brotten, oförmåga att hålla sig undan och de högljudda bråken – lyser med sin frånvaro. Den enda bevisning som tingsrätten kunde hänga upp sin fällande dom på var just Lisbets utpekande.

Detta utpekande lämnar dock många frågetecken efter sig. Den som läser förhören med ögonvittnena, och framförallt Lisbets, kan snabbt konstatera att hon sannolikt inte sett mördaren alls, i alla fall inte förrän han befann sig på språng in i gränden med ryggen mot mordplatsen. I rätten säger hon att mördaren i skottögonblicket befinner sig på ett avstånd av ungefär sju meter. Den tekniska undersökningen, liksom i princip samtliga övriga vittnen med undantag av Lisbet, säger dock att mördaren stod omedelbart intill Olof. Bundeskriminal Amt (BKA) i Wiesbaden utförde den tekniska undersökningen av Olofs rock. Den visar att revolvermynningen befann sig på ett avstånd av högst 20 centimeter från ryggen när skottet brann av, vilket BKA konstaterar efter att ha undersökt hur krutrester har avsatt sig på Olofs rock. Detta är oförenligt med Lisbets uppfattning om var mördaren stod placerad. Lisbet påstår också att mördaren bar en blå täckjacka, en uppfattning som hon i stort sett är ensam om.

Det gjorde däremot vittnet Anders B, personen som promenerade en bit bakom de tre på mordplatsen när dådet skedde. Hans jacka, en lite bullig och blå täckjacka, stämmer bra med den beskrivning Lisbet senare gav polisen som signalement på mördaren. Anders B befann sig på ett avstånd av ganska exakt sju meter från mordplatsen när Olof sköts. Mycket talar alltså för att det var Anders B som Lisbet såg och inte mördaren, men tror både då och senare att det är gärningsmannen hon sett.

Just den uppfattningen, att Lisbet förväxlade Anders B med mördaren, delades inte bara av hovrätten, utan även av den första Palmeåklagaren K G Svensson vilket han delger juristkommisionen i ett förhör i januari 1987.

Alltså kan Lisbets utpekande av Christer vara felaktig. Hur kunde hon då göra just det? Hon har ju uppenbarligen utan några större svårigheter pekat ut honom i en valkonfrontation.

En förklaring kan vara att Lisbet innan konfrontationen upplystes av åklagaren Jörgen Almblad att den misstänkte var alkoholist. Under själva konfrontationen – där Christer i egenskap av mångårig knarkare och alkoholist klart och tydligt stod ut i samlingen av figuranter (vilka för övrigt bestod av enbart poliser) – säger Lisbet att "man ser vem som är alkoholist". Lisbet var redan innan konfrontationstillfället på det klara med att polisen hade tagit in den person de trodde var mördaren och att de hade stark bevisning för detta, vilket naturligtvis inte stämde. Den enda indikation de hade var just hans likhet med den tidigare diskuterade fantombilden på "skuggan", vilken vi ju nu vet var framställd på fria fantasier och helt saknar relevans för mordet. Christer var på samma sätt som många andra olyckliga oskyldiga personer onekligen lik skuggan, och detta i kombination med hans spräckta alibi och hans ohederliga förflutna var egentligen det enda som fick polisen att ställa upp konfrontationen. Men i samma stund som

Lisbets utpekande kom ändrades allt. Nu fokuserades alla tillgängliga resurser enbart på en enda sak: Christer. Efter frikännandet förflöt några år där polisen fortfarande letade bevis mot Christer, dock utan större framgång. Några år senare begärdes resning i högsta domstolen. Åklagarna lyckades få fram ytterligare vittnen som påstod sig ha känt igen Christer från mordplatsen, men dessa nya vittnen saknade all form av trovärdighet och man får förmoda att högsta domstolens beslut att avvisa resningen inte var särskilt svårt att ta.

Christers resterande liv kom att präglas av mordet. Han var, som alltid, ständigt pank och var inte sen att dra nytta av sitt nyvunna kändisskap. Framför allt TV3 betalade bra för Christers medverkan i diverse TV-sändningar, och han spelade gärna med genom att ständigt balansera på den tunna gränsen mellan att antyda sin inblandning och hävda sin oskuld. På så sätt fortlevde intresset. Christer verkade inte besväras särskilt mycket av att ha varit oskyldigt anklagad. Än idag är det många som anser mordet vara polisiärt uppklarat.

Uppfattningen är att polisen vet att det var Christer som mördade Olof Palme, men att det inte går att bevisa.

Mördaren

Är mördaren en professionell legosoldat, influgen från ett annat land, där han försörjer sig på att resa runt och avrätta personer med kontrakt på sitt huvud? Eller är han en ensam galning som fått order av rösterna i sitt huvud att skjuta första bästa person han stöter på? Eller är det en högerextrem förbannad vän av ordning som retat upp sig på nationens fiende nummer ett, Olof Palme och hans vänsterinriktade politik – och dessutom råkar ha tillgång till ett vapen?

Har han följt efter Palme i veckor och bara väntat på det perfekta tillfället, eller är det slumpen som gör att han den här kvällen råkar ha ett vapen i fickan samtidigt som Palme passerar honom på en idealisk plats? Vittnesuppgifter på platsen ger ingen entydig ledtråd åt vare sig det ena eller det andra hållet.

Å ena sidan är mördaren lugn och ger ett metodiskt intryck. Han använder ett vapen som är direkt dödande och har så kraftig ammunition att den är verksam på personer med skyddsväst. Han är tyst, och tappar eller lämnar inget på platsen. Efter den behärskade flykten är han borta. Detta talar för att mördaren är professionell och vet vad han håller på med.

Å andra sidan ger mördaren vissa intryck av att vara amatörmässig. Han missar Lisbet, trots ett avstånd på bara en meter. Han är inte ändamålsenligt klädd. Han har dessutom mer än 20 vittnen på platsen, varav ett antal sitter i bil bara ett par meter ifrån och väntar på grönt ljus. Någon av dem hade med lätthet kunnat få för sig att förfölja eller till och med ramma honom med bilen, eller åtminstone spärra vägen.

Och varför inte bara positionera sig på ett avlägset tak för att med hjälp av ett prickskyttevapen göra pinan kort, eller spränga honom i luften vid lämpligt tillfälle? Den som sökte efter ett tillfälle att utföra ett professionellt mord behövde inte leta länge. Olof Palmes vanor var enkla att kartlägga och tillfällen hade inte saknats. Att han gick på bio var däremot något som hände ytterst sporadiskt.

Mordplatsen är bortsett från förekomsten av vittnen egentligen en utmärkt plats att utföra ett mord på. Dekorimas skyltfönster är förvisso väl upplyst, men det innebär bara att det skarpa ljuset gör att hela scenen bara syns som silhuetter för betraktare. En bit in i gränden står vid tidpunkten för mordet baracker som hindrar förföljande bilar. Gatan är längre in dåligt upplyst, och längst ner i Tunnelgatan finns trappor som effektivt hindrar bilburna förföljare. Uppifrån trappan kan man med vapen enkelt meja ner eventuella efterföljare. Väl uppe på krönet är det i princip tomt på folk och bilar, och det finns många alternativa flyktvägar att välja mellan. Parken vid Johanneskyrkan erbjuder buskar och gömställen, och husen där uppe med sina många portar och prång är utmärka att snabbt gömma sig i. Fortsätter man David Bagares gata ner kommer man snart till ytterligare en trappa som leder ner till gatulivet och myllret på Birger Jarlsgatan där en person snabbt kan försvinna in i mängden av restauranger, pubar och hotellfoajéer. Platsen är alltså till synes perfekt vald förutsatt att mördaren är väl förtrogen med förhållandena på platsen, och inte räknar med att bli igenkänd. Polisen var redan från början övertygad om teorin att mördaren arbetade eller bodde i närheten, eller på annat sätt var väl förtrogen med platsen.

Men det finns också risker med en sådan här plats. Eftersom det är närmare 60 meter bort till närmaste bilfria zon så innebär den första sträckan av flykten en mycket stor risk att bli förföljd eller tillfångatagen av något modigt vittne, eller rent av rammad av någon förargad bilist. Mitt inne i staden finns många vittnen och mördaren måste kallt räkna med att han blir betraktad och kanske igenkänd av någon av dem. Och på en fredagskväll efter löning finns det alltid poliser i närheten.

En proffsmördare med ambitioner att komma undan hade förmodligen valt att slå till snabbt och därefter ytterst skyndsamt lämna platsen. Upp med revolvern, kontrollera att offret är det rätta, avlossa skotten, spring. Mördaren var också mycket riktigt effektiv, men några detaljer överraskar. Efter skotten stannade mannen kvar en kort stund, satte tillbaka revolvern i fickan under tiden som han stod stilla på platsen, tittade på Lisbet, rundade Olof, backade bakåt, tog sedan några prövande promenadsteg för att först därefter övergå till att springa. Hela tiden med omaskerat ansikte. Om mördaren redan från början hade en uttänkt plan att först skjuta och sedan fly verkar det egendomligt att stå kvar på platsen och öka möjligheterna för att både bli igenkänd och fasttagen. Kanske fanns det ingen plan att springa iväg efter dådet. Det finns en del exempel på mord av kända personer där mördaren stannar kvar på platsen och kort därefter grips av vittnen eller tillskyndande livvakter. Vissa vittnesmål ger uttryck för att mannen verkade fundera på vad nästa steg skulle bli. Kanske funderade mannen på att stanna, men då ingen verkade vilja överfalla eller ta tag i honom beslutade han sig för att ta chansen och försöka springa iväg.

Sammantaget ger detta att det finns en antydan till en person som inte nödvändigtvis sätter flykt och att inte bli fasttagen som högsta prioritet. Kanske har han inte funderat på att springa över huvud taget utan kommer fram till detta först när dådet är genomfört och möjligheten att fly utan att bli fasttagen uppenbarar sig.

Om man har goda möjligheter att planera och förbereda ett mord så ägnar man sannolikt särskild uppmärksamhet åt klädseln. Man kommer att sträva efter ändamålsenliga kläder men inte på ett sådant sätt att man på sin väg mot mordplatsen på något sätt sticker ut i omgivningen.

En mörk neddragbar mössa verkar nog lämplig. Mössan skulle tjäna syftet att dölja frisyr och hårfärg, samt bidra till ett allmänt svåridentifierbart utseende. Dessutom är det lätt att få en mössa att sitta kvar även under en språngmarsch, till skillnad från många andra huvudbonader, som exempelvis kepsar och hattar.

Någon form av skydd för ansiktet skulle också vara lämpligt. En krage som går att fälla upp rejält, kanske en rockkrage, polokrage, eller liknande kan göra ett bra jobb med att dölja ansiktet utan att framstå som särskilt egendomligt en kall vinternatt.

Till det skulle en midjekort jacka passa bra, kanske vändbar för att strax efter dådet vända jackan ut och in och därmed förvilla eventuella förföljare. En längre rock verkar snarast hindrande vid löpning och innebär också en risk att man kan trassla in sig i skörten och snubbla, eller åtminstone hindras i flykten.

Om du ska springa snabbt på halt underlag vill du ha det bästa som finns att sätta på fötterna. Kängor med grov sula eller någon annan form av skor med bra grepp, absolut inga lågskor av kontorsmodell av det enkla skälet att de är hala, speciellt om det råder snö och is. Accessoarer som kan fastna, tappas, eller hållas tag i av efterföljare är absolut inte lämpligt.

Mördaren på Sveavägen kan knappast ha läst på mordmanualens kapitel om klädseln särskilt bra, eller så väljer han att bortse från det denna gång. Han har enligt flera vittnen keps – två vittnen säger dock mössa – vilket verkar dumt med tanke på risken att tappa den vid flykten. Han har heller inte vidtagit några särskilda steg för att dölja sitt ansikte. Men trots att många personer ser skeendet och den flyende mannen, är det ändå ingen som ser hela ansiktet, så skadan ur hans perspektiv är liten.

Han har konstigt nog utrustat sig med en lång rock. En lång rock som fladdrar, och utgör en stor risk att trassla in sig i ben och dessutom verkar hindrande i flykten, verkar vara ett synnerligen dåligt val av klädsel. I handen har han under flykten en handledsväska som han springandes försöker stoppa ner någonting i. Det torde annars förefalla naturligt, att en flyende mördare snabbt vill göra vapnet osynligt, antingen genom att stoppa undan eller kasta det. Att gripas med en rykande revolver flyende från en mordplats är inte särskilt önskvärt för en mördare. Man får därför förmoda att den flyende mannen som observeras med att stoppa ner något i en handledsväska egentligen är i färd med att gömma vapnet. Detta framstår dock inte som särskilt välplanerat. Varför inte helt enkelt stoppa ner revolvern i ett hölster eller i fickan? Det sämsta beslutet avseende klädseln är dock skovalet. Mördaren har inför mordet tagit på sig ett par kontorsskor som både är låga och sannolikt hala. Vittnet som observerar flykten uppe på David Bagares gata ser att den flyende mannen halkar till flera gånger. Om detta mord är utfört av en professionell mördare har han med tanke på de kläder han för tillfället var utstyrd i helt säkert inte räknat med att utföra mordet just då.

Vittnen har beskrivit att mördaren hade en speciell löpstil. Beskrivningarna varierar men flera vittnesmål har det gemensamt att de beskriver en udda löpstil som påminner om det rörelsemönster man har när man försöker springa fort i kontorskläder (kostymbyxor, kavaj, slips, halsduk, inneskor) och rock och keps samtidigt som man försöker undvika att halka. Man springer bredbent, klumpigt, tungt och besvärat, med fötter som i syfte att minimera halkrisken får en mer vertikal träff mot marken.

Vi vet inte skälet till den opassande utstyrseln, men det finns minst tre logiska orsaker till att klä sig olämpligt för ett sådant här tillfälle. Dels kanske det är så att man inte har någon annan möjlighet. Det finns med andra ord omständigheter som kräver att man klär sig på ett visst sätt och man har inte lyxen att kunna byta om till ändamålsenlig klädsel. Det andra skälet kan vara att man inte vet om att tillfället ska komma just nu, just idag. Det tredje är att det faktiskt helt och hållet är ett impulsbeslut att dra fram vapnet och trycka av.

Inge M är den person som får bäst uppsikt av gärningsmannen innan dådet. Han blir snabbt varse att det är något konstigt med personen som står och väntar på något vid skyltfönstret. Han beskriver hur personen kommer från ytterkanten av trottoaren, går bakom skylten, sneddar in för att till sist ställa sig till rätta vid skyltfönstret. Han kollar in i skyltfönstret, men vänder sig sedan ut mot gatan.

För att vara en mördare är det ett synnerligen anmärkningsvärt beteende. Att en lönefredag vid elvatiden efter bioutsläpp ställa sig vid ett upplyst skyltfönster, vid stadens huvudgata, vid en upplyst gatukorsning med trafikljus där det alltid står bilar och väntar åt antingen det ena eller det andra hållet, mitt emellan två av stadens få öppna bankomater är om inte dumdristigt så åtminstone oerhört modigt. I alla fall om man räknar med att oantastad och i princip osedd klara av att skjuta landets statsminister och komma undan utan problem. Inte minst med tanke på att statsministerparet bara minuten tidigare har stått helt ensamma och tittat på klänningar i Sari's skyltfönster längre norrut på Sveavägen. En plats som ligger mera avsides och där ljusförhållandena på platsen var betydligt gynnsammare för mörka dåd.

Om man har lyxen att välja så är det sannolikt att föredra att snarare ha färre vittnen än fler, vilket väcker frågor vi inte vet svaren på.

Så var det en professionell mördare, eller en ensam galning? Vi vet inte. Låt oss höra vad de som faktiskt fanns på plats när mordet inträffade har att berätta.

Ögonvittnen

Ungefär 35 personer har sett hela eller delar av mordet eller gärningsmannens flykt, eller varit i dess närhet omedelbart efter. Såvitt känt är samtliga av dessa personer identifierade, och förhörda av polisen en eller flera gånger. Totalt genomfördes de första tre månaderna 9 062 förhör, varav 711 med personer som befunnit sig i direkt anslutning till mordplatsen. En del personer förhördes alltså flera gånger. Av dessa 711 förhör valde polisen slutligen knappt 100 förhör som underlag för åtalet mot Christer P. Dessa förhör är offentliggjorda och den som vill ta del av dem kan begära ut kopior från myndigheten. Vad som står i de övriga 600 förhören är hemligt, eftersom de ingår i förundersökningssekretessen. Utredningen är aktiv och inte nedlagd, och eftersom mord inte är ett brott som preskriberas innebär det att förundersökningen fortfarande pågår. Därmed är det inte möjligt för polisen att lämna ut uppgifter som inte ingått i åtalet mot Christer P.

För en utomstående kan det antas vara svårt att dra några säkra slutsatser av en sådan liten del av en utredning. Vad står i de förhör som inte har offentliggjorts? Kan det dölja sig observationer eller annan viktig information som skulle peka åt ett hittills okänt håll?

Det är naturligtvis tänkbart, men måste bedömas som osannolikt. Samtliga vittnen är kända och många av dem har intervjuats både i tidningar och TV. Fortfarande i modern tid förekommer mordplatsvittnen med ojämna mellanrum i tidningsintervjuer och andra medier och fram tills nu har mycket lite dykt upp som inte var känt redan inom de första månaderna efter mordet. De berättelser som dessa vittnen återberättar 30 år efter mordet stämmer i stora stycken med vad som redan framgår i de första förhören.

Det framstår alltså som troligt att vi kan studera dessa offentliggjorda förhör och ur dessa dra slutsatser om de verkliga förhållandena och skeendena på mordplatsen.

Låt oss nu titta närmare på en del av de personer som befann sig på platsen vid tidpunkten för mordet och studera de uppgifter de har lämnat. Vi lämnar analysen till senare. Just nu fokuserar vi bara på vad var och en av de kända vittnena har berättat. Eventuella motsägelser eller rena missuppfattningar återkommer vi till, nu vill vi bara veta vad respektive vittne har sagt. Även små och obetydliga observationer kan ha betydelse även om det initialt inte verkar så. Därför vinnlägger vi oss här om att försöka få med även sådant som kan te sig oväsentligt.

Vi hämtar informationen dels från de förhör som finns tillgängliga, dels i vad vittnena har uppgett i rättegången mot Christer P, och slutligen vad de har berättat om mordet under eget namn i intervjuer i tryckt media från tiden strax efter mordet. Därefter ska vi se om det går att få fram någon form av rimlig samstämmig beskrivning av händelsen och mördaren, och om det går att vaska fram hittills okänd information ur materialet.

Bilburna ögonvittnen

Sammanlagt sju bilar befinner sig vid tidpunkten för mordet vid eller i omedelbar närhet av korsningen. En del står stilla, en del är på väg förbi eller fram till korsningen. Flera vittnen berättar att det rådde rött ljus i hela korsningen innan första skottet, och att det i anslutning till första skottet slog om till grönt i norrgående riktning med undantag av vittnet Bengt P som påstår att han passerade genom korsningen söderifrån med grönt ljus just innan skotten.

Åke L's gråa Ford Escort

Projektledarassistenten Cecilia A, 20 år, och hennes vän Elisabeth J, 18, har varit på bio tillsammans med Elisabeths pojkvän Åke L, 22. De har sett filmen "Morrhår och ärtor" på Sagabiografen vid Kungsgatan som slutade vid 22:30-tiden. Efter föreställningen går sällskapet ner mot Stureplan, men utanför Rigoletto stöter de på fem andra bekanta och bestämmer sig för att ta en bit mat på McDonalds en liten bit därifrån. Cecilia är lite otålig att komma därifrån, eftersom hon ska upp och jobba dagen efter.

Cecilia, Elisabeth och Åke lämnar efter ca en halvtimme det stora sällskapet och börjar gå mot bilen. På vägen springer de på en bekant, Karin J, 17, med sin kompis Anna H, 17, som också har varit på bio och sett 21-föreställningen av "48 timmar" på Filmstaden. De står i en telefonkiosk där Anna just pratat med sin bror om att få lift hem. Han slutar vid midnatt och de bestämmer att han ska hämta dem på Centralen. Åke erbjuder Karin och Anna lift till Centralstationen, vilket de accepterar. Sällskapet går till Jakobsbergsgatan och hämtar bilen, men någon har parkerat väldigt nära Åke och eftersom bilen står i en backe så tar det lite tid att komma loss.

Till sist kan de åka iväg. Åke sitter vid ratten i framsätet tillsammans med Elisabeth på passagerarplatsen, medan Anna, Karin och Cecilia sitter där bak. Anna sitter till höger, Karin i mitten, och Cecilia till vänster bakom föraren.

Avsikten är att svänga vänster ner mot Kungsgatan för ett kort besök på Clock, en hamburgerrestaurang på Kungsgatan vid Hötorget, för en fika innan de åker vidare till Centralstationen. För att komma dit kör Åke söderut på Norrlandsgatan, österut på Hamngatan och därefter norrut på Sveavägen. Vid korsningen med Kungsgatan märker Åke att han inte som planerat kan svänga ner mot restaurangen, eftersom det råder förbud mot vänstersväng. Åke väljer i stället att köra rakt fram på Sveavägen för att senare svänga vänster på Tunnelgatan.

Cecilia tittar sig omkring, och noterar att tre personer promenerar på östra sidan av Sveavägen. Två går före och en något längre person går strax bakom. De går i samma takt och så pass nära varandra att Cecilia uppfattar dem som ett sällskap. De går sneddande in mot trottoaren från vägen och passerar en stor reklamskylt. Paret tittar in mot skyltfönstret i butiken bredvid. Cecilia beskriver mannen som gick något steg bakom paret som en aningen längre person än de övriga i sällskapet. Han är relativt smal och har en täckjacksliknande jacka och på huvudet finns någon form av platt huvudbonad.

Stämning i bilen är hög och musiken likaså. De kommer fram till korsningen och får rödljus. De ska just till att stanna för rödljuset i korsningen längst fram i vänsterfilen när Åke plötsligt ser en man falla ner till marken.

"Nu är det fylleslagsmål på gång" säger Åke. Ingen i bilen hör något skott, så den allmänna uppfattningen är att det har varit ett slagsmål alternativt att någon drabbats av hjärtinfarkt eller annan sjukdom. Anna går vårdlinjen och säger till Karin att de måste hoppa ur och försöka hjälpa till. De säger till Åke att han kan köra vidare, de får ordna skjuts på annat sätt.

Cecilia ser en man springa in i gränden. Det är samma man hon tidigare lagt märke till som gick strax bakom statsministerparet. Hon reagerar på att mannen tar ovanligt långa steg när han flyr iväg. Anna ser också mannen när han springer iväg, han har kommit ca tre meter från Olof och är på språng från platsen. Hon beskriver honom som medelålders, medellängd, mörkt hår, litet huvud i förhållande till kroppen och har en mörk trekvartslång rock. Hon uppfattade att mannen sprang till vänster om byggnadsbarackerna. Anna berättar vidare att mannen sprang snabbt men tungt, och gav inte något intryck av att vara en tränad sprinter. Mannen ger intryck av ha en stor ryggtavla och vara vältränad. Anna tror att mannen under kläderna bör ha en välbyggd, snygg kropp.

Åke får grönt ljus och kör sakta vidare ner mot vänster för vidare färd hem mot Rågsved.

När Anna och Karin kommer fram till den liggande mannen så ser de att de inte är först. En yngre kille (Stefan G) har redan kommit fram, och har börjat vända Olof i framstupa sidoläge. Olof ligger då på höger axel, med ansiktet in i gränden. Det väller blod ur munnen på Olof. Förutom de själva finns bara Lisbet, Olof och Stefan på plats. Anna tar beslutet att vända Olof på rygg för att påbörja hjärt- och lungräddning. Stefan börjar ge Olof mun-mot-mun-metoden och Anna börjar med hjärtkompressioner. Lisbet knuffar Anna och försöker dra bort henne från Olof. "Det ska vara en läkare till det!" ropar hon. "Lägg er inte i!" fortsätter Lisbet. "Beställ läkare, beställ operation! Jag har blivit skjuten, jag också!"

Karin gör sitt bästa för att lugna Lisbet, men utan större framgång. När Lisbet försöker dra bort Anna från Olof ryter Anna i, och Lisbet släpper henne. Lite senare, när polisen kommer, hör Karin Lisbet ropa "Ser ni inte vem jag är? Jag är

Lisbet Palme! Det här är min man Olof, och han har blivit skjuten."

Hans J's vita Mercedestaxi

Fredagen den 28 februari sitter apotekstenikern Lena B, 22 år, i en taxi tillsammans med sina vänner Stefan G, 22-årig student, Göran I, 23, och timmermannen Kenneth E, 23. De har varit på restaurang Lilla Köpenhamn och är efter ett kort stopp på Glädjehuset, som Kåren på Holländergatan kallas, på väg till dansrestaurangen Albatross. Lena sitter längst fram på passagerarsidan bredvid taxichauffören Hans J, 32.

Kvällen har redan bjudit på en del dramatik. Anledningen till att besöket på Kåren blev så kort var att kamraten Mats Å, som då var tillsammans med sällskapet, hamnade i en ordväxling med dörrvakten. Mats var alkoholpåverkad, och beslutade sig arg och ledsen efter incidenten för att åka hem.

Taxin har på sin väg söderut in mot de centrala delarna av staden stannat för rött ljus på Sveavägen vid Tunnelgatan. Den står i riktning söderut, och har alltså platsen som snart ska bli mordplatsen snett fram åt vänster.

Plötsligt ser Lena en man ligga på trottoaren. Lena hinner inte tänka innan hon utbrister "Det är ju Mats som ligger där"!

Taxichauffören svänger omedelbart tvärs över trafiken, och efter en smått olaglig u-sväng stannar hans vita Mercedes som första bil vid mordplatsen. Lena hoppar ur och springer fram till den liggande mannen. Hon ser direkt att mannen är skjuten, och drar sig genast förskräckt bakåt in under det lilla utskjutande taket vid färgaffären Dekorima. Där sätter hon sig på huk för att återhämta sig efter chocken. Hon är inte långt ifrån att kasta upp. Ögonblicket efter kommer Stefan G från taxin fram till Olof.

Väl framme tar Stefan pulsen på den liggande mannen. Han känner den svagt och lägger mannen i framstupa sidoläge. Stefan ser att det rinner mycket blod ut ur munnen. När flödet slutar börjar Stefan med mun-mot-mun-metoden. Under tiden har Anna H kommit fram och påbörjar hjärtmassage. Stefan blir så blodig att hans kamrat Göran I senare inte känner igen honom. Till och med vid förhör två år efter mordet har Göran fortfarande inte insett att den blodige mannen som gjort mun-mot-mun-metoden är hans egen kompis Stefan G.

Taxichauffören Hans J ser delar av förloppet. Han uppger i förhör att mördaren och Olof står nära varandra, med mördaren lite vid sidan om Olof. Lisbet befinner sig en bit därifrån. De går inte i armkrok. Han ser inte hur gärningsmannen avlossar skotten, utan bara när han står med vapnet i hand. Det ser ut som en revolver med lång pipa. Hans J betraktar gärningsmannen när han gör sig redo att fly. Han gör en minnesnotering om att mördaren har skäggstubb. Sedan vänder Hans sin bil med en u-sväng och stannar just vid Tunnelgatans mynning, bara fem meter från den liggande mannen. Sedan flyr mördaren. Efter 25 meters språngmarsch vänder sig mannen helt kort om och fortsätter sedan fly mot trapporna. Hans tycker att mördaren springer med en helt unik stil, lite som en elefant; vankande, rullande med kroppen, med armarna framför sig. Han springer relativt sakta, som en ovan löpare. Hans kan följa honom med blicken nästan hela vägen upp till trapporna. Samtidigt som Hans bevakar gärningsmannens flykt försöker han sätta sig i kontakt med taxins sambandscentral, i syfte att få dem att larma polis. Han lyckas efter en kort stund få kontakt med Solnataxis sambandscentral. Där får han prata med Ingrid Z, som i sin tur larmar polis. Hans är den enda personen på mordplatsen som ser gärningsmannens hela flykt upp för trapporna, eller i varje fall nästan hela vägen upp. Han berättar bland annat att polisen kommer till platsen i samband med att gärningsmannen kommer upp till trappkrönet. Det är också i det skedet som Hans går ur sin bil. När polisens Piketgrupp anländer så ropar Hans till dem att "Han sprang bort där!"

Trots detta dröjer det 15-20 sekunder innan de upptar förföljandet, och först efter att Hans ropat en andra gång sätter de av. Lena B ser ytterligare en person peka ut vägen för polisen, nämligen Jan-Åke som pekar ut flyktvägen österut in på Tunnelgatan. Hon hör honom säga "han tog den vägen".

Kenneth E sitter i samma bil som Hans och Stefan. Han går också ur och är den person som enligt honom själv ägnar tiden åt att försöka hålla Lisbet lugn så att Stefan och andra skulle kunna genomföra livsuppehållande åtgärder.

När ambulansen till sist hämtat upp Olof och Lisbet samlas gänget i taxin igen, och färden mot Albatross fortsätter.

Leif L's stora gråsvarta Chevrolet Suburbian

38-årige montören Jan A från Vallentuna sitter i sin gode vän Leifs Cheva, en Suburbian av lastbilsmodell, och de är ute på stan i avsikt att hämta upp Leifs två sportlovsfirande söner. Leif är 42 år och egenföretagare i hantverksbranschen med golvläggning som specialitet. Bussen med Leifs söner är försenad och i väntan på den är de nu ute och kör en runda i sakta mak. Under färden söderut på Sveavägen, strax innan korsningen där en vit Mercedes redan står för rött ljus, hör de en knall. Chevan kommer fram till korsningen just som det andra skottet kommer. Både Leif och Jan upplever att skotten avlossas med markant mellanrum. Leif säger att det är upp till tio sekunder emellan dem, vilket gör honom i detta avseende till ett unikt vittne. De i övrigt ganska samstämmiga vittnesmålen tyder på att avståndet i tid mellan skotten var 1-2 sekunder. Jan anger i senare förhör tiden till betydligt kortare 2-3 sekunder.

Leif uppfattar omedelbart vad som händer och tar direkt beslutet att svänga runt bilen. Även taxin framför svänger runt i en u-sväng, och de två bilarna stannar efter varandra vid mordplatsen. Taxin stannar just bredvid mordplatsen och Chevan något framför, vid ingången till Dekorima. Mördaren står stilla en liten stund, 3-4 sekunder, och betraktar iskallt kvinnan och mordoffret innan han lugnt lunkar in i gränden. Samtidigt som Leif svänger runt med Chevan så tar han upp sin mobiltelefon. Leif är hantverkare och det är vid denna tid inte helt ovanligt att just hantverkare har en telefon installerad i bilen. Han slår numret till larmcentralen, 90 000, men kommer på att man måste slå riktnummer så han lägger på och ringer upp på nytt. I andra änden svarar telefonisten Sonja T på larmcentralen nästan omedelbart:

```
Sonja: 90 000.
Leif: Ja, det är mord på Sveavägen!
Sonja: Prata med polisen.
```

Sonja Teir kopplar samtalet vidare till polisen, och lägger sig i medhörningsläge. Polisen svarar dock inte och till sist, efter att Leif från en förbipasserande har hört att taxin just bakom Leifs Cheva (Hans J) redan har larmat polis, lägger han på. Under tiden hinner de studera den flyende gärningsmannen. Han har en knälång, mörk, fladdrig rock, med antingen en kapuschong, uppfälld krage eller långt hår, eller så har han helt enkelt något på huvudet. Mannen är 180-190 cm lång. Mer smal än korpulent. Mannen springer fort, med långa spänstiga steg. Leif beskriver mördarens skor som lågskor. Leif är en av mycket få personer som ser mördarens ansikte, eller i vilket fall delar av det. Leif ser ansiktet mycket flyktigt men bedömer att det är något långsmalt och med en grovt markerad näsa.

Jan och Leif ser när Stefan G och Anna H med sitt sällskap kommer fram till den liggande mannen. Ganska snart därefter kommer Lars-Åke S, ett annat vittne som parkerat just framför Chevan, fram och pratar med Leif och Jan. Efter en stund går Leif fram till Lisbet och försöker prata med henne. "Snälla damen, varför sköt han?" frågar Leif. Han får inget svar. Strax efter polisen anlänt så ser Leif en ambulans köra norrut ute på Sveavägen. Han springer ut på gatan och viftar och busvisslar och får stopp på den. Ambulansmännen hoppar ut och börjar arbeta med den liggande mannen, de sätter bland annat in syrgas. Ganska snart efter ambulansens ankomst lastas Olof Palme in i bilen, vilken sakta börjar rulla. Lisbet är nu närmast hysterisk, och vill följa med. Leif får upp sidodörren vilket får till följd att ambulansen stannar så att Lisbet kan komma med.

Anders D's taxibil

Anders D, 28, är taxichaufför på Järfälla taxi. Han har just varit på Barkaby station och där hämtat upp tre yngre damer som ska in till stan för att dansa på hippa nattklubben Berzelii Terrassen, BZ. De har suttit i taxin i ca 20 minuter när Anders kommer fram till trafikljusen på Sveavägen. Stämningen i bilen är hög, Anders skämtar och skojar med damerna som har suttit hemma och festat en stund innan färden till stan. De har druckit lite vin, något eller några glas. Avsikten är att åka till Kungsträdgården och hoppa av vid Hamngatan.

När Anders kommer fram till korsningen med Tunnelgatan får han rött ljus och måste stanna. Han står i mittfilen, och är ensam bil i den riktningen. Han står och väntar på grönt ljus och tittar sig omkring när han till vänster om sig lägger märke till tre personer som står och samtalar med varandra. Dels en ensam person med ryggen åt husfasaden, och dels ett par som har ryggen ut mot Sveavägen. När han efter en stund får grönt ljus släpper han på bromsen och ska just börja köra. Precis då kommer en kraftig smäll från platsen där han sett de tre personerna. Han tittar till vänster och hör samtidigt ytterligare en smäll. Rök och en eldflamma kommer från ett vapen som mannen med ryggen mot fasaden håller i händerna. Taxibilen är nu exakt mitt i korsningen, bara några få meter från händelserna på trottoaren. Anders beskriver vapnet senare som en Colt-liknande revolver med en ovanligt lång pipa. Mannen som sköt uppfattar han vara 180-185 cm lång, bred ryggtavla, bärandes en blandning mellan en grå herrhatt och en Sherlock Holmes-mössa nerdragen i pannan, samt en långrock, en sorts gråaktig ulster med svarta stänk som räcker ner till knäna.

Ann-Charlott H är en av passagerarna, och sitter rakt bakom chauffören. Genom denna placering är hon en av de personer som har haft bäst uppsikt över mordplatsen just i skottögonblicket. Ann-Charlott har dock till skillnad från samtliga andra vittnen en omvänd bild av offren och gärningsmannens placering. Enligt henne står gärningsmannen med ryggen mot söder och skjuter mot norr. Offret står placerat med ryggen mot norr, och blir skjuten i bröstet. Hon ser när mannen drar tillbaka sitt vapen, ett stort vapen, en "Magnum Bonum". Hon tycker att det är något större än vanliga pistoler och revolvrar. Runt 20 centimeter lång bedömer hon att den är. Mannen stoppar in vapnet med höger hand innanför rocken på vänster sida. Sen vänder han sig åt höger, och beger sig springande från platsen. Direkt efter kommer två flickor i 20-25-årsåldern springande fram till platsen. AnnCharlotte beskriver mannen som sköt som 30-40 år, av medellängd och utan några speciella kännetecken. Han bär en knälång, mörk rock. Håret är rakt, kortklippt och mörkt. Byxorna är mörka. AnnCharlotte ser också någonting som ingen annan tycks ha sett: Mannen hade handskar på sig. AnnCharlotte säger sig ha sett mördarens ansikte, eller i alla fall delar av det. Hon har sett haka och näsa, men kan olyckligtvis inte beskriva dem närmare.

Anders reagerar mycket snabbt vid skotten, och tar omedelbart upp sin taxiradio. Samtidigt som han kör in till kanten, ropar han till Järfälla taxis växeloperatör: "Ring Polisen, det är en man skjuten hörnet Sveavägen-Tunnelgatan".

Anders noterar att gärningsmannen tvekar en kort stund, som om han undrar åt vilket håll han ska fly. Tvekandet varar i ett par sekunder. Sedan försvinner mannen. Han springer otympligt, klumpigt, stelt, och inte speciellt snabbt.

Charlotte L, 18, är dagisfröken i Solna. Hon sitter också i Anders taxi, i baksätet till höger och har därmed en relativt dålig plats för att göra noggranna observationer. Men av Charlotte får vi en mycket detaljerad beskrivning av gärningsmannens rock. Hon säger att den är av en sorts luden, lodenaktig kvalitet och går 10-15 centimeter under knäna. Den har sprund och är knäppt. När gärningsmannen springer, så fladdrar rocken. Charlotte observerar också en annan person som står mycket nära de tre på Tunnelgatan. Det är vittnet Anders B. Hon ger en bra beskrivning även av honom som denna kväll har en blå, midjekort, täckjacka.

Taxichauffören får order av växeloperatören att stanna kvar på platsen tills polisen kommer. Han kör därför in sin taxi till trottoarkanten för att släppa av damerna. De betalar 105 kronor och hoppar av.

Lena S, 18, som satt i framsätet bredvid Anders D lyckas bara se en liten del av själva dådet och kan bara lämna en mycket svag beskrivning av gärningsmannen. Hennes bidrag till mordgåtan är av ett helt annat slag. Hon är nämligen ytterst kissnödig, och så snart Anders stannar och släpper av dem måste hon omedelbart leta reda på en toalett. Väl ute på trottoaren går hon ner på dåvarande Tunnelgatan, nuvarande Olof Palme gata, i hopp om att finna en restaurang med tillhörande toalett. Hon kommer ner till korsningen med första tvärgatan, Olofsgatan, och spanar. Ingen lycka. Hon tvingas därför bege sig tillbaka Sveavägen med oförättat ärende och återförenas med sina vänner. Just som Lena kommer tillbaka från sin promenad, ser hon polis och även ambulans komma fram till platsen. Lenas promenad bör ha tagit ungefär en minut. Att bli avsläppta och betala tar ca 30 sekunder enligt Anders egna uppskattningar. Vi kan härigenom tro oss veta att polis och ambulans kom snabbt till platsen, kanske så snabbt som 90 sekunder efter skotten.

Lena med sällskap bestämmer sig för att fortsätta promenera söderut och efter ett tag kommer de fram till Restaurang Monte Carlo vid Kungsgatan där de fortsätter kvällen.

Jan-Åke S grafitgråa BMW

Malmöbon Jan-Åke S, 34, står riktad norrut i den vänstra filen vid rödljuset i korsningen mellan Sveavägen och Tunnelgatan och har för avsikt att svänga vänster ner mot Tunnelgatan. Han är ensam i sin bil, och ser inga andra bilar vid sitt rödljus. Han står still och väntar på grönt. När han har stått där mellan 15 och 30 sekunder hörs det plötsligt ett skott. Han tittar upp och ser tre personer på trottoaren på höger sida. Då hör han ytterligare ett skott och en av de tre personerna ramlar ihop. Skottet rikoschetterar på trottoaren just bredvid Jan-Åkes bil. Därefter försvinner mannen som sköt in i gränden.

I samband med skottlossningen observerar Jan-Åke en man som vi nu vet är Anders B. Anders ryggar tillbaka, och tar skydd i en port vid Dekorima. Jan-Åke S försöker köra fram till platsen men hindras av Hans J's vita taxi som gör en u-sväng och svänger upp och ställer sig bredvid mordplatsen. Han hindras även av Leif L's Chevrolet som följer efter och ställer sig framför taxin. Jan-Åke kör efter och förbi de två bilarna och ställer sig strax framför Chevan. Han hoppar ur sin bil och går fram till bilen närmast bakom honom, en bil han tidigare sett är utrustad med mobiltelefonantenn. Jan-Åke frågar Leif om han kan larma polis och ambulans. Leif berättar att han försöker larma 90000, men att han ännu inte fått någon kontakt. De får dock snart reda på att taxichauffören Hans J redan pratat med taxiväxeln, polis och ambulans är alltså redan larmade.

Jan-Åke går aldrig fram till själva mordplatsen, utan håller sig i hörnet tillsammans med Anders B som tagit skydd i Dekorimas port. Jan-Åke noterar att Anders är skärrad och förefaller ha för avsikt att avvika från platsen. Jan-Åke övertalar honom att stanna, med motiveringen att han är vittne till händelsen och måste stanna och prata med polisen. Därefter går han förbi mordplatsen söderut och stannar där. Jan-Åke uppskattar att det tar tre minuter innan polisen kommer, och han går då fram till dem och visar vägen som gärningsmannen flydde längs, det vill säga upp i gränden österut. Polisen som han visar vägen ska senare visa sig vara poliskommissarie Gösta Söderström. Strax efter kommer också en polispiket till platsen.

Efter ytterligare några minuter kommer en ambulans, som parkerar mellan Hans J's taxi och Leifs Chevrolet.

Inge M's senapsgula Opel

Inge M, 31-årig musiklärare från Stockholm, har varit på rockklubben Kaos i Gamla Stan. Han är i sällskap med sin flickvän, Helena L, 19-årig domuskassörska, och vännerna Sven-Erik R, 26-årig chaufför på postverket i Kista, samt Susanne L, 22, som jobbar som stansoperatris vid Bankgirot. Helena och Susanne har druckit lite under kvällen och är salongsberusade. Helena har hållit sig till öl, hon ska upp och jobba dagen efter. Strax innan elva vill Inge och Helena åka hem. Inge är fortfarande lite mosig efter en veckolång förkylning med feber, och Helena måste upp tidigt. Susanne och Sven-Erik vill fortsätta kvällen på restaurang Albatross, men först behöver flickorna ta ut lite pengar. De letar runt i stan efter en öppen bankomat men alla är tomma på pengar. De kör norrut på Sveavägen och vid korsningen med Tunnelgatan upptäcker de en öppen bankomat framför det postkontor som ligger där. Inge svänger vänster och släpper av flickorna och Sven-Erik framför bankomaten. Sen kör han ner bilen till Olofsgatan och gör en u-sväng innan han kommer tillbaka till sina vänner som nu är på andra sidan vägen vid bankomaten. Inge står lite dumt placerad alldeles framför trafikljusen och oroar sig för att han ska hindra trafik bakifrån som ska upp på Sveavägen.

När han står här och väntar på sina passagerare så tittar han upp mot Sveavägen och får direkt syn på en man som kommer norrifrån på yttersidan av trottoaren. Mannen rundar utsidan av en reklamskylt som står lite till vänster om färgaffären Dekorimas port och går och ställer sig vid skyltfönstret just bredvid porten. Mannen tittar först några sekunder in i skyltfönstret och vänder sig sedan och tittar ut mot trafiken. Han står ungefär 5-6 meter från Dekorimas avfasade skyltfönster. Högerhanden håller han i rockens högra ficka. Han spanar norrut och söderut längs Sveavägen. Inge blir direkt misstänksam. Vad väntar mannen på? Varför står han där?

En halvminut efter att Inge M först noterat mannen så kommer att yngre gäng killar och tjejer, runt 5 personer, gående söderifrån och passerar just framför den väntande mannen. Gänget skojar och pratar, det märks tydligt att de inte är nyktra. Gänget som snart försvinner ur Inges synfält är troligen Anders B (vi återkommer till honom) med sällskap.

Det står redan en man före flickorna vid bankomaten men han blir klar just när de kommer fram. Susanne är först med att ta ut pengar. Hon gör två separata uttag. Först tar hon ut 200 kronor och omedelbart därefter ytterligare 100 kronor. Ett av kvittona visar 23:17. När hon är klar är det Helenas tur. Susanne och Sven-Erik väntar inte på henne utan går över gatan och hoppar in i Inges Opel.

På andra sidan Sveavägen kommer en man och en kvinna gående i armkrok. De kommer norrifrån och promenerar lugnt förbi den väntande mannen. De går utanför reklamskylten, närmast gatan.

Inge får en obehaglig känsla av att något ska hända.

Just när de passerar förbi släpper kvinnan armkroken med mannen och tar ett par steg noterbart snabbare än mannen och kommer därmed lite längre fram än sitt sällskap. Den väntande mannen smyger upp bakom paret.

Inge tittar rakt på dem. "Nu jävlar snor han handväskan av kärringen" säger han till sina vänner i bilen. Mannen lägger vänsterhanden på sitt offers vänstra axel. Han tar upp högerhanden ur fickan och höjer upp den så att den pekar rakt in i ryggen på offret. Den promenerande mannen som vi nu vet är Olof Palme stannar till och börjar vända sig bakåt åt vänster.

Helena står ensam kvar vid bankomaten och slår in sitt uttag, 700 kronor. Första försöket med koden misslyckas. Hon försöker igen, och nu går det bättre. Just när hon trycker på den gröna OK-knappen smäller ett kraftigt skott. Sekunden efter kommer ett till.

Inge fortsätter att ha blicken rakt riktad mot mordplatsen. Han ser de två eldflammorna och hör det kraftiga ljudet av skottlossning.

Mördaren tar ner handen och sätter revolvern i fickan. För Inge är det som om mördaren smälter bort. Så snart revolvern är borta så verkar det som att mördaren ser ut precis som vem som helst, som en åskådare.

Därefter backar mannen ett par steg, han iakttar paret, rundar dem och går sedan lugnt bort in i gränden. Han tittar bakåt igen innan han börjar jogga.

En tanke passerar i Inges huvud: Ska jag köra över gatan och följa efter? Men han slår snabbt tanken ur hågen. Mannen hade ju faktiskt en revolver.

Helenas pengar kommer ut ur bankomaten, och hon går tillbaka till bilen på andra sidan. Inge står ute på gatan med dörren öppen och tittar bort mot mordplatsen. Helena hoppar in. Inge berättar vad som hänt: "Nu är det någon som blivit skjuten!"

De stannar inte kvar utan fortsätter ner mot Albatross, där de släpper av Sven-Erik och Susanne. Därefter återvänder Inge och Helena tillbaka till mordplatsen för att kontrollera att polis och ambulans finns på plats. När de har konstaterat att de finns där beger de sig hem.

Jan N's svarta limousine

Taxichaufför Jan N, 33, har varit på restaurang Alladin på Barnhusgatan några kvarter väster om Sveavägen. Där har han stått en stund och väntat på att få en körning. Fyra thailändska tjejer i tjugoårsåldern dyker upp och hoppar in i Jans Mercedes. De vill till restaurang King Creol på Kungsgatan. Jan kör söderut på Barnhusgatan och tar till vänster på Tunnelgatan. Klockan är strax efter 23:20.

Bilen kommer fram till korsningen med Sveavägen och stannar för rött ljus. Väl uppe vid rödljuset till Sveavägen gör en annan taxibil en u-sväng från vänster och kör upp och parkerar just vid mynningen till Tunnelgatan. Två flickor kommer springande fram till platsen. När Jan får grönt ljus och kör upp på Sveavägen för att fortsätta sin färd söderut så ser han att en av flickorna har börjat göra hjärtkompressioner på en man som ligger på gatan och blöder ymnigt.

I samma händelseförlopp observerar Jan en man som springer ifrån platsen. Han tar upp sin radiomikrofon och ropar till sin radiooperatör: "Nu har dom väl skjutit eller skadat någon på Sveavägen-Kungsgatan." I hastigheten tar han fel på vilken gata han är på, men det får anses vara ett naturligt misstag.

Den svarta Mercedesen fortsätter sin färd och Jan lämnar till slut av sina fyra passagerare vid King Creol. Därefter vänder han samma väg tillbaka. När han kommer fram till mordplatsen har polisen redan kommit. En man kommer ut från en polisbil och Jan slås av hur blodig mannen är i ansiktet. Det är Stefan G. Stefan har just gjort mun-mot-mun-metoden på Olof Palme, och är helt nerblodad i ansiktet.

Bengt P's guldfärgade Mercedes

Bengt, 40, jobbar på Philipsons i Sollentuna. Han sitter i sin guldfärgade Mercedes 200 och kör från Sergels torg på väg norrut mot Norrtull. Han har grönt ljus i korsningen med Tunnelgatan. Några meter efter att ha passerat korsningen hörs en smäll. Han tror att det är några ungdomar som har slängt en smällare, så Bengt reagerar inte nämnvärt utan fortsätter på sin väg norrut. När han har hunnit en bit längre bort kommer nästa smäll. Genom backspegeln kan han se hur det ryker till i snön på trottoaren.

Det ligger en man och en kvinna på platsen så han bestämmer sig för att vända. Bengt gör en u-sväng och kör tillbaka till mordplatsen. Där parkerar han bilen i jämnhöjd med det liggande paret på motsatta trottoaren. Han avvaktar en kort stund för att vara säker på att det inte smäller igen, sen rusar han över gatan och fram till mannen och kvinnan. En ung kvinna och en man är redan på plats för att hjälpa den skjutne. Lisbet står böjd över mannen. En man i 25-årsåldern i ljus täckjacka springer över vägen och kommer fram till platsen strax innan Bengt når fram. Borta vid Dekorimas avfasning står en kvinna som verkar chockad. En man står bredvid och tröstar henne. När Bengt kommer fram ligger mannen i framstupa sidoläge. Han vänds i ryggläge för att kunna påbörja återupplivningsförsöken. Bengt pratar en stund med en man i ljusblå arbetskläder och jacka, vilket senare visar sig vara Leif L. Bengt stöter även på Anders D, taxichauffören från Järfälla taxi.

Promenerande ögonvittnen

Ett ganska stort antal promenerande människor har på olika avstånd sett och hört skotten på Sveavägen. En del vittnen har mer att berätta än andra helt enkelt därför att de har befunnit sig nära själva händelsen och därför sett mer, men även de som befunnit sig längre ifrån kan ge viktig information trots att det initialt inte verkar så. Vi börjar med just ett sådant fall, Annika och Egon. Deras berättelse hjälper oss exempelvis med att förstå mer om hur snabbt polisen kom till platsen.

Därefter möter vi Anders B som var den person som befann sig på bara 7 meters avstånd från själva mordet, och sedan följer övriga promenerande ögonvittnens berättelser.

Annika B och Egon E

Annika och Egon har i väntan på att filmen Bröderna Mozart ska börja varit på puben Tre Backar på Tegnérgatan. När bion ska börja promenerar de till Grand som ligger alldeles i närheten. Detta är samma bio som paret Palme besöker, men varken Egon eller Annika ser till vare sig Olof, Lisbet, eller deras son med flickvän. Först när bion är slut och de är på väg att gå ut på Sveavägen så ser Egon att Olof och Lisbet Palme har varit på samma föreställning. De tar sig ut i foajén bland de sista besökarna. Egon lägger märke till Lisbet när hon går mot toaletterna innan han och Annika tar sig ut på Sveavägen.

De promenerar i lugn takt söderut mot Kungsgatan, och vid Adolf Fredriks kyrkogård stannar de till ett par minuter och diskuterar hur kvällens fortsättning ska se ut. De beslutar sig för att gå vidare ner mot Sergels torg. Väl framme vid Kungsgatan, just där restaurang Monte Carlo ligger, hör de två snabba skott. De vänder sig om och Egon ser efter en liten stund en man fly in i gränden till Tunnelgatan. De befinner sig nu på ungefär 90-100 meters avstånd från själva mordplatsen. Det ligger en man på marken och personer rusar till. Bilar kommer fram och parkerar vid platsen.

Egon och Annika bestämmer sig för att promenera ner till platsen, men utan att gå över gatan på så sätt att de hela tiden stannar på västra sidan av Sveavägen fram till korsningen med Tunnelgatan. Promenaden dit tar ca en minut. Samtidigt som de kommer fram till korsningen anländer den första polisbilen. Strax efter kommer också en piketbil och ambulans till platsen.

Anders B

39-årige konstruktören Anders har tillsammans med 15 arbetskamrater varit på restaurang S:t Clara för att äta och dricka. De kommer till restaurangen redan vid 16:30-tiden för att kunna utnyttja restaurangens erbjudande om Happy Hour, som innebär att alkohol säljs till halva priset fram till klockan 18:00. Anders dricker en del; tre snapsar, ett par tre öl, och möjligen en whisky till kaffet. Efter 18-tiden dricker han ingenting.

Framåt klockan 23 bestämmer sig en del av sällskapet för att fortsätta kvällen på restaurang Glädjehuset på Holländargatan, där puben Kåren huserar. Anders och sex andra kamrater börjar promenera. Själv känner han sig berusad, men inte överdrivet så, det är trots allt fem timmar sedan han drack den sista whiskyn. Gänget delas efter ett tag upp i två grupper under promenaden. Först kommer gänget med Anders, totalt fyra personer. Sedan kommer tre eftersläntrare, de är något mer berusade och tar lite mer tid på sig.

Väl nere på Sveavägen passerar de förbi Tunnelgatan på östra sidan, just där mordet inom ett par minuter ska ske. De noterar inget ovanligt. De behöver hämta ut pengar, och väljer att göra det i Götabankens filial som ligger just efter en resebyrå placerad alldeles bredvid Dekorima. Filialen, som alltså ligger ungefär 30 meter från hörnet där mordet strax ska ske har en bankomat placerad i en foajé, och för att komma in där måste man dra sitt kort i en kortläsare utanför entrén. Härigenom öppnas en dörr och man kan gå in och göra sitt uttag. Anders behöver inte ta ut några pengar utan står kvar i dörren och väntar på att arbetskamraterna ska göra sina uttag. Två av hans arbetskamrater gör var sitt uttag.

Efter en stund börjar dörren stängas och Anders väljer då att stega ut på trottoaren. Han tittar på klockan, och konstaterar att den är över 23. Kanske dags att gå hem? Han spanar efter de eftersläntrande personerna en stund utan att få syn på dem. Han vet det inte nu, men kamraterna har fått lift med bil redan i korsningen mellan Kungsgatan och Sveavägen. Anders kamrater kommer ut ur foajén, vänder höger, och börjar direkt gå norrut. De ser inte var Anders är och verkar inte bry sig om honom heller. Anders gör i och för sig ingen ansats till att ropa på dem heller. Anders funderar en liten stund och bestämmer sig sedan för att bege sig hemåt. Han börjar promenera söderut med avsikten att ta tåget hem till Hägersten.

Tre personer promenerar framför Anders. De går tillsammans, i stort sett i bredd, och uppträder som ett sällskap. Anders tänker att det antagligen rör sig om bekanta som går och småpratar och har trevligt. Mannen till vänster håller en arm runt personen i mitten. De går ungefär 5-7 meter framför Anders.

Plötsligt hör han två smällar. Personen i mitten segnar ner. Mannen som sköt vrider sig åt vänster, tar två spänstiga steg och är sen försvunnen. Anders förstår omedelbart vad det är som har hänt och blir rädd. Vid det här laget förstår han att det är ett mord han just har bevittnat och han börjar oroa sig för sin egen säkerhet. Kanske är hans liv i fara? Han befinner sig snett framför porten till Dekorima och tar ett snabbt hopp in där för att gömma sig.

Strax därefter kommer två flickor fram till mordplatsen för att hjälpa till.

Sture E

Sture, 52 år, jobbar som reklamkonsulent på Skandia. Där arbetar han med att ta fram internt material åt Skandias handläggare, och även med att formge broschyrer och annat säljmaterial. Den här fredagen jobbar Sture över. Avsikten är att försöka hinna färdigställa en broschyr som han har lovat ha klar innan han tar helg och åker iväg på en veckas vintersemester. Sture ska till Idre för att åka skidor med sin fru.

Det blir en sen kväll på Skandia. Kvart över elva på kvällen inser han att han verkligen måste släppa allt och bege sig iväg för att hinna med tunnelbanetåget till Mörby. Sture bor i Täby, och för att komma dit måste han ta tåget till Mörby och sedan byta till bussen till Täby. Sista tåget går klockan halv tolv, och nu är det hög tid. Han tar på sig den mörka rocken, glasögonen, kepsen, halsduken och handskarna, småspringer ner till stämpelklockan, och stämplar ut klockan 23:20.

Väl ute på Sveavägen går han söderut på trottoarens högra sida. Han är stressad. Orolig för om han ska hinna med sista tåget. Efter att ha småsprungit cirka 40 meter stannar han till för att kontrollera klockan. Han ser inte visarna på sin svarta urtavla och går in till Götabankens upplysta skyltfönster, tjugo meter från det som mycket snart ska bli mordplatsen. Just som han står där hörs en knall. Han reagerar inte nämnvärt, utan fortsätter i stället sin hastiga promenad. När han, 5-6 sekunder senare, kommer fram till korsningen med Tunnelgatan ser han en man ligga på rygg på trottoaren. Sture förmodar att det "är en A-lagare som lagt sig i horisontalläge" och upprörs inte särskilt av det, men så ser han att det rinner blod ur näsa och mun på den liggande mannen.

Sture bestämmer sig. Han måste stanna kvar på platsen och hjälpa till. Tunnelbanan får anstå.

En kille och en tjej kommer fram. Sture inser att det gäller att försöka få klara andningsvägar och att det är framstupa sidoläge som är rätta metoden. Han sätter sig vid den på rygg liggande mannen. Sture sitter i mitten och killen till höger och tjejen till vänster. Tillsammans med killen vänder han mannen som vi nu vet är Olof Palme i framstupa sidoläge samtidigt som tjejen försöker ta pulsen. Under tiden springer Lisbet upp och ner och fram och tillbaka. Hon är förtvivlad, och vill att någon ska försöka ordna ambulans.

Sture har över huvudtaget aldrig sett till någon gärningsman, men vid ett tillfälle tittar han in i Tunnelgatan och får då syn på en person som står i gränden och intresserat tittar mot mordplatsen. Mannen står i korsningen med Luntmakargatan på vänstra sidan sett från mordplatsen. Korsningen är upplyst av en lampa i bakgrunden, så bara silhuetten syns. Sture beskriver honom som en ung man i 20-årsåldern, med relativt smala byxor och en bylsig täckjacka. Han är barhuvad. Vid en senare fotokonfrontation pekar Sture utan tvekan ut vittnet Lars J.

Sture undrar var gärningsmannen har tagit vägen och vänder sig till Lisbet. "Åt vilket håll?" blir den korta frågan. Lisbet svarar genom att tyst peka in i gränden. Han tycker hon verkar lite virrig och bestämmer sig för att försöka ta reda på mer. Om polisen kommer och damen har avvikit så kunde det vara bra att veta hur den som sköt var klädd. "Mörkblå täckjacka" svarar Lisbet. "Förresten har de skjutit mig också. I ryggen.", lägger hon till.

Lisbet visar inga tecken på att vara skadad, så Sture tar det för ren inbillning från hennes sida.

Den första polisbilen dyker upp efter tre minuter och mycket kort därefter kommer en piketbil med ett antal poliser. De rusar ut ur bilen, springer mot mordplatsen och ropar: "Åt vilket håll?"

Sture ställer sig upp, pekar med rak arm, och ropar "Åt det hållet!"

Poliserna springer in i Tunnelgatan. När de når fram till barackerna så kommer Sture på att han kanske borde ha sagt något om den blå täckjackan. Eftersom han är snabb på att springa så bestämmer han sig för att försöka hinna ikapp dem för att berätta om det här med jackan. Sagt och gjort, Sture rusar efter polisen. Men det är lönlöst. När han är framme vid korsningen är de redan borta. Han ger upp, och vänder tillbaka.

Nere på Sveavägen är det nu ganska gott om folk, 20-25 personer. Sture går fram till en polis för att lämna sitt vittnesmål. Polismannen är upptagen med att förhöra en annan person, och med stigande förvåning hör han hur vittnet beskriver – Sture själv! När det till sist är hans tur avspisar polisen Sture med att helt kort meddela att det inte behövs fler vittnen. Snopen promenerar han tillbaka till Skandia för att ringa hem till frun och förhöra sig om busstiderna.

Lars J

Lars J, 25, är arkivarie på Sollentuna kommuns fastighetskontor. På fredagskvällen åker han hemifrån strax före klockan 21 i avsikt att ta sig till puben Tre Backar på Tegnérgatan. Tre Backar är Lars stamställe. Han går hit ungefär en gång i veckan. Här bjuds ofta på bluesmusik, så också denna kväll. Lars tar tunnelbanan från Mörby, byter vid Centralen och åker den korta biten till Rådmansgatan. Han kommer fram ungefär vid 21-tiden. Det är just till den här stationen som paret Palme också åker, och även de kommer fram ungefär vid 21-tiden. Lars har dock inte sett till paret på stationen, sannolikt kommer Lars fram med något av tågen strax efter paret Palme.

Lars går in på puben, beställer ett glas portvin och går sedan ner till källaren där musiken finns. Det är fullt så han får sätta sig på golvet. På puben träffar han två vänner, Johan och Anette. De pratar lite men efter ett tag lämnar Johan och

Anette stället. Vid 23:15-tiden börjar även Lars få nog och bestämmer sig för att gå.

Han funderar på att gå på någon nattbio och börjar promenera ner mot Kungsgatan för att studera bioannonserna utanför biograferna. Han promenerar i sakta mak söderut på Luntmakargatan, en parallellgata till Sveavägen, tills han kommer fram till Tunnelgatan. Där står ett antal byggbaracker, och Lars går några meter västerut in på Tunnelgatan på södra sidan av barackerna.

Lars stannar i mörkret bakom byggbarackerna, och funderar på sin fortsatta väg. Ska han gå vidare på Tunnelgatan och ut på Sveavägen, eller ska han fortsätta Luntmakargatan fram?

Han står här och funderar och tittar ut mot Sveavägen, när han plötsligt hör två knallar. Omedelbart därefter faller en man in i Lars synfält varpå en kvinnoröst skriker "Hjälp, vad gör du"?

Lars står stilla och bara tittar. Han har inga svårigheter att förstå vad som har hänt: En man har blivit skjuten på Sveavägen!

Något senare, några sekunder bara, så hör han ljudet av en man springa hastigt på andra sidan byggbaracken. Han förstår direkt att det är gärningsmannen. Mannen döljs av byggbarackerna ända tills han når fram till Luntmakargatan och springer över den. Då ser Lars mannen snett bakifrån.

Mördaren springer den sista korta biten mellan korsningen och trapporna och börjar rusa upp för den vänstra sidan av trapporna. Han tar två eller tre steg i taget. Lars går försiktigt efter, och ställer sig vid första trappsteget ungefär samtidigt som gärningsmannen kommer upp på Malmskillnadsgatan. Där stannar han ett kort ögonblick, tittar snabbt bakåt och fortsätter sedan bort ur Lars åsyn.

Lars bestämmer sig modigt för att följa efter. Han går upp för trapporna och när han är uppe på ett av de sista stegen –

det är 89 steg – så träffar han på en man och en kvinna som just börjat ta sig ner för trapporna. "Har ni sett någon kille springa förbi"? frågar Lars, nu något andfådd. "Han sprang rakt fram" svarar kvinnan och pekar ner på David Bagares gata. Lars går över Malmskillnadsgatan, och fortsätter ner på David Bagares gata. Han ser en skymt av en man som går över gatan mellan de parkerade bilarna ungefär ett kvarter ner. Mannen försvinner ur sikte, och Lars antar att han gått in i en port.

Han fortsätter försiktigt nerför gatan. Han går mitt i gatan, mellan de parkerade bilarna och den motsatta trottoaren. När Lars kommer ner till Johannesgatan spanar han in där utan att se något speciellt. Han fortsätter ett par steg och ser nu en polisbil komma sakta körandes från Regeringsgatan. Det är polispatrull 1520, med Christian Dalsgaard och Thomas E från Norrmalmspolisen. De hade varit nere i Kungsträdgården när de på polisradion hörde ett områdeslarm om skottlossning på Sveavägen. De beslutade sig för att köra bakvägen till Sveavägen med avsikten att om möjligt skära av mördarens flyktväg.

Lars kommer nu alltså gående österut från Tunnelgatan medan polisbilen kommer från Regeringsgatan. Lars och poliserna möter varandras blickar. Ingen gör någon ansats till att hejda den andra. Lars fortsätter men inser till sist att mannen är försvunnen. Han vänder om och promenerar tillbaka.

Polisbilen har under tiden kört fram till trappan där de stöter på fyra poliser. Poliserna som de möter är medlemmar i piket 3230, vilka strax efter skotten har kommit fram till mordplatsen. Där har de blivit beordrade att uppta förföljandet.

Polisbilen vänder efter en kort lägesorientering åter nerför David Bagares gata och hinner bara en kort sträcka innan den stöter på Lars igen. Denna gång stannar både polisbilen och Lars varpå Lars tar initiativ till en kort konversation. "Letar ni efter den som sköt?" undrar han. Polisen svarar jakande, och frågar Lars om vad han vet.

Lars blir sedan ledsagad ner till mordplatsen, och förhörd av en kvinnlig polis på plats.

Christina V och Per V

Christina och Per är syskon, de är båda studerande och är 22 och 23 år. De har varit på biograf Rialto på Sveavägen och sett en film. Efter bion vill de ha något i magen och går över Sveavägen till McDonalds som ligger en kort sträcka därifrån. De äter en stund och har sedan för avsikt att gå till Hötorget för att därifrån ta tunnelbanan vidare. De promenerar söderut på Sveavägens västra sida och har nästan kommit fram till korsningen med Tunnelgatan när de plötsligt hör en knall.

De tittar båda förbryllade över vägen i riktning mot skottet. Tre personer står placerade i en triangel med ansiktena mot varandra. Christina vänder bort blicken igen. Då kommer nästa knall, och när Christina på nytt tittar bort mot platsen kan hon se att det ligger en man på trottoaren. En annan man står kvar på platsen en kort stund, tvekar och springer sedan in i grändens mörker. Mannen har en lång knälång kappa eller rock, den fladdrar lite och svänger upp en aning när mannen springer iväg.

De bestämmer sig för att omedelbart gå över gatan och fram till den liggande mannen. När de kommer fram finns bara tre personer vid den döde: Anna H, Stefan G och Lisbet. Lisbet slänger sig ner på Olof varpå Stefan G säger åt henne att "ta det lugnt".

Christina bestämmer sig för att försöka få fram en ambulans och vänder sig till en vit taxi som står precis vid mordplatsen. Hon frågar föraren, Hans J, om han kan larma ambulans. "Det har jag redan gjort", svarar Hans. Personerna vid mordoffret påbörjar hjärtmassage och mun-mot-mun-metoden. Per försöker se vem det är som ligger där på marken, men det är ingen han känner igen. Det är för mycket blod för att kunna se ordentligt. En kvinna står borta vid Dekorimas avfasade skyltfönster och mår illa, varför Christina går bort och hjälper henne.

Efter ungefär 3-5 minuter kommer polisen till platsen. I samband med detta säger Lisbet "Jag är hans fru, jag är hans fru. Det är Olof Palme." Först nu börjar de förstå händelsens magnitud.

Yvonne N och Ahmed Z

Yvonne, 30 år, jobbar som charkbiträde på Domus i Skärholmen. Hon är ute på stan med sin vän Ahmed, 35 år. Ahmed är arbetslös vid tillfället. Yvonne och Ahmed har umgåtts under några veckor och är nu på väg till en marockansk klubb på Johannesgatan 8, där Ahmed ska möta upp med en bekant. Yvonne följer med något motvilligt. Besöket blir kort. Yvonne protesterar direkt när de kommer till klubben. Hon tycker klubben ser skum ut. Yvonne vänder i dörren och går iväg söderut på Johannesgatan. Ahmed följer efter.

Yvonne vill gå ner på Sveavägen så att de kan få tag på en taxi. På gatorna strax öster om Sveavägen är det vid den här tiden tyst och tomt och de möter inte någon, varken bil eller promenerande. När de kommer fram till David Bagares gata svänger de höger för att kunna ta trapporna vid Tunnelgatan ner till Sveavägen. Tidpunkten är ungefär 23:24, det vill säga ca två till tre minuter efter skotten på Sveavägen.

Nästan direkt efter att de svänger in på David Bagares gata ser de en man springa på motsatta trottoaren. Under tiden som han springer så vänder mannen sig om några gånger. Han ser ut att vara jagad. Han springer tungt, klumpigt. Det är halt ute och det ser ut som om mannen har svårt att ta sig fram. Vid ett tillfälle halkar mannen till i snömodden. Någon andhämtning hörs inte från mannen. Han är klädd helt i svart med en uppknäppt svart, fladdrande och knälång rock. På fötterna har han lågskor. Yvonne reflekterar över att mannen inte tycks vara klädd för den kalla väderleken.

I vänsterhanden bär mannen en mörk väska som ser ut som en handledsväska. Storleken bedömer hon till 15x20 centimeter. Mannen försöker ta upp eller lägga ner ett föremål i väskan, och han verkar kämpa med att dra igen ett blixtlås. Yvonne får en känsla av att mannen har stulit något, kanske är det väskan han har tagit.

Mannen försvinner och Yvonne och Ahmed fortsätter vidare ner mot Sveavägen. De är snart framme vid korsningen med Malmskillnadsgatan just där Tunnelgatans trappor finns.

Väl framme vid krönet vid trapporna möter de en ung man som har kämpat sig springande upp för de 89 stegen. Det är Lars J som de möter. Lars frågar sällskapet om de har sett en man springa förbi. Yvonne pekar mot David Bagares gata, och berättar att mannen sprang rakt fram. Den unge mannen försvinner i samma riktning.

De fortsätter nerför trapporna. Nere i korsningen med Luntmakargatan möter de fyra poliser med dragna vapen. Polisen frågar om de har sett någon springa förbi. Yvonne och Ahmed berättar att de mötte en kille i trappan. De tror i det här läget att det är Lars som polisen är ute efter. Först senare sätter de mannen på David Bagares gata i samband med mordet.

Ulrika R och Susanne K

Ulrika och Susanne, båda 17 år gamla, är kompisar och går på samma gymnasium i Huddinge. Den här kvällen har de varit på biograf Rialto tillsammans. Den här biografen ligger något längre norrut på Sveavägen jämfört med biografen Grand som paret Palme besöker.

Flickorna har planerat att efter filmens slut gå ner på stan. Runt klockan 23 kommer de ut från bion. De går ut på Sveavägens västra sida för att därifrån ta sig ner till Sergelstorg. De stannar först en stund på McDonalds och äter en bit mat innan de fortsätter. De är inne på restaurangen i ungefär fem minuter. Promenaden söderut på Sveavägen går sedan via biografen Grand där en del folk står ute på trottoaren. Några dröjer sig fortfarande kvar inne i foajén. Ulrika och Susanne stannar en stund och tittar på affischerna. Ulrika har tidigare sett Bröderna Mozart, så de ägnar en liten stund åt att diskutera den filmen.

De går vidare. Vid en kiosk i närheten av Adolf Fredriks kyrkogata träffar de på en bekant på väg åt andra hållet. Efter en kort stund skiljs de och går åt var sitt håll.

Tunnelgatan passeras och efter några steg upp mot Kungsgatan hörs ett skott. De är bara några meter från den plats där Alfredo T senare ska hitta en av de två kulor som avlossades. Trots detta noterar flickorna varken någon rikoschett eller ljud av en kula som slår in i trottoar eller husvägg. Ulrika hinner inte ens hinner vända på huvudet innan skott nummer två kommer.

Hon vänder sig och tittar mot platsen där skotten kommer ifrån och ser hur en man faller i gatan. En person avviker hastigt. Han har en lång rock som uppenbarligen är öppen. Det fladdrar nämligen till när mannen springer därifrån.

Flickorna springer över gatan fram till mordplatsen för att se om de kan hjälpa till. Så blir det aldrig, hjälpen har redan kommit. Två andra flickor, en taxichaufför och en man, sannolikt identisk med Stefan G, är redan på plats. De ställer sig en bit vid sidan om och tittar. När polis och ambulans kommer efter en stund, hör de Lisbet säga "Ser ni inte att det är min man Palme som blivit skjuten?"

Lisbet Palme

Lisbet är det vittne som befunnit sig närmast mördaren, och som rimligen borde ha haft störst möjlighet att lämna uppgifter om händelserna på mordplatsen. Man måste dock beakta att hon samtidigt hamnar i en mycket stark sinnesstämning eftersom det är hennes man som blir beskjuten och faller ihop.

Lisbet har själv hävdat att hennes sinnesnärvaro och koncentration vid tillfället är oerhört stark, och att hon är professionellt tränad i att observera även under mycket speciella omständigheter. Trots detta avviker hennes vittnesmål ganska markant från de övriga.

Det gäller bland annat avståndet till förövaren vid mordtillfället. Lisbet uppger i ett av de första förhören att mördaren befinner sig på ett avstånd av 10-15 meter. De flesta andra vittnena anger ett avstånd som kan motsvarar ungefär en meter. Även den tekniska undersökningen stödjer detta. Polisen har tillsammans med Wiesbadens kriminologiska laboratorium i Tyskland kunnat konstatera att revolvermynningen befinner sig ungefär 10-20 centimeter från Olof Palmes rygg när skottet avlossas. Detta kan man konstatera bland annat genom empiriska experiment där krutrester avsätter sig i ett mönster på kläder och kropp på ett sätt som skiljer sig beroende på avstånd mellan revolver och mål. I det här fallet har man alltså kunnat konstatera att vapnet i det närmaste varit så nära ryggen som det går utan att vara i direktkontakt. I ett senare förhör uppger Lisbet att avståndet kan ha varit 5-7 meter, men inte mindre. Här står mycket riktigt en person i samma riktning och på samma avstånd som Lisbet anger. Men det är vittnet Anders B som befinner sig här och inte mördaren.

En annan avvikelse i Lisbets vittnesmål gäller mördarens klädsel. De flesta vittnena anger att mördaren var klädd i en svart eller i vilket fall mycket mörk, fladdrande, nästan knälång rock. Lisbet uppger i stället att han var klädd i en mörkblå täckjacka, något längre än midjekort, men inte så lång så att den räckte till knäna. Anders B är klädd i just en sådan jacka. Det är alltså inte otänkbart att Lisbet inte alls ser förövaren, utan förväxlar honom med Anders B.

Detta gör att Lisbets senare utpekande av Christer P starkt måste ifrågasättas.

Slutsatser om vittnesmål

I stor utsträckning ger vittnena en likartad bild. Dock finns det en del avgörande skillnader i vissa vittnesmål som inte enkelt kan förklaras. Det är naturligtvis svårt att göra avväganden mellan två olika personer som har helt olika förutsättningar för att göra observationer, men vi gör ett försök att analysera skillnaderna och ser om det går att hitta några förklaringsmodeller.

Vi börjar med Inge M som befinner sig i en bil på andra sidan gatan sett från mordplatsen. Han intresserar sig tidigt för en person som beter sig avvikande och därför har han uppmärksamheten skärpt redan innan mordet. Men personen står i motljus och framstår bara som en silhuett. Inge är dessutom trött, har kanske fortfarande feber från sin långa förkylningsperiod, och vill hem. Men han är i alla fall nykter, något man – fullt förståeligt en fredagsnatt – inte kan säga om flera av de övriga vittnena. Avståndet mellan Inge M och gärningsmannen är relativt långt, vilket försvårar för Inge att göra detaljerade observationer.

Anders B å andra sidan promenerar bakom statsministerparet och mördaren. Anders ser händelsen från en helt annan vinkel jämfört med Inge M. Innan skotten har han inte gjort någon direkt observation utöver det vanliga, och har ingen anledning att misstänka att något ovanligt ska ske överhuvudtaget. Han har varit på fest och druckit en del. Han är trött och vill gå hem. Hans förmåga att korrekt se vad som händer, och sedan vara så skärpt att han sanningsenligt kan redogöra för det i efterhand, får anses vara något nedsatt.

Inge och Anders brukar jämte Lisbet anges som de viktigaste huvudvittnena. De har sinsemellan en ganska avvikande beskrivning av vad som händer omedelbart efter skotten.

Inge anger att mördaren stannar kvar en stund på platsen, går en kort runda till höger om Palmes fötter, tittar, vänder om och tar därefter till flykten. Anders beskrivning är att mannen skjuter, omedelbart tar två steg till vänster och sedan är borta.

Dessa två beskrivningar är oförenliga. Det är naturligtvis inte särskilt konstigt att två personer beskriver en händelse på två olika sätt, särskilt inte om deras placering, uppmärksamhet och sinnesstämning är helt olika. Även andra faktorer påverkar. Vi kan exempelvis inte bortse från att vittnen tittar i tidningar och hör på radio. I det här fallet var intresset enormt och tidningar och TV jobbade hårt för att både hitta vittnen som kunde återberätta händelsen ifrån sitt perspektiv, och låta polisen komma till tals för att ge sin syn på händelserna. Man ska inte underskatta den undermedvetna påverkan, som kan ske på ett ögonvittne som har sett Hans Holmér i en presskonferens berätta för hela svenska folket att mördaren bar en blå jacka. Att i det läget tänka "Ja, det kanske var en blå jacka" är naturligt och inte konstigt alls.

Lägger vi sedan till att förmågan att minnas och att i efterhand återberätta händelser starkt skiljer sig mellan olika individer, får vi det klassiska problemet i alla vittnesvärderingar. Vem ska vi egentligen tro på?

Man förleds lätt att i ett sådant här fall med många olika vittnen försöka göra en genomsnittsbedömning, och så att säga ta ett genomsnitt av alla berättelser för att komma fram till den sanna och verkliga. Riktigt så enkelt är det naturligtvis inte. Varje vittnesmål måste värderas utifrån vilka förutsättningar just den individen hade för att göra sina observationer. Var hon nykter eller berusad, trött eller pigg, ouppmärksam eller fokuserad, bra eller dåligt placerad, rådde motljus eller hade betraktaren ljuset i ryggen?

När vi tar hänsyn till alla faktorer som kan påverka en observation, kan vi börja göra jämförelser på vad respektive person har sett. Vi kan börja bilda oss en uppfattning av hur mordet egentligen gick till, vad mördaren gjorde strax innan och efter, och hur han faktiskt var klädd. Låt oss börja med mördarens signalement.

Signalement

När man som lekman tittar på samtliga tillgängliga förhör av alla kända vittnen så måste man komma ihåg att bara en bråkdel av alla förhör är kända för allmänheten. Hans Holmér berättar i sin bok "Olof Palme är skjuten!" att det under det första året efter mordet genomfördes 711 förhör med dem som fanns i omedelbar närhet av mordplatsen. Av dessa har bara en bråkdel offentliggjorts i och med att de inkluderades i målet mot Christer P.

Man bör alltså vara försiktig med att dra alltför långtgående slutsatser enbart av de tillgängliga förhören. Om man vill teckna en viss bild av ett skeende, är det inte svårt att vinkla och vrida sanningen genom att utesluta fakta som talar emot den bild man vill visa. Nu är det dock inte sannolikt att den bild som framgår via vittnesförhören är något annat än relativt komplett. Många offentliggjorda förhör stammar från det inledande skedet, varav många bara från någon eller några dagar efter mordet och de förefaller som regel inte vara utryckta ur något sammanhang. Vi kan därför troligen lita på att vi har en relativt komplett bild av vad polisen visste i inledningsskeendet.

De första förhören är ofta de viktigaste. Det beror på att minnet efterhand sviker. Undersökningar har visat att vi kommer ihåg mest av en händelse direkt efter att den sker och att minnet därefter sakta men säkert eroderar. Efter ungefär ett år kan det till och med vara svårt att minnas om det man berättar om är ett äkta oförfalskat minne av själva händelsen, eller om man bara återberättar vad man tidigare har sagt. När man läser igenom vittnesutsagor är det därför viktigt att vara medveten om när i tiden berättelsen ges. Är det på mordnatten på plats, eller är det i en rättegång tre år senare? Värdet av berättelsen sjunker med tiden, och det beror inte bara på att minnet sviker. Vi påverkas också av det vi läser i tidningar och ser på TV. Om tio olika vittnen berättar kollektivt om en händelse och nio av dem ger en viss beskrivning, till exempel att förövaren hade röda skor, så krävs det mycket av det tionde vittnet för att hon ska säga att hennes uppfattning om gärningsmannen är att han hade blå skor.

Ett exempel på detta är vittnet Ann-Charlott H som sitter i Anders D's taxibil. Hennes beskrivning av händelsen är spegelvänd jämfört med övrigas. Ann-Charlott H säger i förhör som hålls på våldsroteln i Stockholm den 13 maj 1986, det vill säga tre månader efter mordet, att mördaren stod med ryggen söderut upp mot Kungsgatan när han skjuter. Detta är tvärt emot vad nästan samtliga övriga vittnen säger. Gärningsmannen står enligt deras beskrivning med ryggen mot norr och skjutriktningen är mot Kungsgatan. I sitt förhör lägger Ann-Charlott H till att hon redan vet att hennes version är felaktig. Det vet hon, får vi förmoda, eftersom hon genom tidningar och TV har tagit del av de övrigas berättelser om mannens placering. Tidningarna har ritat kartor och placerat in mördare och vittnen på den plats där majoriteten vill ha dem och utifrån vad polisen har berättat.

Ann-Charlott "vet" att mördaren har stått riktad åt andra hållet, men hennes minnesbild har på något sätt blivit spegelvänd. Vilket visserligen inte är helt ovanligt. Vid vissa stressade situationer kan man ibland spegelvända sin minnesbild. Varför detta händer vet ingen, vi får acceptera att det händer utan att kunna förklara varför.

Kan vi därmed avfärda Ann-Charlott H? Hon minns ju bevisligen fel? Nej, det är inte säkert. Även Anders D, som är chaufför i samma bil, har också en avvikande bild av händelsen på Sveavägen. Anders förhörs redan på mordnatten och berättar då att paret Palme och mördaren har stått och pratat med varandra innan mordet, i en för en sådan situation normal placering. I detta fall med paret Palmes ryggar riktade ut mot Sveavägen och mördarens rygg in mot husfasaden. Här står alltså mördaren placerad på samma sätt som övriga vittnen med undantag av Ann-Charlott H beskriver, men Olof och Lisbet beskrivs av Anders D som spegelvända jämfört med den gängse bilden. Vi vet ju också att Olof sköts i ryggen, så Anders beskrivning borde kunna avfärdas. På samma sätt kan vi förmodligen komma fram till att Ann-Charlott H's berättelse sannolikt är fel, eftersom paret bevisligen kommit gående norrifrån Grand, och är på väg söderut när skotten avlossas. Det finns dessutom teknisk bevisning i form av blodstänk och kulors placering vid upphittandet som stödjer skottriktning. Även Jan-Åkes uppgifter om snörök efter rikoschetten i trottoaren bredvid sin bil, ger visst stöd för hur det faktiskt låg till.

Det är med ett sådant resonemang vi måste värdera alla vittnens utsagor. Jämföra med övriga berättelser, se vad som kan vara rimligt, och försöka hitta stöd för varje enskilds berättelse i teknisk bevisning.

Omständigheterna på platsen måste också tas med i beräkningen innan vi drar slutsatser.

Belysningen var speciell på platsen. Inuti butiken Dekorima finns ett stort antal 75-wattslampor påslagna. Runt hela butiken löper en ljusramp som lyser upp skyltfönstren. På Sveavägen finns påslagna lyktstolpar, och över själva mordplatsen hänger Tunnelgatans belysning som består av två lampor upphängda i trådar, en inne i gränden, och en snett över mordplatsen. Även från den närliggande, stängda, tunnelbanenedgången kommer en del ljus mot mordplatsen. Dessutom är det ganska trafikerat på Sveavägen den här kvällen. Det finns en korsning just här. Bilar har sina halvljus påslagna, en del blinkar för höger- eller vänstersväng och trafikljusen åt norr, söder och väster skiftar i sina färger. Belysningen kommer alltså från olika håll, är olika stark, och beroende på var du är placerad skulle du sannolikt ha beskrivit ljusförhållandena som allt ifrån "mörk", via "motljus" till "väl upplyst". Vittnets placering avgör alltså hur väl scenen kan betraktas och det måste vägas in när vi hör vittnets berättelse.

En hel del vittnen har dessutom förtärt alkoholhaltiga drycker. Vilket naturligtvis inte är konstigt, det är lönefredag, och halv tolv på natten. I detta sammanhang måste vi komma ihåg att det är naturligt att undervärdera sin egen berusning. Det finns ett egenintresse i att på polisens förfrågan hålla ner mängden alkohol som har förtärts för att inte uppfattas som "ett fyllo", på samma sätt som det är att hålla uppe sin trovärdighet genom att inte anse att man har varit särskilt påverkad. Ett exempel på ett berusat vittne är Anders B, som har varit på S:a Clara med sina arbetskompisar. De har druckit en del under kvällen, och är sannolikt påverkade. Anders B säger i rättegången mot Christer P på frågan om hur berusad han var, att "man var glad". Polisen har försökt utreda hur mycket han har druckit och när på kvällen det var. Förtäringen framstår inte som särskilt överdriven. Några öl och en eller ett par whisky inmundigade före klockan 18:00. Promillehalten vid 23:21 när mordet inträffade är sannolikt inte överdrivet hög. Men varje individ har naturligtvis sin egen påverkanseffekt och vi kommer kanske att få nöja oss med att vi inte kommer att kunna få reda på exakt hur tillförlitlig Anders B var just den där kvällen.

Men det måste ändå vägas in när vi värderar vittnenas utsagor.

Vi kan inte heller bortse från det faktum att man som vittne kan blanda ihop personers kläder och andra förhållanden på platsen. Det är frågan om ett rent mänskligt misstag. Var det gärningsmannen som hade röd jacka, och offret som hade en blå? Eller var det tvärt om? Även i det här fallet finns en del forskning och undersökningar gjorda och låt oss nöja oss med att sådana misstag inte är ovanliga, utan fullt mänskliga.

Till sist påverkar din position din upplevelse. Om du satt och pratade i en bil med hög musik och hade uppmärksamheten riktad på samtalet i första hand så minskar din förmåga att uppfatta andra skeenden och dessutom kunna återge dem på ett korrekt sätt.

Det går givetvis inte heller att bortse från utredarens förutsättningar – eller fördomar om läsaren så vill – och där måste vi inkludera oss själva och våra egna förutsättningar.

Tänk dig ett hypotetiskt scenario, där vi försöker lösa ett brott, och där vi har två vittnen till händelsen att tillgå. Ena vittnet är en nedgången alkoholiserad uteliggare som har svårt att uttrycka sig, det andra är en företagsledare med lång erfarenhet av att välformulerat argumentera, förhandla och prata för sin produkt. Det är naturligt att omedvetet lägga större vikt vid vad företagsledaren har att berätta om händelsen än uteliggaren.

Och sannolikt är den genomsnittlige företagsledaren bättre på att minnas och återberätta än vad gemene uteliggare är. Men det behöver inte betyda att det i en specifik situation går att välja den ena utsagan före den andra utan att göra samma värderingar om position, betraktningsvinklar och övriga omständigheter för varje vittne. Var någon av dem berusad vid tillfället? Talade någon i mobiltelefon eller var upptagen med att skriva ett SMS? Var de nära eller befann de sig på avstånd? Vilka ljusförhållanden rådde på platsen?

En förutsättning för att kunna göra en inbördes värdering av vad vittnena har berättat är att de har förhörts på liknande sätt. Alla vittnen måste således ha fått möjlighet att opåverkade berätta om exempelvis mördarens kläder. Förvånande nog är det inte alltid så. Alla vittnen frågas till exempel inte om vad mördaren hade för skor. Kanske framgår det i den övriga berättelsen att de bara såg en skymt, och då har utredaren nöjt sig med det. Men det betyder inte att de inte har en svag aning om mördarens skor. Vi vet inte heller om det upprättades ett särskilt förhör senare, där vittnet frågades just om mördarens skor. Kanske sa förhörsobjektet då: "Ingen aning, det såg jag inte", och det förhörsprotokollet plockades då bort i förundersökningen mot Christer P eftersom det inte kunde tillföra något.

Faktum är att förhörens natur och innehåll skiftar ganska rejält mellan de olika vittnena, och det finns en ganska naturlig förklaring till det.

Direkt på mordnatten satte de första förhören igång. Vittnen kördes in i polisbilar till kriminalen och tillgänglig personal satte igång att förhöra vittnena. När kompletterande upplysningar skulle inhämtas några dagar senare var det som regel nya förhörsledare som genomförde förhören. 39 olika polismän har genomfört de 79 förhör som analyseras här. 19 polismän bara har medverkat i ett enda vittnesförhör.

Kanske var det en strategi att polisen ville ha olika förhörsledare för att få fram olika vinklar? Kanske, men troligen inte.

Lars Jonsson genomförde själv 14 förhör. Kanske var polisens strategi att Lars Jonsson skulle medverka vid så många förhör som möjligt men att tiden inte räckte till. Som vi minns genomfördes 711 förhör bara under det första året, och de är naturligt nog inte jämt fördelade under 12 månader utan sannolikt med en stark övervikt mot tiden strax efter mordet.

Underlagen är alltså i varierande kvalitet. För oss som analyserar mordet genom att titta på 30 år gamla förhör finns det inte mycket annat att göra än att konstatera att det är så här det är och att vi får göra det bästa av situationen. Vi läser ibland nya tidningsintervjuer och böcker där författaren intervjuat vittnen på nytt efter dessa 30 år, men värdet av de intervjuerna får anses vara begränsat. Vi kan inte veta om vittnet återberättar en minnesbild av själva mordet, eller om det bara är en kopia av ett minne som bleknat för länge sedan.

Låt oss alltså börja med att titta på vad vittnena vid tiden för mordet har berättat om mördarens signalement, och se hur de passar ihop. I så stor utsträckning som möjligt används vittnenas egna ord, men i tabellerna nedan finns bara ett mycket kondenserat utdrag av vad vittnet säger i förhör. Många gånger är vittnets uttalande betydligt mer omfattande än vad som får plats på detta utrymme. Ibland förs långa resonemang som här har fått kortas ner till bara några få ord.

Vi börjar med det allmänna intrycket, och går sedan i tur och ordning igenom vad vittnena har att säga om huvudbonad, ytterplagg, byxor, skor och så vidare. Som avslutning försöker vi se om vi kan få fram en bild över hur mördaren såg ut. Samtliga vittnen som fått frågor och dessutom gett ett svar på respektive område finns med. Men eftersom inte alla vittnen tillfrågas om ett komplett signalement finns inte alla ögonvittnen med i de olika sammanställningarna. Dessutom har en del vittnen förhörts flera gånger. I sådana fall finns samtliga utsagor med. För att underlätta läsarens egen bedömning är datum för förhöret redovisat.

Allmänt intryck

Så här beskriver de vittnen som tillfrågades, i sammanfattad form, vilket allmänt intryck de fick av mördaren:

Vittne	Allmänt intryck	
Christina V	1986-03-27	Mörk
Jan A	1986-03-01	Mörka kläder
Jan A	1986-03-01	Mörkklädd
Leif L	1986-03-01	Mörka kläder
Susanne K	1986-03-12	Mörk
Susanne K	1986-04-11	Mörka kläder
Ulrika R	1986-03-12	Mörkklädd
Yvonne N	1986-03-04	Mycket mörkt klädd

Några större olikheter hittar vi inte här, utan det framstår som ganska klart att de som fått frågan om allmänt intryck helt klart uppfattat gärningsmannen som mörkt klädd.

Huvudbonad

Vittne	Vittnesmål	Huvudbonad
Anders B	1986-03-01	Mörk eller mörkblå stickad mössa som var ihoprullad ett par gånger
Anders B	1986-03-03	Mörkblå grovt stickad mössa med uppvikt bred kant
Anders B	1987-03-25	Mörkblå eller svart ribbstickad mössa
Anders D	1986-03-01	Grå herrhatt som var långt nerdragen över pannan
Anders D	1986-03-14	Blandning av herrhatt och Sherlock Holmes-mössa
Anna H	1986-03-03	Barhuvad
Ann-Charlott H	1986-05-12	Mörkhårig eller något på huvudet
Cecilia A	1988-06-21	Nånting platt, ingenting som stack upp
Christina V	1986-03-27	Har för mig att han hade nåt på huvudet
Hans J	1986-03-04	Barhuvad
Hans J	1986-03-14	Barhuvad och med krulligt hår, eller mössa

Vittne	Vittnesmål	Huvudbonad
Inge M	1986-03-01	Mörk mössa
Inge M	1986-03-14	Mörk stickad upprullad mössa
Jan A	1986-03-01	Barhuvad
Jan-Åke S	Datum okänt Kl 11:30	Bar sannolikt mössa
Jan-Åke S	1986-04-09	Mörkhårig eller mörkt stickad mössa
Lars J	1986-03-01	Keps
Lars J	1986-03-04	Keps, mörk
Lars J	1986-04-04	Keps, ganska låg, följde huvudets form
Lars J	1986-08-27	Keps
Leif L	1986-03-01	Barhuvad
Leif L	1986-04-27	Barhuvad

Frågan om gärningsmannens huvudbonad är och har varit omtvistad. Hur kan så olika placerade vittnen som Inge M och Anders B, mannen som promenerade fem till sju meter bakom paret vid händelsen, ha uppfattningen att gärningsmannen bar en mössa, när i princip alla andra säger att han var barhuvad eller bar keps? Anders B anger dessutom att det var en ribbstickad mössa. Just den informationen ges dock ett år efter de övriga, och det finns därför skäl att vara försiktig just med den uppgiften. Anders D, taxichauffören, är väldigt precis i sin beskrivning. Han säger en timme efter mordet att mördaren bar en grå herrhatt som var långt nerdragen i pannan. Två veckor senare anger han att mördaren bar en blandning mellan en Sherlock Holmes-mössa, och en vanlig grå herrhatt.

Huruvida polisen har hållit ytterligare förhör med Anders D, där han har fått välja ut en exakt modell bland en katalog av hattar, framgår inte. Kanske gjorde man en sådan, ska vi kalla det hattkonfrontation, eller så gjorde man det inte.

Vi vet alltså att fyra personer tyckte att han var barhuvad, tre att han bar en mössa, två att han bar en keps, och en att han bar en hatt. Med andra ord vet vi ingenting. Kanske står svaret att finna i att mannen bar en mörk keps som var så nerdragen att den vid en hastig blick liknade en mössa. Det var kallt vid tidpunkten, blåste småsnålt, och mördaren har anledning att använda sina persedlar på ett så maskerande sätt som möjligt. Kanske drog han ner kepsen så långt både baktill och i pannan att det för vissa såg ut som en mössa, för andra en keps, medan det för vissa såg ut som att han inte bar någonting alls på huvudet.

Extra tilltro skulle vi förvisso kunna ge till Lars J, mannen på Luntmakargatan. Han såg mannen på nära håll, och borde ha anledning att vara observant på den springande mannen. Han kunde inte blanda ihop honom med offret, han visste flera sekunder innan att en man som just begått ett allvarligt brott skulle passera förbi och han tittade rakt på mördaren i flera sekunder.

På samma sätt kan vi ge Anders D extra tilltro. Detta för att han var bra placerad i sin bil bara några meter ifrån mordet mitt i korsningen och han kan dessutom ge detaljer som ingen annan kan. Han liknar den vid en hatt som han har sett tidigare, en Sherlock Holmes-mössa, vilket gör att det finns något för honom att hänga upp sin minnesbild vid. Det är en sådan detalj som gör att hans observation i detta fall förtjänar en något förhöjd tilltro.

På samma sätt får vi ge Inge M minskad tilltro till sin bild. Han betraktar visserligen mördaren under en längre tid än de övriga, men han befinner sig ganska långt ifrån och han har skarpt motljus från Dekorima och tunnelbaneuppgången och kan därför bara se mördaren i silhuett. I den vinkeln kan han bara urskilja att han har något på huvudet, men knappast vad. En keps nerdragen över skulten som har formen av en mössa kan i det ljuset lätt misstas för en mössa. Att det förhöll sig på det viset understryker Lars J, när han på ett detaljerat sätt beskriver hur kepsen såg ut.

Förhörsledaren: Hade han någon huvudbonad?

Lars J: Keps.

F: Han hade det?

L: Det var nån lik-, nånting som liknar keps i alla fall. För det blev -, som tog upp -, dök upp i skallen var keps.

F: Keps.

L: Som klar-, som klart ord va.

F: Är du duktig på att rita?

L: Nehej, det är jag urdålig på.

F: Jaha. Men det är nåt kepsliknande.

L: Ja.

F: Någon kepsliknande huvudbonad?

L: Ja.

F: Vad var det för färg på den?

L: Mörk, mörk till svart då i så fall.

F: Vad sa du?

L: Det ska nog vara mörk till svart.

...

F: Kan du beskriva hur du uppfattade denna kepsen?

L: Kepsen, det var någon sån där låg.

F: Den var ganska låg.

L: Ganska låg.

F: Jaha.

L: Som – ja, ungefär som den följde huvudformen, ungefär så.

Ytterplagg

Förutom det allmänna intrycket och huvudbonaden är ytterplagget något som många vittnen ombads lämna beskrivningar av. Även här går uppgifterna något isär, men vi borde kunna bilda oss en uppfattning i alla fall.

Vittne	Vittnesmål	Ytterplagg
Ahmed Z	1986-03-03	Mörk, troligen svart, knälång rock
Anders B	1986-03-01	Mörkt rockliknande plagg som gick till knäna. Tjockare kvalitet, inte päls
Anders B	1986-03-03	Lång rock, nedanför knäna. Mörk
Anders D	1986-03-01	Gråaktig ulster av normallängd, med svarta stänk
Anders D	1986-03-14	Långrock till knäna, av ylle, gråaktig med mörka eller svarta inslag
Anna H	1986-03-01	Trekvartslång rock eller jacka
Anna H	1986-03-03	Trekvartslång rock mörk
Anna H	1986-04-02	Trekvartslång rock kappa, mörk
Ann-Charlott H	1986-03-03	Knälång rock i mörk färg
Ann-Charlott H	1986-05-12	Mörk rock, något längre än till knäna
Cecilia A	1988-06-21	Täckjacksaktig jacka
Charlotte L	1986-03-03	Mörk, knäppt, lodenaktig, luddig, kappa eller rock, knä eller vadlång, med sprund. Fladdrar. 10-15 cm under knäna
Christina V	1986-03-27	Kappliknande. Har för mig att det fladdrade lite grann
Hans J	1986-03-04	Mörk jacka
Hans J	1986-03-14	Mörk jacka
Hans J	1986-10-15	Mörk jacka
Inge M	1986-03-01	Mörk rock, längre än jacka
Inge M	1986-03-14	Trekvarts rock, mörk, slutar strax ovanför knäna
Inge M	1986-04-08	Mörk parkas trekvartslång, utan kapuschong
Jan A	1986-03-01	Lång sladdrig öppen fladdrande rock
Jan A	1986-03-01	Minst knälång ytterrock som fladdrade och var öppen

Vittne	Vittnesmål	Ytterplagg
Jan A	1986-03-02	Mocka, läder, eller skinn, knälång, uppknäppt, fladdrade ut från kroppen.
Jan A	1986-04-08	Rock, 10 cm ovanför knä, mörk, fladdrar
Jan N	1986-03-01	Brun skinnjacka, ej mörk eller ljus
Jan N	1986-04-08	Ljusbrun jacka
Jan-Åke S	1986-04-09	Mörk jacka, högst 3/4-lång
Jan-Åke S	Kl 11:30	Mörk jacka, snarare midjelång än 3/4-lång
Lars J	1986-03-01	Mörkt jackliknande plagg, mörk dunjacka
Lars J	1986-03-04	Osäker, vet ej om det var en dunjacka eller annan
Lars J	1986-04-04	Mörkt blå jacka, täckjacka
Lars J	1986-08-27	Täckjacka
Leif L	1986-03-01	Rock som inte gick ända ner till knäna.
Leif L	1986-04-27	Blå täckjacka, knegarmodellen, ingen dunjacka, med glesa täcken.
Lena S	1986-03-04	Mörk lång rock till knäna, fladdrar till
Lena S	1986-04-08	Mörk rock
Lisbet Palme	1986-03-01	Blå bullig täckjacka som gick en bit under midjan
Lisbet Palme	1986-03-25	Mörkblå jacka. Inte midjelång, men inte heller väldigt lång
Lisbet Palme	1986-04-29	Mörkblå eller marinblå jacka, längd under midjan och över knäna
Per V	1986-03-27	En lång kappa eller rock eller jacka. Såg att den svängde upp när han rusade in
Susanne L	1986-03-14	Lång halvlång rock
Susanne L	1986-04-08	Trekvarts rock, mörk, slutar strax ovanför knäna
Ulrika R	1986-03-12	Jacka eller rock till halva låren som fladdrade till
Yvonne N	1986-03-02	Mörk rock, troligen svart, som fladdrade. Tunt material, inget foder

Om majoriteten skulle få råda, och vi helt enkelt bara tog ett genomsnitt av alla uppgifter, så skulle normalfördelningen hamna på en mörk rock med en längd mellan midjan och knäna. Några viktiga vittnesmål har dock en avvikande uppfattning. Den första vi uppmärksammar är taxichauffören Anders D. Vi vet att han är nära platsen, och att han har en bra uppsikt. Han ser mördaren innan mordet, och tittar igen efter att första skottet avlossas. Han säger i förhöret från mordnatten en timme efter själva händelsen, att gärningsmannen hade en "gråaktig ulster med svarta stänk. Ulstern var av normallängd." Ytterligare upplysningar ges inte. Polisen var i det här skedet ute på sin mycket intensiva jakt på mördaren. Det är en timme efter mordet och man vill så snabbt som möjligt ha ut ett signalement. En gråaktig ulster med svarta stänk är ju en väldigt specifik beskrivning i det skedet, men när nu mördaren inte hittades bör ju Anders D senare beredas möjlighet att från någon form av rock-katalog peka ut exakt vilken ulster det var han trodde sig se, och exakt hur lång "normallängd" är enligt hans uppfattning. Men Anders förhörs vad vi vet bara en gång till, och det inte förrän två veckor efter mordet. Där pratas det inte alls om någon ulster, nu lyder i stället Anders beskrivning så här: "Han var klädd i en långrock som räckte till knäna. Den såg ut att vara av ylle och verkade gråaktig med mörka eller svarta inslag." Nu vet vi i alla fall att det var en rock som räckte till knäna, men någon exakt beskrivning av vilken sorts rock det var har vi inte. Sannolikt hade man med en sådan specifik uppgift kunnat gå vidare och letat efter försäljningsställen, och på den vägen kunnat få upp ett spår efter mördaren. Anledningen till att polisen inte gick vidare med det spåret, och att det tog så lång tid innan Anders förhördes igen, var gissningsvis att de inte satte högsta tilltro till hans uppgifter. Kanske bedömde de att hans ulster med svarta stänk inte fick stöd i något annat vittnesmål. Och det gör det ju inte heller, han är helt ensam om sin uppfattning om grå rock med svarta stänk. Kanske beror hans bild av rocken på någon form av ljusblänk eller något annat fenomen som gjort att Anders under de korta sekunderna helt enkelt sett fel.

Den andra personen som ger en något avvikande bild är Cecilia A. Hon befann sig som vi minns i Åke L's gråa Ford Escort tillsammans med Elisabeth J, Anna H och Karin J. Det är Anna H som strax efter mordet hoppar ur Forden och springer fram till den liggande mannen. Cecilia förhörs märkligt nog för första gången över två år efter händelsen. Cecilia ser paret Palme strax innan mordet, missar dock själva händelsen, men ser när mördaren springer iväg. Det mest uppseendeväckande med Cecilias förhör är att det dröjer två år innan hon förhörs. Hon har bevisligen varit där, hennes kamrater har uppgett det i sina respektive förhör, och det kan inte ha funnits några svårigheter att få tag på henne. Trots det har man inte hört henne förrän efter två år.

En klar nackdel med att förhöra personer efter så lång tid, är givetvis svårigheten att veta om personen har ett äkta och oförfalskat minne när så mycket tid har förlöpt. De flesta av oss minns inte ens vad vi åt till frukost i går, och att då minnas detaljer av något som hände för flera år sedan är mycket svårt. Vi kan inte med säkerhet veta om det vittnet uppger är något som hon verkligen har upplevt själv eller har sett på TV eller läst i tidningar.

I det här fallet ligger det nära till hands att tro att så är fallet. Cecilia anger att mördaren var klädd i en täckjacksliknande jacka. Någon färg frågar inte polisen om, i alla fall finns det ingen notering om det. Vid den här tiden förekom allmänt uppfattningen att mördaren kunde ha burit en täckjacka, det var nämligen det signalement som Lisbet angett och som vunnit allmän acceptans. Som vi ser finns det dock i majoriteten av övriga vittnesmål inget stöd för den uppfattningen.

Flera vittnen anger att den mörka rocken fladdrar när mannen springer. Det är en bra indikation på att det faktiskt rör sig om en längre rock, troligen med sprund. Ett vittne som kan återge sådana detaljer förtjänar större tilltro än andra. Det är nämligen mycket mera osannolikt att någon hittar på en så detaljerad minnesbild, än att det faktiskt har stöd i verkligheten.

Både Jan A, som satt i sin kompis Cheva, och Jan N, limousineföraren, har berättat att mördaren bar en brun mocka- eller skinnrock. Det här kan mycket väl vara en sammanblandning med Lisbet Palme, som bar just en sådan rock. Den tesen stöds också av att Jan N och Jan A är med sin uppfattning om mördarens klädsel. Det är ett inte helt ovanligt fenomen, att blanda ihop kläder på personer man ser inblandade i ett dramatiskt skeende, och det är ett mänskligt misstag. Vi kan därför troligen bortse från deras utsagor.

Nästa person som ger ett avvikande vittnesmål är Lars J. Han står som vi minns placerad på ett strategiskt ställe, bakom byggbaracken inne i gränden precis vid mördarens flyktväg. Här har han bra uppsikt och borde vara vårt bästa vittne. Tyvärr är han väldigt otydlig i sitt vittnesmål och förändrar bilden av mördarens ytterplagg i takt med att tiden går.

I det första förhöret på mordnatten står det i förhörsprotokollet att mannen "... var klädd i något mörkt jackliknande plagg. J's första intryck var att mannen varit klädd i en mörk dunjacka." Bara några dagar senare, förhörs Lars J på nytt, och säger då att "... han hade vidare ett mörkt plagg typ jacka eller rock." Vid det här laget har tidningarna varit översållade av uppgifter om mannens signalement, och i allmänhet var det en mörk rock som sattes på gärningsmannen i dessa beskrivningar. En månad senare förhörs Lars J igen. Det här är ett mycket omfattande förhör, och redogörs för i ett protokoll där hela dialogen är utskriven. I ett sådant protokoll anges alltså ordagrant förhörsledarens och uppgiftslämnarens samtal, till skillnad från ett refererat protokoll där bara ett sammanfattat koncentrat från samtalet tecknas ner. Fördelen med ett referat är att det är kortfattat och rakt på sak, utan alla felsägningar, rättningar, upprepningar och omformuleringar som är vanliga i ett ordinärt samtal. Nackdelen är givetvis att det inte går att för en utomstående få klart för sig nyanserna i samtalet. Är den förhörde rak och tydlig, eller osäker och prövande? Nackdelen med att teckna ned hela konversationen är att protokollet blir väldigt omfattande och det därför kan vara svårt att snabbt tillgodogöra sig essensen i en berättelse.

Protokollet från Lars J's förhör i april 1986 omfattar 52 sidor, från ett samtal som tar en timme och femtiofem minuter. Detta kan jämföras med protokollet från Anders D's förhör på mordnatten där själva samtalet tar en timme och tjugo minuter, men där protokollet bara är en dryg sida om formulärhuvudet räknas bort. Det vore naturligtvis intressant att se vad Anders D säger om mördarens rock om han får vara lika utförlig som Lars J. I den senares förhör omfattar samtalet om rocken hela tre och en halv sida. I förhöret med Anders D avhandlas rocken i blott en enda mening.

I sitt tredje förhör har Lars uppfattningen att det är frågan om en blåtonig täckjacka som inte fladdrar. I slutet av augusti, nästan ett halvår efter händelsen, görs en rekonstruktion med Lars J. Här antyder han vad det är som gör att han är osäker på sin uppfattning av ytterplagget. "Jag har blitt förvirrad av dom andra beskrivningarna som har funnits av hans-, som han har haft på sig." Lars menar antagligen att det som har stått i tidningarna om mannens signalement har gjort det svårt att skilja på sin egen minnesbild, och det han har läst andra ögonvittnen berätta. Till sist fastnar han i alla fall för att beskriva plagget som en täckjacka.

En liknande förändring av sina beskrivningar av mannens rock ges av Leif L, Cheva-föraren. De tidigare utsagorna beskriver en rockmodell, medan senare beskrivningar är blå täckjacka. Den här glidningen i sin beskrivning av en mörk rock som senare blir en blå jacka, blir Leif L senare pressad på i domstolen av Christer P's försvarare.

Den sista personen som har en egen avvikande bild av mördaren är Lisbet Palme. Hennes beskrivning av mördaren liknar i mångt och mycket Anders B, den man som promenerade kort bakom paret och mördaren och som tog sin tillflykt in i en port några meter bakom händelsen. Ett längre resonemang om detta finns i det tidigare kapitlet om polisens jakt på mördaren. Mycket talar för att hennes bild av mördaren är fel, och att den grundar sig i att Lisbet trodde att den man hon såg i porten, som vi nu vet är Anders B, var mördaren. En uppfattning som även hovrätten i den friande domen mot Christer P kom fram till. Vi kan sannolikt bortse från Lisbets beskrivning av mördarens klädsel.

Det finns alltså, med några få undantag, en stor enighet vad beträffar mannens ytterplagg. Dessa undantag kan vi sannolikt hänföra till antingen en sammanblandning med andra personer på platsen, eller på osäkerhet i vad som är eget minne, och vad som är läst i tidningarna.

Byxor

Går vi vidare och analyserar byxorna så råder det en nästan total enighet i att byxorna var mörka. De var inte onormalt vida, inte heller särskilt smala. Någon annan uppgift om fickor eller andra detaljer finns inte. Vi kan därför lämna byxorna och gå vidare med mannens skor.

Skor

Här finns mycket få uppgifter att tillgå. Att mannen hade skor är helt klart, men vilken sort? Bara fyra personer har lämnat upplysningar om skorna. Leif L, mannen i Chevan, uppger att mannen hade lågskor. Han kan avgöra det baserat på att han ser hur ljuset faller på mannens anklar, vilket gör att det framstår som mer troligt att han hade lågskor, än att han inte hade det.

Anders B, mannen strax bakom paret och mördaren, uppger att mannens skosulor var vita. Någon övrig beskrivning kan han inte ge.

Ann-Charlotte H säger att skorna var mörka, men några ytterligare uppgifter får vi inte fram här.

En mer intressant uppgift ges av Yvonne N, kvinnan som tillsammans med en bekant vandrar uppför David Bagares gata och där möter den flyende mördaren. Hon reagerar direkt på att han är dåligt klädd för rådande väderlek, med en öppen fladdrande rock och lågskor. Ett vittne som kan hänga upp en minnesbild på en sådan reflektion är som regel trovärdigt. Det är också osannolikt att den skulle ha tillkommit genom någon sorts påverkan i media, inte minst eftersom uppgifter om skor knappast förekommit där.

De få uppgifter vi har om gärningsmannens skor är således samstämmiga. Mannen bar med stor säkerhet lågskor, kanske med vit sula.

Ålder

När det gäller gärningsmannens ålder så måste vi komma ihåg att det är mycket svårt att uppskatta åldern på en person som springer och som man bara ser bakifrån. Man kan ha en uppfattning om rörelsemönster och annat beteende, men bedömning om åldern kan inte betraktas som mycket mer än en gissning. Låt oss studera vad som sagts i respektive förhör där vittnet har gett någon sorts indikation på mördarens ålder.

Vittne	Vittnesmål	Ålder
Anna H	1986-03-01	Medelålders
Anna H	1986-03-03	Medelålders

Vittne	Vittnesmål	Ålder
Anna H	1986-04-02	35-45 år
Ann-Charlott H	1986-03-03	30-40
Ann-Charlott H	1986-05-12	35-40
Charlotte L	1986-03-03	35-45
Egon E	1986-03-01	Ganska ung
Inge M	1986-03-01	30-40
Jan A	1986-03-01	40
Jan N	1986-03-01	25-30
Jan N	1986-04-08	kring 30 år
Jan-Åke S	Kl 11:30	Troligen ingen äldre person
Lars J	1986-03-01	35-40
Leif L	1986-03-01	40
Leif L	1986-04-27	35-40
Lisbet Palme	1986-03-01	40-årsåldern
Lisbet Palme	1986-03-25	40-årsåldern
Yvonne N	1986-03-02	35-45

Lägsta angivna ålder ligger på 25, och högsta ligger på 45, vilket är ett mycket stort spelrum och indikerar hur svårt det har varit att indikera mannens ålder.

Längd

Att bedöma en persons längd bereder inga större svårigheter när man står nära densamme, men på avstånd och utan referenser kan det vara svårare. I det här fallet fanns Olof Palme i närheten och samtliga vittnen som sett mannen i skottögonblicket kan då värdera hans längd i jämförelse med Olof Palme som var ungefär 175 cm. En del vittnen uppger medellängd som ett mått på gärningsmannens längd. På den tiden var medellängden i Sverige ungefär 179 centimeter. Men när någon uppger "medellängd" i ett förhör menar hon inte nödvändigtvis bokstavligen 179 centimeter utan kanske snarare att den observerade personen varken var iögonfallande kort eller lång.

Vittne	Vittnesmål	Längd
Anders B	1986-03-03	Lika lång som Palme

Vittne	Vittnesmål	Längd
Anders B	1987-03-25	Lika lång som Palme
Anders D	1986-03-01	180-185
Anders D	1986-03-14	180-185
Anna H	1986-03-03	Medellängd
Anna H	1986-04-02	170-180
Ann-Charlott H	1986-03-03	Medellängd
Ann-Charlott H	1986-05-12	175-185
Charlotte L	1986-03-03	180-185
Egon E	1986-03-01	Under medellängd
Hans J	1986-03-14	Medellängd
Inge M	1986-03-01	Längre än paret Palme
Inge M	1986-03-14	180-185
Inge M	1986-04-08	10-15 centimeter längre än Olof
Jan A	1986-03-01	180
Jan A	1986-04-08	180-190
Jan N	1986-04-08	180
Jan-Åke S	Kl 11:30	Medellängd
Lars J	1986-03-04	Ungefär medellängd
Lars J	1986-04-04	175-190
Leif L	1986-03-01	180
Lisbet Palme	1986-03-01	180
Lisbet Palme	1986-04-29	180
Yvonne N	1986-03-02	175-178

Här noterar vi snabbt att Anders B, som befann sig närmast bakom paret, anger mannens längd till motsvarande 175 cm. Även Anna H och Egon E anger en längd strax under det som majoriteten uppger i förhören. Det är förvånande, framförallt i Anders B's fall, eftersom han från sin position måste ha haft en bra bild av paret inte minst med tanke på att han observerade dem en liten stund innan skotten föll. Inge M, från sin position rakt över gatan, gör en annan bedömning, nämligen att gärningsmannen är längre än Olof Palme. Dessa jämförelser som görs direkt mot Olof Palmes längd borde annars ha varit de bästa indikatorerna på hur lång gärningsmannen var, men eftersom de skiljer sig sinsemellan så får vi i detta fall helt enkelt lyssna på majoriteten.

Spannet ligger på 170 till 190 centimeter, med en övervikt i den längre regionen. Om vi rent matematiskt beräknar ett aritmetiskt medelvärde av den längd som vittnena har uppskattat hamnar det på ungefär 179,5 centimeter. Det är ingen vetenskaplig metod men det kan ge en fingervisning eller indikation i detta fall när bra placerade vittnen lämnar sinsemellan oförenliga uppgifter.

Rörelsemönster och kroppstyp

En annan pusselbit vi behöver för att komma fram till ett vettigt signalement är den allmänna kroppstypen och rörelsemönstret. Även här kan det vara svårt att bedöma en mörkklädd springande man bakifrån i mörker och bedöma vilken sorts kropp han besitter, och hur han hanterar den. Här bör man hålla i minnet att en del personer har sett mannen innan skotten, medan en del har bara sett honom på håll när han flyr in i gränden.

Vi måste också fundera på vad som betecknar en smal, medel eller grov kropp. Sannolikt utgår varje individ från ett eget referensspektrum, där en persons "medel" mycket väl kan vara en annan persons "grov".

Så här har vittnena sagt:

Vittne	Vittnesmål	Kroppsbyggnad
Anders B	1987-03-25	Smidig, spänstig
Anders D	1986-03-14	Otymplig, klumpig, stel, kraftigt byggd, bred ryggtavla
Anna H	1986-03-03	Bredaxlad, huvudet verkar för litet till kroppen
Anna H	1986-04-02	Kraftig ryggtavla, normal kroppsbyggnad, bredaxlad, huvud litet i förhållande till kroppen

Vittne	Vittnesmål	Kroppsbyggnad
Ann-Charlott H	1986-03-03	Mediär kroppsbyggnad
Ann-Charlott H	1986-05-12	Medel
Cecilia A	1988-06-21	Relativt smal
Charlotte L	1986-03-03	Lite kraftigare
Egon E	1986-03-01	Klent byggd, eller ganska smärt i alla fall
Jan A	1986-04-08	Snarare smal än korpulent
Jan N	1986-03-01	Ordinär kroppsbyggnad
Jan N	1986-04-08	Normal kroppsbyggnad
Jan-Åke S	Kl 11:30	Normal kroppsbyggnad
Lars J	1986-03-04	Tämligen kraftig över axlar och rygg
Lars J	1986-04-04	Bred ryggtavla
Leif L	1986-03-01	Kraftig hellre än smal, inte plufsig
Leif L	1986-04-27	Ordinär. Något påbyggd däruppe
Lisbet Palme	1986-03-01	Kompakt kropp med kort hals
Lisbet Palme	1986-03-08	Kort hals, kanske kan förklaras med uppdragna axlar
Lisbet Palme	1986-03-25	Kort hals, uppdragna axlar. Kompakt
Lisbet Palme	1986-04-29	Bred över axlarna, men ger inget stort intryck
Yvonne N	1986-03-02	Inte tjock, snarare satt eller grov

Något förvånande ser vi direkt ett antal motstridiga uppgifter. Någon beskriver mannen som smidig och spänstig, en annan beskriver honom som klumpig och stel. Naturligtvis spelar egna preferenser in här, men så olika bedömningar borde man ändå inte göra under normala omständigheter. Rådande omständigheter kan dock inte betraktas som normala. Den allmänna uppfattningen verkar vara att mannen var något grov. Vi ser också en antydan till att det är något udda med mannens allmänna uppbyggnad. Anna H tycker att hans huvud verkade vara för liten för kroppen, och Lisbet påstår att han hade en kort hals. Leif L säger att han var påbyggd där uppe, och Lars J noterar att han hade en bred ryggtavla. Två personer, Yvonne N och Leif L anger att kroppsstorleken inte beror på att han var tjock. Om vi tillfälligtvis bortser från dem som anser att han hade en ordinär kroppsbyggnad så finner vi tre vittnen som anser att han var klen, och det är Egon E, Cecilia A och Jan A. Vi tittar på dem i tur och ordning.

Egon står ungefär sjuttio meter från själva händelsen och det måste vara oerhört svårt att på det avståndet – mitt i natten dessutom – ha en uppfattning om en mans kroppsbyggnad. Vi kan sannolikt bortse från detta vittne i det här fallet. När det gäller Cecilia A så måste vi tänka på att hennes första förhör hölls två och ett halvt år efter händelsen, och det är inte otänkbart att hennes minne har förvanskats på den tiden. Hennes vittnesmål bör i vilket fall värderas svagare än de som avges någon eller några dagar senare. Slutligen har vi Jan A som sitter i sin kompis Leif L's Cheva. Han har en relativt dålig position eftersom Leif parkerar så att en lyktstolpe skymmer en del av sikten. Han har dock en bild av gärningsmannen när han flyr bort, och i förhöret säger han så här om mannens kroppsbyggnad:

> *Förhörsledaren: Vad ska vi säga om kroppsbyggnaden, sade vi någonting om det på den här som sprang från platsen?*
> *Jan A: Jag tror inte jag kan påstå att han liksom var korpulent utan snarare att han var smal.*
> *F: Det tror du?*

J: Ja.
F: Det är svårt att säga kanske med hänsyn till att han har…
J: Ja, med rocken. Men om jag ser på benen, formen på benen.
F: Du får ett intryck av att han inte är speciellt korpulent. Det är osäkert alltså.
J: Ja.

Jan A har alltså inte fått någon specifik bild av själva kroppen, utan gör en bedömning av den med ledning av hur benen ser ut. Och de är smala.

Övriga vittnen som bedömer mannen som ordinär eller medel är Ann-Charlott H, Jan N och Jan-Åke S.

Ann-Charlotte H är kvinnan som spegelvänder hela händelsen och placerar mannen med vapnet med ryggen mot söder, mot Kungsgatan. Hon säger i förhör den tredje mars att hon uppfattar mannen som av medellängd, kroppen som mediär, och att den inte uppvisar några egenheter. Det är så nära ett "vet ej"-svar man rimligen kan komma.

Jan N befinner sig i sin limousine och har passerat mordplatsen via en högersväng ner mot Kungsgatan när han ser mannen som springer iväg. Han ser honom inte rakt fram i vindrutan, utan snett bakifrån räknat från den plats där han själv befinner sig. Han gör observationen efter att Anna H redan kommit fram till Olof Palme. Mördaren befinner sig alltså på ett längre avstånd från vittnet än vad som är rimligt för att kunna göra en bra bedömning av kroppen. Vi kan sannolikt bortse från hans uppgifter vad gäller mördarens kropp.

Jan-Åke S är placerad i bil mycket nära platsen, och ser personerna på platsen framifrån. Han ser alltså på ganska nära håll mördaren framifrån. Han kan tyvärr inte göra någon bedömning av mördarens ansikte, om han har glasögon eller skägg eller om han bar huvudbonad eller ej. Inte heller mannens ålder kan han bedöma. Jan-Åke S beskriver mannens kroppsbyggnad som "normal" och av "medellängd". Detta är annars ett av de allra bäst placerade vittnena, men uppenbarligen har han inte haft någon större uppmärksamhet på själva händelsen.

Övriga kännetecken

I övrigt när det gäller mannens signalement, kan vi notera att väldigt få har någon uppfattning om huruvida mannen bar handskar eller ej. Ingen av de tillfrågade kan i alla fall säga det säkert, och huruvida han bar halsduk är inte omnämnt någonstans i något förhör. Faktum är att polisen inte ens frågar ett enda vittne om det, vilket förefaller lite egendomligt. Det var trots allt vinter och det kan inte vara otänkbart att mördaren använder en halsduk för att till exempel för att dölja hakan eller av andra skäl.

Ett enda vittne har sett att gärningsmannen bar på en liten handledsväska. Det är Yvonne N som sett mannen på David Bagares gata försöka stoppa ner något eller ta upp något i en sådan väska. Hon tror sig även ha sett honom försöka dra igen en dragkedja eller liknande. Detta är en så specifik uppgift att den måste tas på stort allvar. Det är inte troligt att man kan minnas fel om en sådan detalj, handledsväskan har med stor sannolikhet funnits i verkligheten.

Mördaren bar alltså på en handledsväska. Var hade han den i så fall under själva mordet? Ingen har noterat att han bar på någonting, förutom några enstaka vittnen som har sett en revolver eller pistol men då bara en kort stund innan han stoppar ner den i fickan igen. Högst troligt bär han handväskan i en ficka. I ena fickan har han alltså en revolver som är närmare trettio centimeter lång med en vikt på över ett kilo, och i den andra fickan förmodligen en handledsväska med en storlek på 20 gånger 15 centimeter. Det får anses vara ganska rejäla saker att bära i fickorna, och kan säkert leda till att man ser lite "bylsig" ut.

Löpstil

Avslutningsvis kan vi studera hur vittnena har bedömt mannens löpstil. Nu närmar vi oss gränsen för vad som egentligen är meningsfullt att veta om mannen, men kanske kan det finnas något som leder tankarna åt det ena eller det andra hållet.

Vittne	Vittnesmål	Löpstil
Anders B	1986-03-03	Spänstiga steg. Gick lugnt därifrån
Anders D	1986-03-01	Sprang inte med en yngre mans vighet, utan något långsam i steget
Anders D	1986-03-14	Inte särskilt snabbt
Anna H	1986-04-02	Sprang snabbt med bestämda målmedvetna steg, som han visste var han skulle. Men tungt, inte någon sprinter, ingen utövad teknik
Ann-Charlott H	1986-05-12	Snabbare än joggning
Cecilia A	1988-06-21	Gick med långa steg
Egon E	1986-03-01	Sprang lite krokigt eller lite böjd framåt. Rörde sig smidigt
Hans J	1986-03-14	Kutar iväg i full fart
Hans J	1986-10-15	Ovan löpare, rullade med kroppen, Sprang som en elefant, helt unik stil, armarna framför sig, det gick inte fort.
Jan A	1986-03-01	Rusade, sprang smidigt
Jan A	1986-04-08	Spänstigt, långa steg
Jan N	1986-03-01	Sprang som fan
Jan-Åke S	1986-04-09	Spänstigt
Jan-Åke S	Kl 11:30	Snabbt
Lars J	1986-04-04	Snabbt som om han hade bråttom. Tungt. Något framåtlutad
Lars J	1986-08-27	Något framåtlutad med hopku-

Vittne	Vittnesmål	Löpstil
		rade axlar
Leif L	1986-04-27	Lunkade iväg med breda steg och klumpigt beteende
Lisbet Palme	1986-04-29	Spänstig. Vältränad
Yvonne N	1986-03-02	Det verkade som om det var jobbigt för honom att springa
Yvonne N	1986-03-04	Hade vissa svårigheter att springa, antingen dålig kondition eller av annan orsak

Det här kan förefalla svåranalyserat. Vi hittar allt från "gick lugnt" till "Sprang som fan". Men låt oss titta på dem som gjort bedömningen att det gick långsamt.

Anders B såg egentligen inte mördarens flykt alls. Han såg bara mannen när han befann sig på mordplatsen, och när han tog två steg därifrån, alltså egentligen innan han började springa. Sen skymdes resterande delen av flykten av Skandiahuset, eftersom Anders B befann sig sju meter in på Sveavägen.

Anders D kan inte heller ha sett mer än bara den första delen av mannens flykt. Han befann sig mitt i korsningen när skotten föll. Sen körde han fram till trottoarkanten på motsatta sidan av Sveavägen, och fick då mordplatsen snett bakom sig. Därefter anropade han sin taxitelefonist, tog betalt och först någon minut senare hoppade han ur sin bil och gick fram till taxin. Hans uppgifter om "långsam i steget" måste därför röra sig om mördarens första steg, vilka bör ha varit något långsammare än efter att mannen fått upp farten på det hala underlaget.

Även Cecilia A's uppgifter måste vi återigen behandla försiktigt. De lämnas långt efter mordet och kan vara färgade av många olika intryck sedan händelsen.

Hans J, taxichauffören som körde upp och parkerade just bredvid mordplatsen är bra placerad och ser flykten under en lång sträcka, faktiskt hela vägen upp till trapporna. Han uppger enligt protokollet från sitt förhör två veckor efter mordet att mannen "kutar iväg i full fart". Ett drygt halvår senare hörs han på nytt. Nu har vissa nya uppgifter tillkommit, han säger att mördaren rullar med kroppen och har en unik stil. Och det går inte fort, säger han. När ett och samma vittne uppger två sinsemellan oförenliga uppgifter brukar man sätta störst tilltro till den första. Då är man opåverkad och minnet är som fräschast. Om det dessutom finns en stor mängd ytterligare vittnen där nästan samtliga stödjer den tidigare versionen kan man nästan helt säkert säga att den senare uppgiften är mindre trovärdig.

Avslutningsvis ser vi uppgiften "lunkar" från Cheva-föraren Leif L. Även han är dåligt placerad och hamnar i ett läge där han bara, enligt egen uppgift, ser 10-15 meter av mannens flykt. Sedan ägnar han tid åt telefonen. Det är ju Leif som efter att ha slagit 90000 på sin telefon och fått kontakt med larmcentralen, uttalar de berömda orden "ja, det är mord på Sveavägen". Leif ser alltså mordet, lyfter luren och slår numret, slår fel och lägger på och slår numret igen samtidigt som han gör en u-sväng mot den mötande trafiken. När han parkerar så hamnar han i ett läge där den flyende mannen snabbt är borta ur siktfältet. Det är ingen svår slutsats att dra, att Leif har begränsad uppmärksamhet på mannens avvikande från platsen. Och den lilla uppmärksamhet han rimligen kan ha, är sannolikt koncentrerad till de tio till femton första metrarna, när mannen bygger upp sin fart.

Lägg också märke till att inget vittne pratar om en haltande gång eller löpstil. Den uppgiften förekommer överhuvudtaget inte förrän Christer P blir aktuell i utredningen. Christer hade ett skadat knä efter att ha tjuvåkt utanpå ett pendeltåg och han hade en löpstil som var omisskännlig. Inget ögonvittne har i förhören från 1986 pratat om något som påminner om en sådan stil.

Nu vet vi så pass mycket att vi kan bilda oss en uppfattning om mannens löpstil. Vi har alltså en man som flyr nerför Tunnelgatan, iklädd långrock och troligen bärandes en keps och lågskor därtill. Han är 180 centimeter lång, något kraftigare upptill men har smala ben. Fickorna är fullproppade. Sekunderna efter dådet befinner han sig i denna utstyrsel i full fart nerför Tunnelgatan. På marken är det is och snö vilket med tanke på skorna inte är idealiskt. Han vet att han just har skjutit en av världens mest kända människor inför ett tjugotal ögonvittnen, och polisen är högst två minuter bort. Trots detta springer han kontrollerat. Kanske börjar han med att ta några lugna steg, sedan lunka för att därefter övergå till att springa fortare. När han efter att ha sprungit uppför de 89 trappstegen i slutet av Tunnelgatan kommer fram till David Bagares gata är han förmodligen utpumpad och springer där betydligt långsammare, tyngre, och får kämpa för att ta sig fram med någorlunda hastighet. Löpstilen är högst troligt präglad dels av kläderna han bär; lång rock, keps som kan lossna, icke ändamålsenliga lågskor, och dels att han har fickorna fulla med revolver och väska. Slutligen påverkas löpstilen av det hala, på sina ställen rentav ishala, underlaget.

Ansikte

När det gäller mördarens ansikte så finns det mycket lite att gå på. Bara ett ytterst litet antal personer uppger sig ha sett något av mördarens ansikte. Det handlar då om en skymt av en haka eller en vag uppfattning om någon del av ansiktet. Ett undantag kan vara värt att nämna, och det är Lisbet som anger att hon har sett mördaren i ansiktet. Lisbet beskriver ganska detaljerat ansiktsdragen på en man som hon är övertygad om är mördaren, men vi har som tidigare diskuterat anledning att tro att det faktiskt är en annan person hon beskriver. Det finns trots allt en möjlighet att det faktiskt är mördaren som Lisbet har fått en skymt av. Den man som Lisbet beskriver saknar skägg, vilket Anders B – som det har argumenterats för egentligen är den man som Lisbet misstar för mördaren – hade vid tiden för mordet.

En detalj som i ljuset av hennes i övrigt mycket detaljerade beskrivning vore egendomlig att missa.

Lisbet har i samtal med polisen den 25'e mars följande att berätta om mördarens ansikte:

> Gärningsmannen har stirrande blick. Ljus blick. Kindknotorna är liksom bulliga. Han har vit överläpp. Kort hals, uppdragna axlar, ett kompakt utseende.

En månad senare, den 29'e april, berättar hon utförligare för polisen om gärningsmannens anletsdrag.

> ... ha en intensivt stirrande blick, ha smala, tunna läppar och ljus, platt överläpp, ha en rak panna med raka ögonbryn samt ha ett rektangulärt och stelt stirrande ansikte med kraftigt, något framskjutet hakparti och markerade kindsidor.

Detta är inte en beskrivning av Anders B. Mycket talar för att Lisbet omedelbart efter skotten har sett först Anders B och hans klädsel, och något senare mördaren rakt i ansiktet när han tittar på paret och bestämmer sig för att springa iväg. På något sätt har det här sedan kombinerats och utvecklats till hennes beskrivning av mördaren. Hur det är med den saken kan vi inte säkert veta, och låt oss för tillfället nöja oss med att konstatera att det för mördarens ansikte bara finns fragmentariska brottstycken, samt en detaljerad men högst osäker beskrivning.

Sammanfattande signalement

Mannens signalement med ledning av ögonvittnen bör alltså vara enligt följande:

Egenskap	Signalement
Allmänt intryck	Mörk
Huvudbonad	Keps, nerdragen i panna och nacke
Ytterplagg	Lång, mörk, antagligen svart, kanske luden rock, troligen med stora fickor
Byxor	Mörka, varken smala eller vida
Skor	Lågskor, kanske med vit sula
Övrigt	Bar handledsväska, kanske handskar
Längd	Cirka 180 centimeter
Kroppsbyggnad	Något påbyggd på överkroppen
Ålder	35-45 år
Löpstil	Sprang snabbt

Mordögonblicket

Vi vet nu vad vittnen har sagt i stora drag om händelsen på mordplatsen och vi vet också vad de har sagt om mördaren, hans beteende och utseende. Det finns ytterligare några saker som kan vara intressanta att studera från vittnesmålen. Några av dessa kan framstå som små detaljer, men de är inte mindre intressanta för det. En sådan detalj är antalet avlossade skott, och hur lång tid det tog att skjuta dem.

I stort sett är samtliga vittnen överens. Totalt sköts två skott, och de kom med mycket kort mellanrum. Att det var ungefär en till tre sekunder mellan skotten är de flesta överens om. Något vittne, placerad en bit därifrån, hävdar att det var tre skott. Ett annat vittne, placerad i den omedelbara närheten, hävdar att han bara hörde ett skott. Båda dessa uppgifter kan vi i ljuset av den i övrigt samstämmiga kåren av vittnen bortse ifrån. Kanske har vittnet som hört tre skott också hört ett eko. Personen som stod nära men bara hörde ett skott, Sture E, kan ha hört fel eller också kanske han minns fel. Den tekniska bevisningen ger ett visst stöd för uppfattningen att det var minst två skott, dels har vi de två upphittade kulorna, och dessutom finns två brottsoffer med vardera en skottskada.

Ett annat vittne säger att det gick 10 sekunder mellan skotten men det framstår snarare som en uppskattning baserat på hur lång väg hans bil hade färdats under tiden mellan två skott, varför den bedömningen förefaller vara felaktig. Samtliga vittnesförhör som finns med i underlaget i domen mot Christer P, från vittnen som varit i den omedelbara närheten är mer eller mindre överens om att det var två skott. De kom med 2-3 sekunders mellanrum och något större utrymme för osäkerhet krävs inte i detta fall.

Vad vet vi om vad som hände just innan mordet? I stort sett finns bara vittnet Inge M att förlita sig på när det gäller sekunderna innan mordet. Han sitter som bekant i sin bil på andra sidan Sveavägen en bit innan trafikljusen med ansiktet riktat mot det som snart ska komma att bli mordplatsen. Han är inte helt fokuserad utan tittar sig omkring emellanåt. Inge står nämligen lite dumt parkerad och är orolig för att han blockerar trafiken på Sveavägen när han med sin bil, som står på avkännaren i marken, påverkar trafikljusen på Sveavägen. Han väntar på sin flickvän som tillsammans med sällskap befinner sig vid en uttagsautomat en bit bort. Ganska snart får Inge se en person på andra sidan vägen vid butiken Dekorima. Personen ser ut att stå och vänta på någon.

Vi citerar ur protokollet från förhöret med Inge den 8'e april:

> *Förhörsledaren: Och var står den här killen någonstans?*
>
> *Inge M: Han står vid den här butiken, dom har färg...*
>
> *F: Dekorima?*
>
> *I: Ja, just det, precis.*
>
> *F: Var någonstans vid butiken står han?*
>
> *I: Han står vid ett utav skyltfönstren. Strax intill, ja, ingången till butiken.*

Står han till höger eller till vänster om ingången?

I: Till höger om ingången från mitt sett.

F: Alltså mellan ingången och Tunnelgatan?

I: Ja, precis.

Senare i protokollet:

F: ... Sedan kommer paret fram, du säger att kvinnan går lite, innerst säger du, och lite framför mannen.

I: Jag har för mig att hon gick något framför mannen, ja. Om hon var steget före eller ett och ett halvt steg före, inte långt före mannen utan de hade fortfarande ska vi säga, jag uppfattade som att de gick och pratade med varandra.

F: Ja. Men kvinnan går mellan huskroppen och mannen då?

I: Ja, hon gick på insidan av trottoaren.

F: Ja, okey, vad händer sedan, vad är det du ser sedan?

I: Ja, mannen går vid skyltfönstret, lämnar skyltfönstret och går upp bakom och då, i den vevan så, det såg ut som om han var, jag fick för mig att han skulle rycka handväskan eller någonting så jag vänder mig om och ... till dom i baksätet medan jag fortfarande tittar på vad som händer och säger att nu jävlar händer det något.

Senare:

I: Han går ju upp bakom mannen, tar som jag uppfattar det upp vänsterhanden på axeln på honom och han höjer högerarmen och som jag uppfattar det så smäller två skott i tät följd. Det smäller två gånger och mannen sjunker ihop. Och mördaren

> då tar han ner armen lugnt och stilla och stoppar
> handen i fickan. Lugnt och stilla går han, tar
> ett steg eller två tillbaka, och sakta går runt
> och iakttar, han bara smälter bort och, i den ve-
> van så, min tanke var att försök följa annars
> tappar jag bort honom. För det var så fruktans-
> värt, i och med att han hade stoppat handen i
> ficka så skulle han lika gärna kunnat vara en
> åskådare.

Inges reflektion om mannen manar till eftertanke. "Han hade lika gärna kunnat vara en åskådare."

Skyltfönstret som Inge M säger att mördaren stod vid är alltså inte den avfasade hörnan som vi tidigare förletts att tro. Mannen står alltså just bredvid den port som Anders B hoppar in i när mannen skjuter. Anders B är mycket nära den här platsen när han står och väntar på att kamraterna ska bli klara med sina bankomatuttag. Sture E bör också ha befunnit sig mycket nära, kanske tio meter från denna plats och tittat på sin klocka just innan skotten kommer. Sture berättar dock ingenting om Anders, och Anders säger inte heller någonting om Sture trots att de som sagt måste ha varit mycket nära varandra på en i övrigt folktom trottoar. Inte heller Inge M har noterat att Sture E är strax bredvid mördaren.

Inge M säger ungefär samma sak i förhöret som hölls två veckor efter mordet. Inge säger till förhörsledaren:

> Sen small det bara två skott. Han som sköt, efter
> skotten så tog han ner handen lugnt och fint, tog ett
> par steg bakåt och kvinnan vände sig om och ropade. Då
> rör han sig lugnt och försiktigt, backar han och vänder
> sig om och går och tittar ett par gånger, sen så för-
> svinner han och joggar bort. Han rusar inte.

I tingsrätten utvecklar han det här med att "mannen backar" och säger att gärningsmannen kliver över Olofs fötter, går runt, tittar, går tillbaka till ursprungspositionen och springer därefter iväg. I den versionen är gärningsmannen kvar så länge som en halv minut på platsen vilket inte är rimligt. På den tiden hade både Sture, Anna H och Stefan G kommit fram till platsen, och genom deras berättelser vet vi att mördaren då redan var borta och på väg därifrån. Kanske överskattar Inge tiden som mördaren dröjde sig kvar en aning.

Det har i media förekommit en del uppgifter om att mördaren stannade kvar på platsen, tvekande som om han inte visste vad han skulle ta sig till härnäst. Vi har just hört vad Inge M uppfattat om det, så vad har de andra att säga?

Anders D, taxichauffören som stannade på motsatta sidan om Sveavägen säger i sitt förhör på mordnatten att han "... ser hur mannen som blivit beskjuten faller omkull, samtidigt beger sig den som avlossat skottet springande från platsen." Här får man direkt intrycket att mannen inte stannade kvar en enda sekund utan begav sig springande iväg nästan samtidigt som Olof Palme faller ner. Det kan vara värt att nämna i det här sammanhanget att Anders D's förhör på mordnatten är ett referat, vilket innebär att polismannen som pratar med Anders D efter genomfört förhör har skrivit ner en sammanfattning av vad han har sagt i ett protokoll. Att det är en sammanfattning framgår tydligt av att protokollet, om man bortser från formalia i sidhuvudet, består av en enda sida samtidigt som själva samtalet är på hela en timme och tjugo minuter. Anders D och polisen har med andra ord pratat mycket mer än vad som finns protokollfört. Sådana protokoll är inte ovanliga, men när man letar efter nyanser så är de inte till vår hjälp. Anders kan mycket väl ha sagt mycket mer om på vilket sätt mannen betedde sig på mordplatsen efter skotten, men av något skäl har polisen i det läget inte funnit uppgifterna värdefulla nog att tecknas ner.

Turligt nog för oss är Anders hörd ytterligare en gång två veckor senare, och även om detta protokoll också är ett referat så finns här några fler nyanser. Nu står det: "Efter andra skottet verkade det som om gärningsmannen tvekade lite grann över vilken väg han skulle fly. Han gungande av och an med överkroppen några gånger på ett sätt som är typiskt för sådan tveksamhet. Mannen tvekade 1-2 sekunder och sprang sedan in på Tunnelgatan ..." Den här uppgiften, även om den avges två veckor efter mordet, bär prägel av att härstamma från ett verkligt minne. Anders har, sannolikt redan på mordplatsen, gjort en minnesnotering om tveksamheten, och eftersom han kan anknyta till att mannen gungade fram och tillbaka, får vi ge berättelsen en större trovärdighet än om en sådan koppling inte hade gjorts.

Christina V befinner sig med sin bror på andra sidan Sveavägen, en liten bit innan korsningen med Tunnelgatan. Hon hör skotten, tittar över gatan och ser en man som faller ihop. Polisen frågar:

> *Förhörsledaren: Försvinner den här personen omedelbart efter att det andra skottet har hörts? Eller står han kvar en tid?*
>
> *Christina: Ja, jag får för mig att han stod kvar någon tid, ja, innan han springer. En väldigt kort stund men ändå liksom...*

Uppgiften är inte helt tydlig, men hon vill i alla fall inte gå med på att mannen sprang direkt utan att han stod kvar en liten stund.

Leif L, hantverkaren med Chevan, säger " ... Han stod nog och tittade på offret och kvinnan ifråga 3-4 sekunder innan han avvek alltså från platsen."

Lena S sitter i Anders D's taxi, och ser mordet när de är mitt i korsningen på väg mot Kungsgatan. Hon förhörs en dryg månad efter mordet.

```
Förhörsledaren: Hur lång tid efter det du hört
skotten ser du den här mannen springa?
Lena S: Nej, det var ju sekunder, 15 sekunder el-
ler någonting sånt där rörde det sig säkert om.
En halv minut kanske.
```

Även denna uppgift tarvar en nypa salt för att kunna smältas. Sannolikt är även 15 sekunder för lång tid.

Om vi rent logiskt analyserar vad som måste ha hänt sekunderna innan och efter skotten så måste vi med ledning av vad vittnen har berättat kunna sluta oss till följande:

- En man står bredvid porten till Dekorima
- När paret Palme kommer förbi så går han upp bakom dem
- Han håller upp sin arm och riktar den rakt fram
- I handen har han ett vapen
- Två skott avlossas
- Olof Palme ramlar raklång framåt på marken
- Mannen tar ner sin arm vid sin sida
- Revolvern stoppas i en ficka eller ett hölster, under tiden står mannen stilla
- Mannen vänder sig om
- Går ett par steg
- Springer sedan iväg

Här har vi antagligen också förklaringen till den tvekan som vittnen tycker sig ha sett: han gör sig av med vapnet i sina kläder, antingen i en ficka eller i ett hölster. Detta tar naturligtvis ett par sekunder, upp till kanske fem sekunder. Anders D har sett det som att mannen gungar av och an med kroppen. Kanske är det helt enkelt så att mannen kränger lite med kroppen en aning för att stoppa undan revolvern, kanske i fickan, kanske i ett hölster. Anders D ser det från sin vinkel som att mannen gungar av och an.

För att kunna fly måste han först vända sig. Det är halt på platsen, så till att börja med går han, tar sedan några prövande snabbare steg. Sen springer han.

Vad hände sen? Nu ligger Olof Palme på marken, rakt framstupa. Lisbet knäböjer vid hans sida med ryggen ut mot Sveavägen. Mannen som sköt är på väg bort.

Anders B står sju meter bakom, och hoppar in i en port. Anders D, Jan N, Leif L och Hans J tar i princip samtidigt upp sina radiomikrofoner – eller i Leifs fall en telefon – och larmar sina respektive operatörer.

Sen strömmar folk till bara sekunder efter att mannen har flytt. Men vem kom fram först?

Anna H, Stefan G och Karin J omnämns oftast i förhören som de som kom fram först. Om det var Anna H och Karin (de sprang tillsammans) eller Stefan G är mer oklart. Vem som kom därefter är mer osäkert, men taxichaufförerna och Leif L var antagligen framme ganska kort efter mordet, lika så Stefans kamrat Göran I. I stort sett är de flesta överens om vad som hände sekunderna efter mordet, men en något annorlunda beskrivning kommer från Sture E, mannen som just innan mordet promenerade ut från sitt jobb på Skandia strax norr om mordplatsen. Han berättar att han kommer småspringande mot det som snart ska bli mordplatsen, när han hör skotten. Han befinner sig då 20 meter därifrån och är framme 5-6 sekunder senare. Då är Anna H och Karin J redan där. Att man kommer fram till platsen på 5-6 sekunder om man småspringer 20 meter är inte otroligt, och Sture kan exakt säga var han befann sig i skottögonblicket, eftersom han vet att han kikade på sin klocka just när skotten föll. Sture kan dessutom ange exakt vid vilket skyltfönster han befann sig när han tittade på klockan. Vad som däremot är märkligt är att Anna H och Karin J redan skulle kunna befinna sig på platsen. Tills vidare kan vi alltså bortse från uppgiften att Sture skulle befinna sig så snabbt på plats. Kanske har han överskattat sin förmåga att ta sig fram de tjugo metrarna?

Sedan kommer polisen, troligen efter ungefär två minuter. Först kommer befälsbilen och 10-20 sekunder efter den kommer piketbilen. Poliserna hoppar ur, orienterar sig och blir av personer på platsen snabbt anvisade flyktvägen. Men vem visar vägen? Tre personer uppger sig ha visat polisen var gärningsmannen försvann. Vi lyssnar till vad Hans J säger efter att han i förhöret två veckor efter mordet berättat för polisen, att mördaren sprang in i Tunnelgatan och vidare upp för trapporna.

> *Förhörsledaren: Nämnde du till polisen att han hade sprungit åt det hållet?*
>
> *Hans J: Ja jag skrek ju åt den första piket som kom, att han sprang bort där, men då ställer sig då den här basen för det här gänget och ska ha vittnesuppgifter och han ska ha allt sånt där, och då har ju då, kutat ytterligare 20 sekunder bort.*
>
> *F: Dom tog inte upp förföljandet direkt då?*
>
> *Hans J: Nej det dröjde en 15-20 sekunder innan dom sprang efter alltså. Och jag skrek ju bara rakt ut åt dom, han sprang bort där! Men sen ku-*

tade dom ju efter och då var det 5-6 stycken tror jag som sprang efter.

En annan person som också anvisar vägen är Jan-Åke S. Han talar om för kommissarie Söderström vilken väg mördaren sprang. Detta gör han omedelbart när bilen har stannat, just innan piken med poliserna som sedan utför det faktiska förföljandet anländer. Söderström har senare berättat att det är han som berättar om flyktvägen för poliserna i piketen och beordrar dem att följa efter.

Den tredje personen som hjälper till med att tala om vilken väg gärningsmannen sprang åt är Sture E. Han ser inte själv vilken väg mördaren tog, han ser inte ens själva gärningsmannen, utan det är via en uppgift från Lisbet Palme som han själv får reda på att det finns en gärningsman och att han har försvunnit in mot gränden. Så här beskriver Sture själv hur det gick till:

> *Ja, därefter så frågar jag den här damen som ligger på knä, Lisbet, men som jag då inte kände igen, så säger jag, åt vilket håll. Hon pekar då, åt vilket håll sprang han för jag förstod då utav blodet att det hade varit ett skott. Hon pekar bort mot tunneln på Tunnelgatan och så frågar jag henne, hur var han klädd. Jag tänkte att det kunde vara bra att veta eftersom hon verkade lite virrig, att någon mer visste dom där sakerna.*
>
> *...*
>
> *Jag hör hur det kommer ett antal polismän springande som medan de springer ropar, åt vilket håll, ropar de, medan de springer fram till platsen för skottet. Då eftersom jag är lite nedhukad så reser jag mig upp, och eftersom det är lite halvskumt som det är på natten så pekar jag med hela*

> handen mot tunneln och så ropar jag, åt det hållet. Det har tydligen uppfattats för de springer tunnelgatan ner.

I en senare tidningsintervju visar Sture i bild hur han står upp med hela armen utsträckt och pekar in i gränden.

De här tre versionerna går inte riktigt ihop och det är svårt att veta vilken som är korrekt. Till att börja med är Jan-Åke S version förenlig med de båda övriga. Han visar vägen för Gösta Söderström, befälet som kom i den första polisbilen. Men sen är det värre att få full klarhet. Sture säger att polisen under tiden de springer ropar "åt vilket håll?", och efter att ha uppfattat Stures utpekande av vägen fortsätter omedelbart in på Tunnelgatan. I förhören berättar Sture dessutom att han strax efter att de har försvunnit springer efter dem för att berätta om den blå jacka som mördaren hade på sig. Detta går inte ihop med Hans version, där polisen stannar och börjar ta upp vittnesuppgifter, och springer iväg först efter att han ryter till. För tillfället får vi nöja oss med att konstatera att vi inte har full klarhet här.

Ett annat område som bör studeras är aktiviteterna vid den nu medvetslöse Olof Palme när vittnen anländer till platsen och vad som händer vid hans kropp. Efter skottet i ryggen faller han alltså först ner på knä för att sedan falla raklång ner mot marken. I fallet framåt tillfogas han en skada i pannan vilken senare dokumenteras i obduktionsprotokollet. Att denna skada härrör sig från det tillfället och inte ett tidigare kan rättsläkarna konstatera eftersom det inte blir någon blodsutgjutning från såret i pannan. När skottet träffar stora kroppspulsådern försvinner blodtrycket som annars skulle ha pressat ut blod genom såret.

Olof ligger nu alltså raklång på marken med bröstet mot gatan och har Lisbet hukande bredvid sig. Anna H och Stefan G kommer fram och påbörjar livräddningen. Anna H förhörs första gången 00:15 på mordnatten, vilket innebär att förhöret startar mindre än en timme efter att Olof Palme körts iväg i ambulans. Referatet från förhöret bjuder på spännande läsning. Vi kommer in i protokollet just när Anna, som sitter i sin kompis bil, öppnar bildörren.

> ... och bilen stannades och hon sprang fram till mannen. Hon lade samtidigt märke till en man som befann sig ett tiotal meter från den liggande mannen och springande lämnade platsen. Hon uppfattade denne man – X – som medelålders, mörk, och klädd i en 3/4 lång rock eller jacka. Hon tror inte att han hade något i händerna.
>
> ...När hon kom fram till mannen som låg på gångbanan, såg hon att han blödde ur munnen och näsan. En kvinna stod bredvid mannen, och en man – Y – satt nedhukad vid den skadades huvud. Hon kände om den skadade mannen – Z – hade någon puls och kände därför först på halsen och sedan på andra handleden. Hon kände då inga pulsslag. Hon vände Z på rygg och gav honom två hjärtstötar och fortsatte sedan med hjärtkompression – cirka 15-20 gånger. Y gav Z konstgjord andning genom att blåsa in luft mun mot mun ett par gånger. Kvinnan som stod bredvid Anna verkade chockad och "knuffade undan" Anna och skrek att ambulans skulle komma och att läkare skulle göra operation.

I stycket från protokollet avses med "Y" Stefan G. "Z" är Olof Palme. Stefan förhörs några dagar senare och han har en annan version om vad som hände. Han säger att mannen låg på rygg, vändes i framstupa sidoläge, och därefter påbörjades mun-mot-mun-metoden. Samtidigt med detta kommer Anna H fram och påbörjar hjärtmassage.

Dessa två versioner är inte förenliga. Stefans historia är svårare att acceptera, eftersom Olof Palme rimligen låg på mage efter skottet och måste ha vänts på rygg innan hjärtkompressionen och mun-mot-mun-metoden påbörjades. Det finns tre alternativa förklaringar. Mest sannolikt är att Stefan vänder på händelseförloppet i minnet när han knappt en vecka efter mordet berättar för polisen vad som hände. Ett annat alternativ är att polisen missförstår, eller skriver fel i protokollet. Det tredje alternativet är naturligtvis att Stefan medvetet säger fel men det förefaller osannolikt. Stefan G utför en ytterst heroisk handling och gör luftinblåsning på en man där blodet formligen forsar ut ur munnen. Vi kan helt avskriva möjligheten att Stefan medvetet skulle vilja föra utredningen på villospår.

Vad säger Sture som också hjälpte till vid den skadade mannen?

I det första förhöret från dagen efter mordet nämns ingenting om aktiviteterna vid den liggande mannen, vilket är underligt i sig. Det är ju inte helt oviktigt att Sture var en av dem som arbetade vid kroppen direkt efter skotten, och knappast något man skulle smyga med. Men knappt två veckor senare förhörs Sture på nytt, och vi kastar oss in i protokollet just när han kommit fram till mordplatsen. Där kan vi läsa mer om vad som hände på platsen.

> Där såg han en person liggande på rygg med fötterna åt Stures håll och huvudet mot det hållet där den lilla T-banenedgången till Hötorget är beläget. Stures första tanke var att den liggande personen var en sådan som man brukar kunna se liggande efter spritförtäring men så såg han blod

> som började rinna utmed trottoaren så var hans
> nästa tanke att ett par knarkligor höll på att
> utrota varandra. Det gick inte att se vem den
> liggande personen var. Det var två unga flickor
> först framme och Sture stannade upp och såg en
> dam på knä och liksom vädjade med både blick och
> ropade på ambulans så beslutade Sture sig för att
> ta nattbussen i stället för T-banan och började
> hjälpa till.
> Sture är dels gift med en sjuksköterska och dels
> utbildad i viss mån i första hjälpen, kursen som
> Röda Korset gett. Sture tänkte först på andnings-
> vägarna och att inte förvärra en skada genom att
> göra för mycket. Hela munnen var alldeles fylld
> med blod så att man inte kunde se tänderna och
> det kom ganska kraftigt blodflöde ur näsan, var-
> för sidoläge föreföll det enda Sture kunde tänka
> sig i form av hjälp att själv ge sig på.

Här ser vi igen att mannen ligger på rygg, och därefter vänds i framstupa sidoläge. Sture säger att det är två flickor först framme, vilket bör vara Anna H och Karin J. Stefan nämns inte alls i detta förhör.

Det här verkar mer än lovligt rörigt. Har Olof först hamnat på mage, därefter omedelbart vänts på rygg av den enda möjliga personen på platsen, Lisbet, därefter vänts i framstupa sidoläge av Sture, och därefter vänts på rygg igen av Anna? Kanske var det så, men den typen av aktivitet borde ha avspeglat sig i någon form av uppmärksamhet. Och inget vittne verkar kunna ge hela bilden.

Ju mer vi gräver i det här, ju mindre verkar det som om vi vet. Framförallt är det Sture E som framstår som betydligt mer aktiv än vad övriga vittnen uppger. Han kommer fram mycket tidigt till mordplatsen och hjälper där till med att vända på Olof. Varken Anna H eller Stefan G nämner detta. Han har ett samtal med Lisbet som verkar tacksam för all hjälp hon får. Det strider helt mot vad som uppges av Anna H, som i stället en timme efter mordet påstår att Lisbet knuffade undan henne. Sture pekar sedan ut riktningen till polisen som springer iväg direkt, vilket motsägs av Hans J's berättelse. Efter att de har sprungit iväg löper han efter dem utan att hinna ifatt dem. Denna språngmarsch in i gränden finns det i övriga ögonvittnens berättelser inga uppgifter alls om.

Polisen genomför i april och maj ett antal förnyade förhör. Stefan G förhörs den 13 maj. Han frågas i tur och ordning om vem han har sett på platsen. Stefan är helt säker på att han inte har sett Sture E, varken på mordplatsen eller i närheten av mordoffret och inte heller att Sture har varit i samtal med Lisbet Palme. Han pekar däremot utan några svårigheter ut Karin J och Anna H.

Lena B var ett av de första ögonvittnena på plats. Hon förhörs den 16 maj och får då en direkt fråga från förhörsledaren om hon bland dem som fanns på platsen efter mordet sett en medelålders man klädd i keps, mörk rock och glasögon. Någon sådan man har Lena inte sett. Det är enkelt att förstå att den person polisen frågar efter är Sture E, han var nämligen klädd precis så.

I ett förhör från 27 april läser vi vad Leif L har att berätta om saken.

> *Förhörsledaren: Lade du märke till någon man klädd i mörkblå rock, keps och glasögon som tydligen var omedelbart i närheten av den här platsen när skotten föll och som sen stannade kvar tills polismännen kom till platsen, en man i 40-50-årsåldern?*

Leif L: Ja, det där är man ju influerad av vad man har hört och sett i massmedia.

F: Mm.

L: Där har man ju egna teorier. Jag vet inte om jag har sett honom på platsen, men i och med att man har teorier om vad som har hänt med hans beteende va, om det är rätt att uppge det i det här sammanhanget det vet jag inte.

F: Men det är inget spontant att du minns den mannen?

L: Nää, man fäste inte så mycket uppmärksamhet just på personerna som var på platsen. Det gjorde jag faktiskt inte. Man vart ganska upprörd själv måste jag säga. Ja, det är klart man vart så här också, det måste hända nånting va.

F: Mm.

L: Men jag kan inte minnas att jag sett honom. En man vet jag som hade glasögon, men han hade ingen keps eller nånting annat. Ja, jag vet inte om det kan vara han. När jag satt i bilen och ringde, då kom det en man och frågade mig har ni biltelefon. Och han hade visserligen glasögon, men om han hade keps det vet jag inte.

Några förklaringar om vad Leif menar kan vara på sin plats. För det första:

Mannen som kom och frågade om biltelefon är Jan-Åke S, personen som parkerade framför Leif L och sedan gick bort till polisbefälet Gösta Söderström och anvisade flyktvägen. I Jan-Åkes förhör återges samma historia. Han går fram och kollar med personerna i Chevan, där alltså Leif L sitter, om de har biltelefon. Det är alltså inte Sture E som pratar med Leif L.

För det andra:

När Leif säger "Ja, det där är man ju influerad av vad man har hört och sett i massmedia" så refererar han till ett TV-reportage som sändes i april 1986. Detta reportage ska vi komma tillbaka till senare.

Den här Sture utvecklar sig mer och mer till ett mysterium. Han kan uppenbarligen inte ha haft den roll han själv ikläder sig när han pratar med polisen.

Under 1995 gav Kari och Pertti Poutiainen ut sin 882 sidor tjocka bok "Inuti labyrinten" om Palmemordet. Den har under många år betraktats som ett referensverk när det gäller vad som hände innan mordet, och dygnen som följer. De dissekerar detalj efter detalj och överträffar i vissa stycken samtliga de tre kommissioner som tillsattes efter mordet. Av de 882 sidorna ägnar de till skillnad mot många andra vittnen försvinnande lite uppmärksamhet åt Sture. I hela boken finns endast en enda kort notering där Sture, eller "Skandiamannen" som bröderna Poutiainen kallar honom, överhuvudtaget nämns och då bara med en fotnot. Det gäller Stures uppfattning om Lisbets agerande. Fotnoten refererar till en uppgift om att samtliga vittnen anser att Lisbet uppträdde hysterisk.

> Det finns ett undantag, det är den så kallade Skandia-mannen. Han har sagt att han inte uppfattade Lisbet som hysterisk. Polisen har dock hela tiden uppfattat honom som ett vittne med mycket låg trovärdighet. Holmér kallade honom för "elefant". Efter att själv ha talat med honom kan vi konstatera att vi delar Holmérs bedömning till fullo. Skandiamannen kom nämligen med flera uppenbart oriktiga uppgifter.

Till saken hör att bröderna Poutiainen inte hyste något större förtroende för polisen och dess verksamhet, men den här frågan var de uppenbarligen överens om.

Lars Borgnäs gav 2006 ut den boken "En iskall vind drog genom Sverige" som omfattar 512 sidor. Borgnäs gör en mycket bra och omfattande beskrivning av mordet på Olof Palme, och går igenom många aspekter av utredningen. Han ägnar dock inte en enda bokstav åt Sture E.

Gunnar Wall har gett ut ett antal böcker om Palmemordet, och 2015 kom "Konspiration Palme" ut. Det är en 398 sidor lång genomgång av händelserna runt mordplatsen och Wall är i sin bok mycket nitisk och noggrann när han genomför sina analyser om vad som utspelade sig på Sveavägen i slutet av februari 1986. Inte heller Wall nämner Sture E med ett enda ord.

Så kan vi fortsätta. Holmérs bok: Ingenting. Granskningskommissionens utredning: Två meningar av totalt 1005 sidor.

Det finns några enstaka undantag där Sture nämns i böcker och övrig media och där han dessutom fått en framträdande roll. De är få, men vi ska återkomma till dem.

Det förefaller alltså som om polisen i ett tidigt skede bestämde sig för att Sture inte lämnade en berättelse värd att ta på allvar. Han klampade på som en elefant i utredningen och närmast kämpade sig in i den. Var han en lögnare? Mytoman? Ville han ta chansen att spela hjälte i något som han egentligen inte ens var i närheten av? Och vad var i så fall hans drivkraft till det?

Hans Ölvebro, ansvarig för Palmeutredningen under rättegångarna mot Christer P, fick någon gång frågan om alla Walkie Talkie-observationer som gjorts runt mordplatsen och i Gamla Stan. Han påstod att skälet till att så många vittnen hört av sig och sett just Walkie Talkies var, att polisen i media gått ut med efterlysningar om att de var intresserade av just sådana observationer vilket allmänheten då naturligtvis rapporterade in i mängder. Han tvivlade med andra ord på att det var korrekta vittnesmål. Han förtydligade med att säga att om polisen i stället frågat om någon sett en person med en bandyklubba i handen så hade det strömmat in tips om att just det. Hans Ölvebros cyniska uppfattning om värdet i allmänhetens tips får naturligtvis stå för honom, men hans erfarenhet kanske talade om för honom att det var så det var.

Kanske var Sture en sådan person. Han stämplade ut från sitt jobb på Skandia, passerade mordplatsen och missade dramat med någon minut och kokade sedan ihop en historia där han spelade en framträdande roll i händelserna på Sveavägen, i akt och mening att framstå som någon form av handlingskraftig hjälte. Vem vet, han kanske hade ett innehållslöst liv och såg detta som sin chans att få en stund i rampljuset?

Låt oss öppna upp de trettio år gamla arkiven och damma av Stures förhör.

Stures förhör

Sture har såvitt känt förhörts fyra gånger av polisen, varav dokumentation finns att tillgå från samtliga. Han är dessutom hörd av domstolen i rättegången mot Christer P. Det finns tecken på att Sture har förhörts ytterligare gånger, men dessa förhör är inte tillgängliga via de allmänt tillgängliga handlingarna, som åklagarna skickade in till tingsrätten inför åtalet mot Christer P.

Första gången Sture pratade med polisen var enligt hans egna uppgifter på mordnatten. Det finns ingen känd skriftlig dokumentation om detta samtal på mordplatsen. Om det är hemligt på grund av förundersökningssekretessen, om det aldrig tecknades ner, eller om det rent av beror på att ett sådant samtal helt enkelt inte hållits, vet vi inte. Första dokumenterade förhöret hölls vid lunchtid dagen efter själva mordet. Det är inget förhör i egentlig mening men låt oss ändå, för enkelhetens skull, kalla det för det. Tidpunkten är 12:20, således strax efter första presskonferensen som hölls 1200. Bakgrunden till förhöret torde vara att Sture självmant ringer polisens tipstelefon.

Normalt sett brukar man säga att de första uppgifterna är de som bäst överensstämmer med sanningen, och att säkerheten i iakttagelserna och minnet därefter bleknar med tiden. I fallet med Sture verkar det faktiskt vara tvärt om. Stures förhör blir alltmer omfattande och detaljrika allt eftersom tiden går.

Första förhöret

Det första dokumenterade förhöret är kort, och återges här i sin helhet. Ali Lindholm på polisen tar emot följande uppgifter vid samtal klockan 12:20 dagen efter mordet:

> E hade slutat arbetet för kvällen och hade just kommit ut på gatan, när han hörde, vad han först uppfattade som, en avgassmäll. Han såg dock snart att någon låg på marken och även att det var folk omkring denne. När han passerade gränden vid Tunnelgatan, tittade han dit in. Han säger att det stod arbetsbodar där och att väggen till det s.k. Kulturhuset var upplyst. Mot denna vägg, såg han en man i 20-årsåldern, iklädd mörkblå täckjacka. När han kom fram till Palme, sade Lisbet Palme att gärningsmannen hade mörkblå täckjacka. E sprang då efter de poliser han sett springa in i gränden, utan att hinna ifatt dem. Han återvände därefter gående.
> Han tror att det signalement, som har lämnats på en man i mörk rock, kan gälla honom själv. E åker på vintersemester imorgon bitti och finns då på tfn 0253-160xx.
> Han var själv iklädd mörk rock och keps. Han til--lägger att han inte har någon klar bild av mannen vid väggen och att hans bedömning av åldern, grundar sig närmast på mannens kroppsbyggnad och hållning.

Sture var inte först på platsen, utan såg att det var folk omkring den liggande mannen. Detta är en uppgift som varierar en aning i olika sammanhang, och fram till rättegången förekommer olika versioner. I rätten anger Sture att han inte vet om han kom först eller inte. Övriga vittnesmål, främst Anna H, anger att ingen annan än Olof och Lisbeth fanns på plats när Anna H och Stefan G som första personer kom till platsen. Denna uppgift är oförenligt med Stures egna uppgifter om sitt rörelsemönster efter skotten.

I detta första förhör finns heller ingen anteckning om Stures roll vid vändandet av Olof. Detta vore förvisso en ganska viktig uppgift att ange vid ett första telefonsamtal till polisen, men vi ska komma ihåg att referatet är väldigt kort och att just den uppgiften kan ha fallit bort, antingen direkt ur Stures berättelse eller när den tecknades ner av polismannen.

Två olika uppgifter bör ha fått Ali Lindholm att höja en aning på ögonbrynen när han pratade med Sture. Den första är att Sture påstår att det signalement som har lämnats på en man i mörk rock kan gälla honom själv. Det får man anta är ett ganska ovanligt påstående från ett vittne i en mordutredning, inte minst som signalementsuppgifterna vid den här tidpunkten var otydliga och polisen egentligen bara hade kommunicerat ut att mördaren antingen hade blå täckjacka eller en mörk rock. Och att han kanske bar keps.

Den andra uppgiften är att Sture sprang in i gränden i sin jakt på poliserna och att det är just därför som hans signalement förväxlats med mördarens.

Sture har vidare sett en person som står i gränden och som har ett signalement som stämmer med vad Lisbet sagt om mördaren. Vi vet nu att personen som avses är Lars J, mannen som följde efter mördaren. När skotten föll på Sveavägen fanns Lars, från mordplatsen sett, till höger om byggbarackerna i den trånga och mörka korridoren 60 meter in i gränden mellan husväggen och barackerna.

Här har vi alltså en person som varit högst aktiv på plats och agerat på ett sådant sätt att övriga vittnen blandat ihop honom med gärningsmannen. Man får förmoda att polisen sorterade in noteringarna från samtalet med Sture ganska högt upp i högen med uppslag som fann sin väg in i Palmerummet i polishuset på kvällen den första mars.

En annan uppgift värd att notera, är att kronologin är något annorlunda jämfört med kommande förhör. I denna version kommer Sture fram till mordplatsen, ser Lars J och börjar därefter prata med Lisbet Palme. I senare förhör är kronologin att han först knäböjer vid Olof och därefter tittar upp. Det låter kanske som en obskyr detalj och vi kan inte med säkerhet säga att det är Sture som ändrar kronologin. Ändringen kan mycket väl vara en effekt av en stressad polisman som skriver ner uppgifter felaktigt. Men låt oss i alla fall lägga det på minnet.

Stures heroiska sprintande in i gränden måste också kommenteras. Sture springer efter polisen i ett läge där det, som vi ska se, finns minst tre, kanske fyra poliser kvar på platsen. Det är Gösta Söderström, den polisman som var högsta yttre befäl i City den natten, och hans chaufför, Ingvar W, som kom som första polisbil till Sveavägen. Dessutom fanns befälet i piketen kvar på platsen, polisinspektör Kjell Östling. Även Claes G, en av poliserna i piketen, fanns kvar en stund vid Olof Palme innan han också begav sig iväg efter mördaren. Han dröjde sig kvar så länge att ambulansen hann komma innan han började springa efter sina kolleger. Det fanns vid tillfället för Stures utflykt alltså sannolikt fyra poliser på platsen, var och en utrustade med radio. Även poliserna som initialt sprang efter mördaren var utrustade med radio. De hade ständiga kommunikationer mellan sig under tiden som förföljandet skedde, bland annat för att ropa ut signalement som framkom på platsen. Så snart Gösta Söderström uppfattade något som kunde vara av intresse för de förföljande poliserna tog han mikrofonen på sin bärbara radio och meddelade vad han fått reda på. Uppgifterna nådde poliserna omedelbart.

Det förefaller egendomligt att Sture, som i detta läge alltså kommer på att det finns ett signalement som inte lämnats till polisen, i stället för att prata med någon av de fyra radioutrustade polismännen på platsen, bestämmer sig för att strunta i dem och i stället försöka springa in i gränden efter polismännen, som nu har ca 30 sekunders försprång.

Poliserna som sprang efter mannen i gränden är utrustade med uniformer, kängor, vapen och radio. Sture är å sin sida utrustad med knälång rock, lågskor och keps. Det förefaller för en utomstående betraktare som fullständigt oförklarligt hur någon i den situationen skulle välja att själv springa efter poliserna, i stället för att bara lämna uppgiften till någon av de poliser som befolkade platsen, och som sedan via radion lätt hade kunnat delge de förföljande kollegerna signalementet.

Fyra poliser och två bilar med tillhörande blåljus, radiosprakande och utrop av direktiv över etern på en sådan begränsad plats måste för en civil person i det närmaste framstå som ett hav av polisnärvaro. Stures språngmarsch in i gränden ter sig i det sammanhanget obegripligt och måste betraktas med skepsis, inte minst eftersom ingen annan uppger sig ha observerat den.

Efter det här förhöret åkte Sture på semester med sin fru. Han var borta i en vecka och under den tiden togs inte någon kontakt från endera sidan.

Andra förhöret

Förhöret hålls av Håkan Ström via telefon den 10'e mars klockan 09:52, efter att Sture kommit tillbaka från sin semester, och protokollförs i form av ett referat. Även detta förhör är relativt kort. Det återges nedan i sin helhet.

```
Fredagen den 28/2 1986 kl 23.19 stämplade E ut
från sin arbetsplats på Skandia, Sveavägen 44. Vid
senare kontroll med fröken Ur har det konstaterats
att stämpeluret gick 1 minut för sakta. Rätt tid
```

skall således vara 23.20. När E lämnade Skandia var han klädd enligt följande:
Svart vinterrock, vilken når strax nedanför knäna. Rocken var knäppt. Mörkgrå melerad keps utan öronlappar eller knäppe på skärmen. Mellangrå byxor. E bar en handledsväska, vilken var mörkbrun till färgen. Stålbågade glasögon med stålkant upptill och endast glas nedtill, "Glenn Miller-liknande". E är 52 år gammal 182 cm lång, väger drygt 80 kg samt har cendré hårfärg.
E lämnade Skandiahuset, vilket ligger mellan Tunnelgatan och Adolf Fredriks Kyrkogata, på Sveavägens östra sida. Han gick i riktning mot Tunnelgatan. E gick med raska steg, nästan halvspringande, enär han hade bråttom till tunnelbanan.
När E var ca 20 meter från korsningen vid Tunnelgatan hör han en smäll. Han reagerar inte särskilt för detta, utan tolkar det som en smällare eller avgasknall. Ljudet tolkar han såsom kommandes framifrån. E brydde sig dock ej om att söka lokalisera varifrån ljudet kom.
När E, ca 5-6 sekunder senare, kom fram till korsningen Tunnelgatan Sveavägen uppmärksammade han en man som låg på gatan. E tänkte först att det var någon ur "A-laget". På huk bredvid mannen var en äldre kvinna, vilken senare visade sig vara Lisbeth Palme. Vidare en ung kvinna och en ung man. Olof Palme låg på gatan med huvudet i riktning mot Kungsgatan. Det gick inte att känna igen honom. Munnen var full med blod. Ur näsan rann det kraftigt med blod. Palme vändes till framstupa sidoläge. E började samtala med Lisbeth Palme. Hon var upphetsad, men stundtals sansad. Hon ropade efter ambulans ett par gånger i minuten.
Sedan Palme vänts i framstupa sidoläge, frågar E, åt vilket håll sprang mannen? E trodde att personen på gatan hade skjutits genom munnen. Han sammankopplade nu smällen han hört med mannen på gatan. Som svar på E's fråga, pekade Lisbeth Palme i riktning mot tunneln i Tunnelgatan. E frågade vidare: Hur var han klädd? "Mörkblå täckjacka", svarade Lisbeth Palme. E tittade i den riktning Lisbeth Palme pekat. På Tunnelgatan håller man på att bygga om ett hus. Där står byggnadsbaracker i tredubbel höjd staplade. Belysningen är dålig. Det enda ljus som lyser är på ett kulturhus Luntmakargatan 14. Vid detta kulturhus står en man, som E endast kan uppfatta i silhuett. Mannen står blick

> stilla. I konturen ser det ut som om mannen har
> täckjacka. Åldersmässigt som en ung man ca 20-25
> år gammal. E släpper mannen med blicken för en
> stund. När han sedan tittar åt mannens håll är
> denne borta.
> E ser aldrig någon man springa bort efter Tunnel-
> gatan, från mordplatsen. Ej heller ser han någon
> som skulle springa efter en flyende. E beräknar
> att han tittade in mot Tunnelgatan 15-20 sekunder,
> efter det att han hört skottet.
> Efter 3-4 minuter anlände den första polisbilen.
> Nästan omedelbart därefter kom en piketpolisbil,
> med ett antal poliser. Poliserna kom springande
> och ropade: "Åt vilket håll?" E pekade då i den
> riktning som Lisbeth hade visat honom. När poli-
> serna hunnit en bit bort, kommer E på att han
> borde nämnt något om den blå täckjackan.
> E börjar springa efter polismännen, för att åt-
> minstone hinna fatt någon av dem och berätta om
> täckjackan. När E kommit till korsningen Tunnelga-
> tan-Luntmakargatan, har polismännen sprungit så
> fort, så E inte ser någon av dem. E fortsatte inte
> längre än till denna korsning. Han återvände där-
> efter till Sveavägen.
> När E kommer ner på Sveavägen står en person och
> beskriver klädseln, på den förmodade gärningsman-
> nen, för en polisman. E hör att det är hans kläd-
> sel som beskrives. E hör hur hans keps och stålbå-
> gade glasögon, rock, omtalas. Ingen reagerar dock
> för honom. Den person som för polismannen beskrev
> E klädsel, hade inte varit på platsen i inled-
> ningsskedet. Fler poliser samt ambulans hade an-
> länt. De bar just in Olof Palme i ambulansen. E
> frågade en polis, om denne ville ha hans namn. Po-
> lisen ansåg dock ej detta nödvändigt.
> E återvände därefter till Skandiahuset.

I det första förhöret nämns inte tiden för utstämpling alls, men det behöver inte betyda att Sture inte nämnde det för polisen, det kan helt enkelt vara så att polisen inte fann det mödan värt att teckna ner. Hursomhelst har nu Sture bestämt sig för att inte bara engagera sig i att kontrollera sin utstämplingstid, han har dessutom satt igång någon form av undersökning för att ta reda på om klockan går rätt.

För att förstå varför Sture lägger sådan möda och uppmärksamhet vid när han har stämplat ut, måste man först veta att mordet inträffade 23:21:20, plus eller minus runt 10 sekunder. Denna tid har fastlagts av polisen relativt tidigt i utredningen och baserar sig bland annat på när larmet först kom in via ett av ögonvittnena. Tidpunkten för mordet har egentligen aldrig varit föremål för någon större diskussion och det kan idag anses klarlagt att denna tidpunkt är den riktiga.

Låt oss anta hypotesen att stämpelklockan egentligen gick rätt, så att utstämplingstiden 23:19 som stått på stämpelkortet också var den verkliga. Då betyder det att Sture stämplade ut någon gång mellan 23:19:00 och 23:19:59. Om vi tänker oss ett scenario där Sture stämplade ut tidigaste möjliga tid, 23:19:00 och mordet inträffade senast möjliga tid, 23:21:30, och lägger till ca 40 sekunder för att ta sig de 60 meterna från Sveavägen 44 till mordplatsen, så måste Sture ha varit på platsen en minut och 50 sekunder innan mordet.

Det väcker ju funderingar.

Om vi i stället använder den minsta tänkbara tiden, 23:19:59 till mordet vid 23:21:10, och lägger till samma 40 sekunder för promenaden, så är Sture fortfarande 30 sekunder för tidig. Det går inte riktigt ihop.

Men Sture hittar felet i stämpelklockan. Detta fel gör nu att allt hamnar på plats. Det faktum att Sture inte bara har brytt sig om att kontrollera när han stämplade ut via stämpelklockan, utan dessutom har bemödat sig med att kontrollera om klockan visar rätt jämfört med Fröken Ur, pekar på ett stort engagemang. Inte många andra ägnar så stort intresse för att på eget initiativ lämna uppgifter i polisförhör. De flesta vi stöter på i den här utredningen, är med något undantag måttligt intresserade att bedriva egna undersökningar.

Vi återkommer senare till Skandias stämpelklocka, så låt oss lämna den diskussionen just nu.

Sture nämner också sitt signalement, vilket med undantag av glasögonen stämmer väldigt bra med det som man rimligen kan anse att mördaren hade. Handledsväskan nämns inte av något ögonvittne till själva mordet. Strax efter mordet möter dock Yvonne N en springande man, som vi på goda grunder kan anse vara mördaren, uppe på David Bagares gata. Mannen håller i en handledsväska.

Vi noterar också att Sture är det enda vittne som hävdar att bara ett skott har avlossats. Detta trots att Sture, förutom Anders B, är det promenerande vittne som varit närmast själva mordet. Sture har alltså stått 20 meter ifrån en person som avlossar två skott med en .357 Magnum. Trots detta hör Sture bara ett skott.

Sture nämner för övrigt ingenting om Anders B, trots att denne borde ha funnits i hans omedelbara närhet. När Anders såg skotten hoppade han snabbt in i Dekorimas port för att skydda sig mot eventuell beskjutning. Detta borde väl ha varit näst intill omöjligt att missa? Inte heller såg han Palme ramla ihop på trottoaren vilket ter sig förvånande från den positionen, särskilt efter avlossandet av två skott.

Referensen till att paret tillhör "A-laget", det vill säga alkoholister, är också svårförståelig. Ytterligare något vittne har refererat till den liggande mannen som "fyllo" men då har det gjorts ifrån en bil och utan bra uppsikt. Nu kommer denna kommentar från en man som har kommit fram till platsen och kan se personen och hans klädsel och sällskap på nära håll. Paret Palme var sannerligen inga modelejon, men att förväxla dem med personer ur "A-laget" är inte något som ligger gemene man nära till hands. Lisbet och Olof var tämligen välklädda vid tillfället, i Olofs fall med både kavaj och slips som utstyrsel.

Vi minns de tidigare uppgifterna om att promenaden fram till Palme tog 5-6 sekunder. Följande har alltså hänt enligt Sture: Han befinner sig på språng 20 meter från mordplatsen. Han hör skottet. Han småspringer fram till mordplatsen. Tidsåtgången är ca 5-6 sekunder. Kombinerar vi detta med övriga uppgifter vi känner till om förhållandet på platsen, blir historien svår att få ihop av den enkla anledningen att mördaren dröjde sig kvar på platsen några sekunder efter skotten. Han tar sig tid att hölstra vapnet, han går ett par steg (Inge M säger att han går runt paret) och till sist bestämmer han sig för att lämna platsen – först gående, sedan springande. Om det bara tar mördaren fem sekunder att göra allt detta, finns Sture alltså på plats i samma sekund som mördaren kliver iväg. Hur kan Sture då undgå att se mördaren? Även om denna sekundexercis kan variera några sekunder hit eller dit, är det ändå så att någon dessutom måste hinna före Sture till mordplatsen. Det två personerna som Sture pratar om, Anna H och Stefan G, kom visserligen fort fram till platsen, men knappast så fort som fem sekunder efter skotten. Då satt sannolikt Anna H fortfarande kvar i bilen, och Stefan G var fortfarande passagerare i taxin som först skulle utföra sin taxisväng. Men i Stures version fanns de på plats redan innan 5-6 sekunder gått. Och mördaren hade redan försvunnit ur Stures åsyn.

Sture säger sig också samtala med Lisbeth Palme efter att Olof vänts i framstupa sidoläge. Hon ska ha varit upphetsad men stundtals sansad. Det är, som vi tidigare konstaterat, en uppgift som inte har stöd i övriga vittnens uppfattning. I rätten mer än två år senare, står Sture fast vid sin uppfattning: "Det gick att hålla ett samtal med Lisbet".

Sture, som inte sett någon gärningsman och inte vet vad som har hänt, öppnar märkligt nog samtalet med Lisbet genom att fråga: "Åt vilket håll sprang mannen?"

Vi tar det igen. Sture har alltså hört vad han tror är en avgasknall. Sen kommer han fram till en man som han tror är en avsomnad alkoholist. Han noterar att denne "a-lagare" blöder ur munnen. Och den första frågan han då ställer till kvinnan på platsen är: "Åt vilket håll sprang mannen?"

Hur vet han att det överhuvudtaget fanns en man på platsen och att denne därefter avvek? Sture har ju själv inte sett någon man på platsen. Han kan följaktligen inte ha sett att någon har avvikit. Han vet enligt egen utsago inte heller att det har avlossats ett skott. Baserat på iakttagelsen att det på gatan ligger en alkoholist som blöder ur munnen och att han hörde en avgasknall, gör Sture antagandet att en man har skjutit någon genom munnen och därefter har avvikit från platsen. Det låter verkligen egendomligt.

Mannen som Sture ser borta vid Luntmakargatan måste vara Lars J. Sture kan se en silhuett och kan urskilja att mannen bär en täckjacka, samt att han är 20-25 år gammal. Sture pekar i senare förhör ut just Lars J som mannen vid Luntmakargatan. Lars stod dock inte placerad vid Luntmakargatan förrän just innan han sprang upp för trapporna, vilket var en stund efter att mannen försvunnit uppe på krönet, och han stod heller aldrig vid just nummer 14. Innan han sprang upp för trappan stod han på höger sida om byggbarackerna och var i princip omöjlig att se i det mörker som fanns på den platsen. Hans J, som ser mördarens hela flykt ända till trapporna, ser ingen person alls vid Luntmakargatan.

Stures språngmarsch in i gränden efter poliserna är ett annat intressant ämne. Har den verkligen ägt rum? Låt oss se vad vi vet om vad som hände borta vid Luntmakargatan. Vi vet att poliserna dröjde sig kvar en stund på området nedanför trappan innan de gav sig iväg uppför den. Poliserna tryckte bland annat ner hissen och kollade in i språng. Dessutom mötte de i de nedre delarna av trappan Yvonne N med sällskap, och de kan eventuellt ha pratat med henne en stund där, även om den uppgiften är något osäker.

Står man vid korsningen mellan Tunnelgatan och Luntmakargatan några sekunder efter att poliserna har passerat där, framstår det som helt omöjligt att inte se dem vid trappbasen, där de är upptagna med att kontrollera hissen, titta in i språng och prata med Yvonne och hennes sällskap.

Kanske hade polisen kommit ända uppför trapporna när Sture kom fram till Luntmakargatan, vilket i så fall skulle förklara att han inte kunde se dem nere vid trappornas bas. Men i så fall borde han i vilket fall både kunna se och höra dem uppe på trappkrönet där de alla fyra stannade och pratade med den polispatrull som anslöt två minuter efter mordet.

Sture borde dessutom ha mött Yvonne med sitt sällskap Ahmed Z och i princip ha varit tvungen att mer eller mindre runda dem för att kunna komma förbi dem i den trånga passagen. Men varken Yvonne, Ahmed eller Sture nämner någonting alls om detta. Utöver detta kan vi också dra oss till minnes att inget vittne säger sig ha observerat någon som förföljde poliserna. Stures berättelse om språngmarschen verkar inte få något stöd i vare sig faktiska förhållanden eller i övriga vittnens berättelser.

Vi måste alltså överväga möjligheten att språngmarschen aldrig har inträffat.

När han kommer tillbaka till mordplatsen efter sin språngmarsch, hör Sture hur hans klädsel beskrivs för polisen. Det gäller hans keps, stålbågade glasögon och rock. Detta verkar inte heller kunna stämma. Såvitt känt har nämligen inget mordplatsvittne beskrivit några stålbågade glasögon. Uppgiften förekommer visserligen i samband med observationer vid biografen Grand, där vittnen uppger att en mystisk man som tycks ha följt efter paret Palme, bar stålbågade glasögon. Även ett vittne på Gamla Stans tunnelbaneperrong har uppgett att en person med stålbågade glasögon uppträtt mystiskt i samband med paret Palmes färd mot biografen. Intressant nog anger detta vittne att glasögonen var "Glenn Miller-liknande", just så som Sture refererar till sina egna glasögon i detta förhör. Ingen av dessa vittnen befann sig dock på mordplatsen strax efter mordet. Det är helt enkelt inte möjligt, att något vittne vid mordplatsen skulle ha angett för polisen att mördaren bar glasögon. Inget vittne, möjligen med undantag av Lisbet, har sett mördarens ansikte så pass bra att man har kunnat avgöra huruvida mördaren bar glasögon eller ej, framförallt inte om de i så fall var stålbågade. Att vittnet i fråga inte är identiskt med Lisbet vet vi, eftersom hon hade lämnat platsen vid tidpunkten för den nu diskuterade händelsen. Lisbet hade dessutom inte någon uppfattning om huruvida mördaren bar glasögon eller inte.

Slutligen noterar vi tidpunkten för när Sture kommit tillbaka på mordplatsen, vilken alltså var samtidigt med att Olof lyftes in i ambulansen. Detta är viktigt, för vi kan med viss sannolikhet beräkna när det var. Låt oss återkomma till den detaljen, och vilken betydelse den har i sammanhanget.

Tredje förhöret

Nästa förhör hålls dagen efter förra förhöret. Till skillnad från tidigare tycks detta förhör ha hållits öga mot öga. Uppenbarligen har inte polisen ansett sig ha fått svar på alla sina frågor de hade till Sture. Även detta förhör är relativt kort och utgörs av ett referat. Det återges i sin helhet nedan. Förhöret äger rum klockan 13:30 den 11'e mars. L Borgström är förhörsledare.

```
E arbetade kvar på fredagskvällen för att hinna få
undan eftersom han skulle resa på vintersemester
("dagen efter" överstruket) veckan efter.
Han stämplade ut kl 2320 på stämpelklockan som
bara visar minuter. Han var på väg nästan små-
springande mot T-banenedgången vid Kungsgatan ef-
tersom den närmaste nedgången stänger redan kl
1900.
När E då var på väg Sveavägen söderut och var un-
gefär mittför en jättestor 3-sidig annonspelare i
höjd med Götabankens lilla kontor där på Sveavägen
```

så uppfattade E det som en vanlig smällare från en plats framför sig. Han uppskattar att han då befann sig ungefär 20 meter ifrån platsen där smällaren hördes vid hörnet Tunnelgatan - Sveavägen.
Eftersom E var på väg att ta sista T-banan hem och hade bråttom så höll han i skottögonblicket på att försöka se vad klockan var vilket var svårt eftersom han har en svart urtavla. Han gjorde ingen särskild notis om smällen på grund av att han höll på med klockan. Han såg inte upp förrän han hunnit fram till korsningen. Han tror att de ca 20 metrarna tog 5-6 sekunder för honom.
Där såg han en person liggande på rygg med fötterna åt E:s håll och huvudet mot det hållet där den lilla T-banenedgången till Hötorget är beläget.
E:s första tanke var att den liggande personen var en sådan som man brukar kunna se liggande efter spritförtäring men så såg han blod som började rinna utmed trottoaren så var hans nästa tanke att ett par knarkligor höll på att utrota varandra. Det gick inte att se vem den liggande personen var.
Det var två unga flickor först framme och E stannade upp och såg en dam på knä och liksom vädjade både med blick och ropade på ambulans så beslutade E sig för att ta nattbussen i stället för T-banan och började hjälpa till.
E är dels gift med en sjuksköterska och dels utbildad i viss mån i första hjälpen, kursen som Röda Korset gett. E tänkte först på andningsvägarna och att inte förvärra en skada genom att göra för mycket. Hela munnen var alldeles fylld med blod så att man inte kunde se tänderna och det kom ganska kraftigt blodflöde ur näsan, varför sidoläge föreföll det enda E kunde tänka sig i form av hjälp att själv ge sig på.
Inom uppskattningsvis 3 minuter kom först en vit polisbil och strax efter en piketbil med ett antal poliser som sprang ut och ropade "åt vilket håll".
E gav tecken och sade "bort mot tunneln" vilket han dessförinnan hört av damen som sedan visade sig vara Lisbet Palme.
"Däråt" sade E och en hel del polismän försvann åt det hållet. I bortre ändan utav Tunnelgatan finns byggnadsbaracker eftersom man håller på att bygga om ett hus runt hörnet på Luntmakargatan. Där är lampan borttagen så att det är mycket mörkt där

borta. Lampan har tydligen tagits bort med anledning av att barackerna skall få plats.
När E sade däråt och poliserna sprang iväg så började E själv springa efter poliserna för att tala om att det gällde en person med mörkblå täckjacka enligt Lisbet Palmes utsago.
När E kom bort i mörkret vid barackerna hade polismännen hunnit så långt så att han såg ingen av dom alls. E sprang så fort han kunde för att hinna upp poliserna.
När E därefter kom tillbaka till platsen för händelsen stod en person och lämnade uppgifter till en polis. E väntade på sin tur att tala och hörde hur uppgiftslämnaren lämnade signalementet på E som hade keps, mörk rock, stålbågade glasögon och handlovsväska. E talade härefter om detta för polismannen.
E har inte sett någon gärningsman med anledning av den inställning han hade enligt ovan beskrivet.
Det första han såg var en person liggande på rygg och en dam som ligger på knä med ryggen mot Sveavägen. Han tänkte inte på någon person på väg att avvika därifrån. Därefter såg han en vit taxibil med en person som stod kvar vid bilen.
När E befann sig framme på platsen och uppskattar det som 20 sekunder efter skottögonblicket fick höra en flyktväg Tunnelgatan bort så såg han längst bort vid den mörka platsen vid barackerna konturen av en som han uppfattade det en yngre man, med relativt smala byxor och något möjligen typ bulsig täckjacka, barhuvad och i 20-årsåldern. Han stod still 4-5-6 sekunder, väldigt blickstilla en bra stund och var borta när E hade tittat ner ett ögonblick. Denne stod då på Luntmakargatan uppskattningsvis enligt E kanske 50 meter som är kortsidan av huset. E tycker det var för lång tid efter smällen som mannen stod där om han skulle vara gärningsman och någon tagit upp förföljandet.
När E återkommit till platsen efter sin utflykt efter polismännen så hade ambulansen anlänt. Det bör då enligt E ha gått åtminstone 4 minuter. E var inte längre än till korsningen Luntmakargatan - Tunnelgatan där han stod och tittade åt olika håll. Vid E:s återkomst till platsen stod det c:a 10 personer som kommit till platsen. Den enda av dessa som E erinrar sig utseendet på är en person typ "Tompa-Jan" som stod och sade "är det Palme är

```
det Palme". Den personen lät inte särskilt nykter,
i övrigt 55-60 år, brett tvärt skägg.
På fråga om E såg någon person mellan sig och
platsen för skottet så svarar han nej och beroende
på att han tittade på sin klocka.
Förhöret avslutat 1350.
```

Här är historien om klockan som går fel borta. Kanske har han ändrat sig, eller också har han återigen berättat samma sak i detta förhör men utan att förhörsledaren tecknat ner den. Oavsett vilket hävdar Sture att han kom ut 23:20. Vi ser nu för första gången att han faktiskt småspringer till tunnelbanenedgången. Det har betydelse för den framtida tolkningen av Stures beteende på mordplatsen och är något som vi senare kommer att titta närmare på.

Nu vet vi för första gången den exakta platsen han befinner sig på när skotten avlossas: "ungefär mittför en jättestor tresidig annonspelare i höjd med Götabankens lilla kontor". Bara två till tre meter härifrån har vittnet Inge M gjort iakttagelser av en person som rör sig på ett likartat sätt som Sture. Dock med en avgörande skillnad: Inge M ser mördaren på denna plats innan mordet. Sture befinner sig alltså här under tiden som mordet begås.

```
Eftersom E var på väg att ta sista T-banan hem och
hade bråttom så höll han i skottögonblicket på att
försöka se vad klockan var vilket var svårt ef-
tersom han har en svart urtavla. Han gjorde ingen
särskild notis om smällen på grund av att han höll
på med klockan. Han såg inte upp förrän han hunnit
fram till korsningen. Han tror att de ca 20 met-
rarna tog 5-6 sekunder för honom.
```

Att Sture inte hör eller ser något av händelserna framför sig är kanske inte otänkbart men det är åtminstone svårbegripligt. Så här var alltså situationen: Sture småspringer. 20 meter framför honom avfyras två skott i snabb följd med en .357 Magnum. Lisbet skriker så pass högt att Lars Jeppsson, 50 meter in i gränden kan höra vad hon skriker. Folk på andra sidan gatan knappt 100 meter bort reagerar. Prova själv med att ställa dig 20 meter bort från ett par personer. Det är riktigt nära. Det finns ingenting emellan er. Tänk dig nu att någon skulle smälla av två skott med en .357 Magnum revolver – det smäller väldigt högt, och eldsflammorna är rejäla! Tänk dig också att en kvinna skriker rakt ut i ångest. Skulle du reagera? Vem som helst skulle nog i ett sådant läge åtminstone lyfta blicken.

Men inte Sture. Han fortsätter titta på klockan ända tills han i praktiken snubblar över paret. Berättelsen om hur Sture studerar sin klocka ändras alltefterom i senare versioner. Från den version som vi har sett hittills, där han kastat en blick på klockan under sin hastiga promenad till tunnelbanan, till att senare beskrivas som att han har stannat upp vid reklampelaren, gått in mot Götabankens skyltfönster och där stannat för att i skyltfönstrets sken kunna avläsa klockan. Men vi återkommer till det.

I detta förhör är det för övrigt två flickor som har varit först på platsen, vilket skiljer sig från förhöret som hölls bara dagen innan. Där säger Sture att det var en ung man och en ung kvinna.

```
E gav tecken och sade "bort mot tunneln" vilket
han dessförinnan hört av damen som sedan visade
sig vara Lisbet Palme.
"Däråt" sade E och en hel del polismän försvann åt
det hållet."
```

I senare sammanhang utvecklar Sture vad han menar med att "ge tecken" genom att ange att han reser sig upp och "i något militärisk stil" pekar in i gränden.

Även i detta förhör kan vi läsa om språngmarschen in i gränden på jakt efter poliserna. Det förefaller minst sagt märkligt att han inte skulle se poliserna ens i trappavsatsen. Han sprang kort efter att de sprungit iväg, i alla fall så pass kort tid att han måste ha gjort bedömningen att det skulle gå att hinna ifatt dem. Det kan således inte röra sig om många sekunder, annars skulle han troligen finna det utsiktslöst att kunna hinna ifatt dem och han hade därmed sannolikt avstått från att springa. Men poliserna är som uppslukade av marken, trots att vi nu vet att de spenderade en avsevärd tid både vid början av trappan och uppe på trappkrönet där de möter kommissariebil 1520 med Thomas E och Christian Dahlsgaard.

> När E därefter kom tillbaka till platsen för händelsen stod en person och lämnade uppgifter till en polis. E väntade på sin tur att tala och hörde hur uppgiftslämnaren lämnade signalementet på E som hade keps, mörk rock, stålbågade glasögon och handlovsväska. E talade härefter om detta för polismannen.

Nu är även handlovsväskan med, något som tidigare inte alls nämnts av Sture i något förhör. Det är ett faktum att inget ögonvittne har rapporterat att gärningsmannen har en handlovsväska, och helt omöjligt att någon skulle lämna sådana uppgifter till polisen i det skedet som Sture anger. Däremot har Yvonne N, vittnet på David Bagares gata, som enda vittne sett att den flyende gärningsmannen som hon mötte har en väska som han försöker ta upp eller lägga ner någonting i. Yvonne promenerar ner för tunnelgatans trappor, möter poliserna hastigt i trappan och kommer efter några minuter ner till mordplatsen. Rent teoretiskt så skulle den person Sture ser lämna polisen uppgifter om honom själv kunna vara Yvonne. Men Sture beskriver inte Yvonne. I senare förhör anger Sture att den person som lämnar signalementet "keps, mörk rock, stålbågade glasögon och handlovsväska" är en man. Det finns ingen nu känd man, eller för den delen någon kvinna, som har lämnat en sådan bild av gärningsmannen. Det finns dessutom ytterligare ett allvarligt problem med Stures vittnesmål.

Glasögonen.

Inget vittne på mordplatsen lämnar uppgifter om att mördaren skulle bära glasögon, stålbågade eller ej. Detta är en uppgift som kommer fram först efter att vittnen vid Grand anmält att det funnits en mystisk person utanför Grand som iklätt sig just stålbågade glasögon. Redan på mordnatten uppstår teorin att denna person var identisk med mördaren varför polisen i sin efterlysning av gärningsmannen anger att han var klädd i glasögon.

Sture bedömer vidare att han 20 sekunder efter skotten kan se Lars J i den mörka gränden. Kan det vara rimligt?

Vi vet att mördaren dröjde sig kvar några sekunder, låt oss räkna med marginal och anta att han var kvar på platsen i högst fem sekunder efter skotten, och därefter sprang in mot trappan. Säg att han sprang i ca 15 km/h, eller 4 meter per sekund. Det är en avsevärd hastighet på rådande underlag. Han har då på 15 sekunder kommit 60 meter bort och är då ganska exakt på den plats där Sture placerar Lars J. Man ska då komma ihåg att Lars J befann sig på andra sidan baracken, och stannade kvar där en stund innan han vågade sig fram till trapporna.

Då stämmer det dåligt med att Sture inte ser den flyende mördaren. Han påstår sig se Lars J – som i verkligheten står stilla i den mörka gränden mellan baracken och huset på höger sida – på den vänstra sidan av baracken. Däremot kan han inte se mördaren som springer med fladdrande rock på ungefär samma avstånd i korsningen Luntmakargatan-Tunnelgatan. Det stämmer helt enkelt inte.

Polisen var dock nöjd. Dessa tre förhör verkar ha varit allt som de behövde. Nu planerades inte några fler förhör. I allt väsentligt ansåg polisen att de hade fått all information de behövde och var troligtvis nöjda med Stures information.

Rekonstruktionen

Hans Holmér genomförde i början av april 1986 en serie rekonstruktioner. En rekonstruktion går till så att man så verklighetstroget som möjligt försöker återuppspela händelserna runt brottsplatsen, för att därigenom skaffa sig en bild av vad som egentligen hände. Detta är ett mycket bra verktyg, som kan ge värdefulla insikter. Om rekonstruktionen görs på samma tid och vid ungefär samma tid på året, kan man också bilda sig en uppfattning om ljusförhållanden och vad vittnen rimligen kan ha sett från deras respektive platser.

Polisen placerar alltså ut de vittnen som fanns på plats vid tiden för mordet på deras respektive position. Någon föreställer brottsoffer medan en figurant får ta på sig rollen som gärningsman.

Så spelas händelserna upp, respektive vittne får berätta om vad som hände och vad de såg och efter några "omtagningar" så har man förhoppningsvis fått en god förståelse för vad som hände. Så är i alla fall tanken.

Men polisen lyckades inte engagera det viktigaste vittnet, Lisbet Palme. Hon ville inte medverka och hennes skäl till det kan vi bara spekulera om.

Ett annat vittne som inte heller fanns på plats var Sture E. Att han inte fanns på plats berodde inte på honom. Polisen var helt enkelt inte intresserad av vad han sett eller gjort. Antingen ansåg de inte att han hade något att tillföra, eller så trodde de helt enkelt inte på hans historia. Sture hörde talas om rekonstruktionen och förvånades över att han inte blev kallad. I stället hörde han av sig till Sveriges Television och fick där kontakt med en reporter. SVT bestämde sig för att göra ett inslag om rekonstruktionen, och även intervjua Sture.

Inslaget sändes senare på kvällen efter rekonstruktionen och blev något av ett scoop. I inslaget ser vi hur Sture E kommer ut från Skandias entré och promenerar, närmast småspringer, trottoaren fram söderut på Sveavägen. Först nära huset, sedan närmare ut mot vägen.

Sture är iklädd sin långa svarta rock och keps som han också bar på mordnatten. Han har sina glasögon och en brunblå halsduk, men någon handledsväska syns inte. På fötterna har han vanliga lågskor. Under rocken kan man ana en vit skjorta med slips, och en kavaj. Byxorna är mörka och verkar vara aningen kortare än vad som skulle anses vara normalt enligt vad dåtidens mode dikterade.

Kepsen är nerdragen i nacken så till den grad att den förlorar sin normala, flata form och det bildas en liten kulle format efter huvudet.

Reportern berättar i inslaget:

> Skandia ligger på Sveavägen 50 meter från den plats där Olof Palme mördades. Tjugo över elva den 28 februari lämnade Sture E sin arbetsplats på Skandia för att hinna med den sista tunnelbanan hem.
> Han hade bråttom.

I höjd med annonspelaren kollade han sin klocka för att se om han skulle hinna med tunnelbanan. Samtidigt hörde han två smällar.

I inslaget ser vi hur Sture går gatan fram och strax innan pelaren tittar intresserat på sin klocka. Sture filmas nu bakifrån. Åter till inslaget där reportern berättar vidare:

> *Fem sekunder senare var han framme vid den skjutne mannen på gatan. Ingen av de tillskyndande såg att det var Olof Palme som låg där. Sture E hjälpte till med upplivningsförsök och när polisen så småningom kom till platsen pekade han åt det håll där han fått höra att mördaren försvunnit. Men han glömde att tala om att han också hört att den flyende mannen haft en blå täckjacka. Han sprang därför efter polisen för att meddela detta.*

I inslaget ser vi nu Sture E sätta av i högsta fart in i gränden. Han springer fort och ser sig inte om bakåt, utan rusar i ett enda svep gatan fram. Först fem steg med lägre hastighet, sedan ökar hastigheten och resten av sträckan springer han med ungefär samma höga hastighet. Han springer till vänster om baracken och fortsätter sedan fram till Luntmakargatan där han till sist försvinner ur kameravinkeln. Hela löpningen filmas av Sveriges Televisions kameramän och tar fram till Luntmakargatan ungefär 10 sekunder. Trots att den är knäppt slänger och sveper kappan runt hans kropp när han springer. Stilen är framåtlutad, och armarna svänger inte rakt fram och tillbaka längs sidorna, utan snarare i huvudsak framför kroppen. Undersidan av skorna skymtar i steget. De är ljusa.

> Men han misslyckades att få tag på polisen och
> återvände till mordplatsen. Där fick han till sin
> förvåning höra hur ett annat vittne till en polis
> gav ett signalement på mördaren som stämde överens med honom själv. Vittnet hade kanske sett
> Sture E springa från platsen och tagit honom för
> mördaren. E försökte påpeka förväxlingen för polismannen på platsen, men blev avvisad. Polismannen var inte intresserad.

Nu växlar bilden till Sture E. Han är tillbaka på mordplatsen utanför Dekorima. Han verkar andfådd, har tagit av sig kepsen, och han tittar omväxlande på reportern och ner mot Luntmakargatan. Hans rock syns nu tydligt. Den är av tjock kvalité och luden. Åter till inslaget:

> Sture: Nää, då visste ingen av oss att det var
> Olof Palme det gällde, så intresset hade inte
> hunnit skruvas upp. Så att ... dom var mer än nöjda
> med det vittnet dom redan hade tagit.
> Reportern: Polisen var inte intresserad av dig,
> det är det du säger?
> Sture: Nää, nää.
> Reportern: Trots att du ville påpeka att det var
> du själv som hade blivit beskriven som mördaren
> alldeles nyss?
> Sture: Jaa, men det var ointressant, det var ett
> ointresse hela tiden ända fram till att ambulansen strax efteråt kom och man fick veta vem personen var.

Ny scen. Nu befinner vi oss i vad som verkar vara Stures tjänsterum. Han sitter vid sitt skrivbord och läser tidningen från den 2'e mars. I tidningen som han håller i kan vi skymta en bild av Sture själv, alldeles bredvid en liten notis om polisens efterlysning av mördaren och hans signalement. Dagen efter mordet hade Sture gått upp till tidningsredaktionen och berättat att han såg hela händelsen på Sveavägen. De intervjuade honom och tog en bild av honom sittandes vid ett bord läsandes tidning. Det är den tidningen han håller nu i TV-inslaget.

Stures tjänsterum ser ut som vilket vanligt kontorsrum som helst. Skrivbordet är överbelamrat med papper och skrivmateriel och det finns burkar med pennor och annat som en grafiker vill ha nära till hands. Några pärmar står placerade på bordets ena sida. En tidningssamlare håller ett antal spretiga kompendier. Gardinerna är fördragna men något genomskinliga. Man kan ana huset på andra sidan gatan utanför fönstren. Reportern fortsätter:

> Dagen efter läste han om mordet i tidningen och tyckte se sig själv avbildad som mördaren. Polisens efterlysning i tidningen stämde i stora delar överens med hur han själv var klädd på kvällen. Keps, stålbågade glasögon, trekvartslång rock, keps. Han ringde polisen för att återigen försöka påpeka att det var en förväxling. Men utan resultat.
>
> Sture: Eh, jaa, man sa att det var intressant att höra men antagligen hade man inte tid att ta och göra någonting just då därför att det var ju många som ringde överhuvudtaget.

Nu klipps scenen till rörliga bilder från rekonstruktionen.

> Reportern: I går och idag genomförde polisen flera rekonstruktioner från mordet på Olof Palme. Hela kvarter spärrades av. Ett tiotal vittnen

från mordkvällen kallades in. Men Sture E, som var en av de absolut första på mordplatsen hade inte tillkallats. Själv tror han att han hade kunnat hjälpa polisen med ytterligare detaljer, han är utbildad reklamman och har ett mycket bra bildsinne. Idag känner han sig förbigången och besviken.

Sture: Jaa, när man säger att man håller på och lägga pussel, och man ska försöka och få bort bitar som inte hör till pusslet, så ska man ju i alla fall inte ta bort bitar som man vet hör till pusslet. Så att dom är väl kanske inte så duktiga på att lägga pussel kanske på polisen i så fall.

Efter att inslaget hade sänts på kvällen blev kvällstidningarna nerringda av upprörda tittare. Vad sysslar polisen med egentligen? Dagen efter publicerade Expressen två artiklar över en helsida om misstaget med förväxlingen av signalement på gärningsmannen. Ett foto på Sture E när han står på Luntmakargatan och pekar bort mot trapporna pryder artikeln. Fotot tar upp en kvarts sida, och visar Sture i helfigur. Han har samma kläder som i reportaget, fotot är uppenbarligen tagen på kvällen samma dag som inslaget spelades in och sändes. I handen har han sin handledsväska. I tidningen berättar Sture sin historia igen. Han arbetade över, stämplade ut 23:20 och kom ut på gatan. När han tittade på klockan small det. "Jag trodde det var en smällare", säger han. Efter tjugo meter kommer han fram, i artikeln framgår att det skedde samtidigt med Anna H och Stefan G. Han tittar upp och ser en person vid byggbarackerna.

Jag trodde det var mördaren berättar han. Men senare har jag förstått att det var vittnet Lars, som senare sprang efter mördaren.

Sture fortsätter att berätta om vad som hände. Polisen kom, Sture visade vägen med hela handen och skrek "han sprang däråt". Efter ett tag kommer han på att han glömde säga att Lisbet sagt att mördaren hade en mörkblå täckjacka, så han springer efter dem. Vid Luntmakargatan vänder han. Väl framme vid platsen ser han en yngling ge polisen Stures signalement. Dagen efter ringer han polisen.

> Sen hände inget förrän efter en vecka, berättar han. Då ringde kriminalpolisen fem gånger och ställde frågor. Sista gången sa polisen "Det är så svårt att få ut någonting av noteringarna som de som talat med dig tidigare gjort. Skulle vi inte kunna ta det från början?"
>
> Jag tycker polisen uppför sig som glada amatörer i den här allvarliga utredningen säger Sture E, som ännu inte kallats till någon rekonstruktion av mordet.

Den andra artikeln på samma uppslag fokuserar på polisens insats. Hans Holmérs talesman Leif Hallberg intervjuas.

> Expressen: Varför tog inte polisen upp Sture E's vittnesmål på mordplatsen? Där blev han ju avvisad?
>
> Leif Hallberg: Jag försökte få Rapport att korrigera sin information under sändningens gång, för den var vilseledande, klart missvisande.
>
> E: Ljuger Sture?
>
> L: Jag har inte läst hans vittnesmål så jag vill inte svara på den frågan överhuvudtaget. Jag utgår från att han inte gör det.
>
> E: Vad var det som var vilseledande?

L: De talade om att han var bortglömd av polisen. Den här mannen är hörd minst två gånger, och då tycker jag inte att man kan säga att han är bortglömd av Polisen. Vi vet vem han är, vi vet vad han haft att berätta, och om vi anser att vi behöver prata med honom fler gånger kommer vi naturligtvis inte att tveka att göra det.

...

E: En annan märklig fråga är att det tydligen gått ut fel signalement på gärningsmannen. Signalementet som kom ut stämde ganska väl på Sture.

L: Det har inte gått ut fel signalement.

E: Det signalement som gått ut på gärningsmannen stämmer alltså?

L: Det signalement som gått ut stämmer fortfarande, under samma förutsättningar som när vi skickade ut det.

E: Betyder det att gärningsmannen och Sture bar samma kläder, är av samma längd, och så vidare?

L: Det kan jag inte svara på, jag har inte sådan kännedom om detaljerna där att jag kan uttala mig om det.

Efter detta väcktes polisens intresse för Sture på nytt. Han kallas till ett nytt förhör.

Stures fjärde förhör

Det fjärde förhöret är betydligt längre, och hålls sex veckor efter de tidigare förhören och tre veckor efter inslaget i SVT och artikeln i Expressen. Trots att det är ett långt stycke text återges det här i sin helhet. Anledningen är att det nu är första gången vi på allvar får höra Sture ingående ge sina egna oförvanskade ord om händelserna på Sveavägen till polisen. Förhöret tecknas nämligen ner i ett protokoll där hela konversationen är ordagrant återgiven, och vi kan nu alltså själva se exakt hur Sture uttrycker sig.

Bakgrunden till förhöret kan vi inte veta men intervjun i TV och hans medverkan i tidningsintervjuer spelade säkert in. Förhöret genomförs av A Bäckström och L Jonsson den 25'e april klockan 09:00.

```
Förhörsledaren: Du är tidigare hörd som vittne i
Palme-mordet vid flera tillfällen. Du arbetar på
Skandia, försäkringsbolaget. Vad har du för be-
fattning där?
E: Jag håller på med reklam och sales promotion
som är försäljningsbefrämjande åtgärder, trycksa-
ker och annat som är hjälpmedel för försäljare.
F: Den här kvällen, alltså den 28/2 då arbetade du
över vad jag förstår, på Skandia?
```

E: Ja, jag arbetade över därför att jag skulle tillsammans med min hustru åka på en veckas vintersemester. Jag hade lovat att ha en del saker färdiga, och trodde att jag skulle vara hemma vid åtta-tiden, men den här typen utav arbete är väldigt svår att beräkna. När klockan närmade sig elva så började jag bli orolig för att inte hinna med sista tunnelbanetåget hem. Kvart över elva så lämnar jag mitt rum och lämnar in en del post som skall då tas om hand på måndagen. Jag tar mig trapporna ner och stämplar ut.

F: Får jag bryta där. Under den tidigare kvällen hade du varit på Skandia hela tiden, på ditt arbetsrum eller i huset?

E: Inte på den tidigare kvällen.

F: Vad hade du gjort tidigare på kvällen. När började du arbeta?

E: Du menar just den här kvällen?

F: Just det

E: Då hade jag varit på mitt arbetsrum hela kvällen.

F: Det hade du varit?

E: Ja.

F: Inte utanför huset någon gång?

E: Nej.

F: Inte tittat ut genom något fönster, lagt märke till något?

E: Nej. Jag har mitt rum som vätter mot Luntmakargatan 14 så jag har inget rum som vätter mot Sveavägen.

F: Jag förstår. De tidpunkter vi talar om, hakar du upp dem på stämpeluret eller är det löpande tidpunkter när du själv har tittat på klockan?

E: Ja jag vet att jag bör vara på väg när klockan är halv, och jag lämnar därför rummet kvart över elva.

F: När är tåget som du planerar att åka med, när går det?

E: Det går någon minut över halv.

F: Och du hade liksom, jag skall hinna med tåget?

E: Ja.

F: Några minuter över halv, varifrån?

E: Jag är tvungen och springa till tunnelbanenedgången vid Kungsgatan eftersom tunnelbanenedgången vid Tunnelgatan stänger relativt tidigt på eftermiddagen, någon gång vid sex, sju-tiden. Vid sju-tiden tror jag, sju åtta-tiden.

F: Åker du sedan med tunnelbanan, vart?

E: Jag åker med tunnelbanan till Hötorget och så byter jag till linje Mörby, jag bor i Täby.
F: Tar bussen… Täby då?
E: Ja.
F: Du går ner och stämplar ut, säger du, och det här har du naturligtvis kontrollerat efter den här händelsen.
E: Ja.
F: Vad har du konstaterat?
E: Jo att jag har stämplat ut 23.20, att det tar ungefär en tjugo, trettio sekunder för mig ifrån stämpelklockan och fram till den platsen utanför Götabank där jag befann mig när jag hörde skottet. Jag säger skottet därför att jag har själv bara uppfattat ett skott, som jag har i alla fall noterat mig till minnes.
F: Men du har kollat ditt stämpelkort, och där står det 23.20?
E: Ja det är riktigt.
F: Sen kommer du ut på gatan. Har du gjort några som helst observationer eller noteringar av förhållandet innan skottet?
E: Ingenting som är direkt anmärkningsvärt, dessutom så är jag koncentrerad väldigt mycket på att hinna med mitt sista tunnelbanetåg. Jag har hängt upp mig väldigt mycket just på den saken.
F: Har du någon minnesbild av något förhållande före skottet?
E: Ja jag såg en och annan människa på trottoaren. Det brukar ju röra på sig lite granna ungefär vid den tidpunkten i Stockholm, det var ingenting som jag la märke till i detalj.
F: Men det är ingen som du har en minnesbild av typ det stod en blå bil, ja, någonting, som du har en minnesbild av före skottet?
E: Nej, jag la märke till att det stod en hel del bilar utmed kanten där, exakt var de var placerade det vet jag inte. Jag har en mörk urtavla på min klocka så att jag hade lite svårigheter att se hur mycket klockan hade hunnit bli. Jag gjorde en sista koll för att se om jag skulle hinna med mitt tunnelbanetåg.
F: Vad jag förstår, så när du kommer ut, den bild du har utav gatulivet det är normalbilden?
E: Det är normalbild.
F: Där finns bilar, där finns människor, men du kan inte peka ut att där fanns exempelvis någon

viss person eller ett visst förhållande. Det var gatubilden som sådan?
E: Ja det är riktigt.
F: Du hade bråttom till tåget, och tittar man på skissen här så nummer 44 ligger som du sa hur många meter ungefär från korsningen?
E: Ja den bör ju ligga 40 meter ungefär.
F: 40 meter, och du har lite bråttom säger du, för du skulle med tunnelbanan. Du beskriver din färd trottoaren fram som att du gå/sprang i din värld liksom
E: Ja det är riktigt.
F: Det var tunnelbanan som hägrade?
E: Ja.
F: Under den vägen så tittade du på ditt armbandsur?
E: Ja.
F: Och där vad jag förstått så fick du liksom titta lite ordentligt därför att du såg dåligt med hänsyn till att det är en svart urtavla. Det är riktigt?
E: Ja, det är riktigt.
F: Du var liksom inte observerad för omgivningen?
E: Inte speciellt.
F: Fanns det någonting som du observerade framöver?
E: Ingenting som jag har noterat speciellt.
F: Observerade du den här Palme, eller det här sällskapet?
E: Nej, de befann sig strax före.
F: Men det är ingenting som du har minnesbild av, att du såg?
E: Nej.
F: Vad hände sedan? Berätta med egna ord.
E: Jo när jag kommer i höjd med lilla filialkontoret, Götabankens, som ligger i Skandiahuset, i höjd med en hög trekantig reklampelare så hör jag ett ljud som jag uppfatta som en smällare. Ganska typisk smällare. Väldigt vanligt mitt i centrala Stockholm är att man hör avgassmällar ifrån bilar och sådant. Lite oljud är man ju van vid i centrala Stockholm, därför så brydde jag mig inte om ljudet särskilt mycket i all den stund jag var också väldigt koncentrerad på min klocka. Det lät inte som ljudet från ett avgasrör, men det lät väldigt mycket likt ett ljud från en smällare. En liten snärtig historia. Ljudet kan jag, kommer jag

väldigt väl ihåg för det var ljud ungefär som
påminde om en smällare.
F: Vad hände sedan?
E: Ja, jag fortsätter och lite gå/springer framåt
och då ser jag en person som ligger på rygg med
fötterna åt det hållet varifrån jag kommer. Min
första tanke är att det är någon ur det så kallade
A-laget som har lagt sig i horisontalläge. Jag är
alltså egentligen beredd att springa förbi, med
förhoppning att någon annan kan hjälpa till.
F: Men du har inte satt ihop smällaren med Palme
som ligger där?
E: Nej det tog nog några sekunder, i och med att
jag ser att det inte är frågan om någon ur A-laget
utan det är frågan om någonting betydligt allvar-
ligare eftersom det hade börjat att rinna blod på
trottoaren. Ansiktet var ganska blodigt, så var
min nästa tanke att någon, eller ett par knark-
ligor höll på att göra upp och mer eller mindre
försöka utrota varandra, det trodde jag därför att
jag, det såg väldigt blodigt ut.
F: Vad var det för människor runt omkring?
E: Ja jag upptäckte en dam som låg på knä, och hon
låg då med ryggen ut mot Sveavägen. Hon vädjade
både med ögonen och bad att någon skulle hjälpa
till att skaffa en ambulans väldigt fort. Hon såg
behärskat chockad ut, men sprang ändå upp och ner
vid tillfället trots att hon hade sagt att dom har
skjutit mig också, säger den här damen som jag se-
nare får veta är Lisbet Palme. Jag tänker att hon
kan inte vara särskilt allvarligt skadad eftersom
hon rör sig ganska obehindrat upp och ner, och
fram och tillbaka så fort det kommer någon person
så började hon prata om ambulans igen. I alla fall
då är ju min första tanke att avbryta min färd mot
tunnelbanan, och eftersom jag har gått Röda kor-
sets förstahjälpenkurs och håller på med lite sån
verksamhet på Skandia dessutom, med bulkuddar och
sådant, så förstod jag att eftersom munnen var
fylld med blod och det rann ur näsan, att så fort
som möjligt försöka och få andningsvägarna klara.
Då har vi ungefär samtidigt kommit fram tre styck-
en personer. Jag har en ung flicka till vänster,
och en ung grabb till höger. Flickan tar pulsen
och vi två andra försöker och få den här personen
som visade sig vara Olof Palme i framstupa sido-
läge för att blodet skall kunna rinna undan.

F: När du kommer fram då är det bara Palme och hustrun Lisbet som är där?
E: Ja och två till.
F: Och två till. Vad är det för några?
E. Ja som jag minns det två unga personer, en ung flicka som är till vänster, och en ung man som är till höger. Flickan är mest koncentrerad på att försöka ta pulsen och säger att ömsom kan jag uppfatta pulsen, och ömsom säger att nu kan jag inte känna pulsen.
F: Hur många meter enligt din uppfattning är du från denna plats där du hör skottet?
E: Då är jag 20 meter ifrån.
F: Ser du Palme falla?
E: Nej.
F: Det gör du inte?
E: Nej.
F: Sen nästa fråga, vem var först framme vid platsen, var det du, var det den där unga flickan eller den unge mannen?
E: Ja de båda fanns framme alldeles strax före jag kom fram. De fanns där så att säga.
F: Du gjorde en notering in över Tunnelgatan som du har berättat om tidigare. Vi skall närmare gå in på det. I vilket läge gör du det i förhållande till vad du hittills berättat?
E: Det är bland det första jag gör eftersom jag funderar en liten kort stund vad det är jag skall företa mig, så tittar jag runt omkring, och när jag får blicken bort mot Luntmakargatan så ser jag silhuetten utav en person som står alldeles stilla i en 5 - 6 sekunder, och tittar väldigt intresserat bort mot vårt håll där vi står, vid Sveavägen. Han står så där förvånansvärt stilla och gissningsvis en 5 - 6 sekunder minst och tittar åt vårt håll.
F: Du säger utifrån den skiss som du har framför dig att mannen står i linje med Luntmakargatan, och han står sett från ditt håll till vänster om byggbarackerna i byggbarackernas slutända?
E: Ja det är riktigt.
F: Du har sagt att du ser silhuetten klart på mannen därför att det finns dels en ljus vägg på hörnet fastigheten Luntmakargatan nummer 14, alltså ...... huset Skandia, samt att där finns en lampa som är då i bakgrunden. Är det riktigt?
E: Ja det är riktigt.

F: Den här observationen har du under hela utredningstiden trott vara vittnet Lars påpekar du, men du har sedermera haft samtal med en man på Skandia som har någon kontakt med vittnet Lars och du har fått klart för dig att det kan inte vara vittnet Lars.
E: Det är inte riktigt rätt. Enligt honom så skulle vittnet Lars ha varit till vänster om baracken, men jag har talat med en tidningsreporter som är helt övertygad om att förhållandet är omvänt, vittnet Lars är till höger och mördaren har sprungit till vänster. Därför vet jag inte om det är vittnet Lars eventuellt, eller om det eventuellt är mördaren jag har sett.
F: Vi kommer tillbaka till det. Om jag förstår dig rätt, om vi skall försöka få lite klarare, du springer gatan eller trottoaren fram, halvspringer, du tittar på klockan, du hör en knall men blir väl lite desorienterad av det men gör inga noteringar om det. Sen så kommer du fram till korsningen Tunnelgatan - Sveavägen, och då ligger det en man, och bredvid står en kvinna och de här två unga personerna har kommit fram ungefär kort före dig. Är det lätt?
E: Ja, det är riktigt.
F: Vad börjar du att ägna dig åt när du kommer fram. Försök att ta det i någon ordning?
E: Jag försöker först att bestämma mig för om jag skall fortsätta mot tunnelbanan, hur allvarligt det ser ut, och jag tittar mig lite granna runt omkring, medan jag håller på och försöker bestämma mig. Det är vid det tillfället som jag kastar min blick bort mot Luntmakargatan.
F: Och ser då den här mannen?
E: Ja, därefter så frågar jag den här damen som ligger på knä, Lisbet, men som jag inte då kände igen, så säger jag, åt vilket håll. Hon pekat då, åt vilket håll sprang han för jag förstod då utav blodet att det hade varit ett skott. Hon pekar bort mot tunneln på Tunnelgatan och så frågar jag henne, hur var han klädd. Jag tänkte det kunde vara bra och veta eftersom hon verkade lite granna virrig, att någon mer visste om de där sakerna. Efter en liten kort tvekan så säger hon till mig, mörkblå täckjacka. Därefter så börjar vi och fundera på lite granna vad vi skall göra och med tanke på att blodflödet var så pass kraftigt, så var det nära till hands att tänka på andningsvä-

garna. Att göra så mycket mera hade jag inte kunskaper till. Det var vad jag hjälpte till med just i det läget, framstupa sidoläge.

F: Har det kommit mer folk till platsen?

E: Ja några stycken, inte så där väldigt många, men det står väl kanske fem, sex stycken personer någonting däromkring. Sen, det jag lägger märke till också är ju en vit taxibil, och det är klart det är ju lätt och se dels för att den var ljus, och dels för att det är så pass ovanligt med vita taxibilar. Jag ser en person som står precis i anslutning till dörren och håller någonting i handen som ser ut som mikrofon. Förstår att det är någon som, en taxibil som hjälper till att tillkalla hjälp, ambulans och så vidare.

F: Vad säger Lisbet Palme, hon har talat om vägen, hon har talat om jackan. Vad säger hon mer?

E: Ja hon, det enda jag har över huvud taget hört henne mera säga det är så fort det kommer någon mera till platsen så vädjar hon hela tiden efter att någon skall hjälpa till med ambulans. Jag får också den känslan av att hon är mest intresserad av att någonting händer, inte så där särskilt mycket vad det är som händer. Det här med framstupa sidoläge fick jag uppfattningen att hon uppfattade väldigt positivt. Att saker över huvud taget hände, det var det som var nästan viktigast för henne.

F: Hon säger att hon själv har blivit skjuten, beskriver hon det på något vis?

E: Ja hon säger, jag har blivit skjuten i ryggen, säger hon, men jag kunde inte se någonting på henne som tydde på att hon hade blivit skjuten. Hon var dessutom väldigt rörlig och hoppade upp och ner. Jag tog det som en ren inbillning ifrån hennes sida. Hon rörde sig väldigt lätt och fint.

F: Vad hände sedan?

E: Ja det uppstod en stunds väntan och gissningsvis efter en, jag har försökt med hjälp av klocka att ungefär uppskatta tiden till ungefär tre och en halv minut någonting, så kommer det en vit polisbil med den här moderna nya designen. Den parkerar ungefär uppe vid, det finns en salladsbar som heter M&M, ungefär 20 meter bort emot Kungsgatan. Den stannar till, om jag minns rätt, på trottoaren, trottoaren är väldigt bred. Två stycken polismän går ut och de ställer sig framför sin polisbil. När Lisbet upptäcker att de inte kommer bort till platsen som hon antagligen hade hoppats på, så springer hon bort till polisbilen och polismännen som står en meter framför sin bil, och upprepar sin vädjan om ambulans. Jag hör inte exakt vad polismännen säger, men de säger ungefär som så att, lugn, lugn, någonting, det är redan ordnat. Lisbet kommer tillbaka. Sen så går det väl, då har det väl gått ytterligare en halv minut då kommer en piketbil med ett antal konstaplar. De parkerar ungefär någonstans i närheten utav den här första polisbilen. Jag hör hur det kommer ett antal polismän springande som medan de springer ropar, åt vilket håll, ropar de, medan de springer fram mot platsen för skottet. Då eftersom jag är lite nerhukad så reser jag mig upp, och eftersom det är lite halvskumt som det är på natten så pekar jag med hela handen mot tunneln och så ropar jag, åt det hållet. Det har tydligen uppfattats för de springer Tunnelgatan ner. När de här polismännen har hunnit ungefär i höjd med barackerna och nästan ända fram till Luntmakargatan så slår det mig att jag borde ju ha ropat någonting om den mörkblåa täckjackan. Jag blir lite förtretad på mig själv att jag inte tänkte på att säga det samtidigt. Eftersom jag är rätt så snabb på att springa så beslutar jag mig för att försöka springa ifatt de här polismännen. När jag kommer till Luntmakargatan så ser jag inte tillstymmelsen till någon utav dem. Då återvänder jag tillbaka till Sveavägen. Där har det kommit ytterligare lite människor, kanske 20-25 så där. Det har bildats en ring runt personen på marken och de står och tittar intresserat neråt. Jag har då inte så mycket och göra tycker jag själv på platsen, så jag skulle gå fram till en nyanländ ung polisman som just har stått och pratat med en ung kvinnlig polis, då tänkte jag bara säga att jag har varit här från början, om det är någonting så kan jag lämna namn och telefonnummer. Just då så har det kommit fram en person för att till den här unga polisen lämna ett vittnesmål på en flyende mördare som han precis innan har sett. Lite granna förvånad blir jag hur signalementet på som han lämnar stämmer överens med det jag själv har på mig. Jag tänker att, jaha det kan ju inte vara jag eftersom jag står en meter framför honom och han borde se hur jag ser ut, så jag tänker väl, det kan vara två personer med likvärdig utstyrsel. Det var ju dessutom den årstiden när man hade rock och keps och annat på sig. Polismannen som just har tagit emot ett signalement som stämmer på mig har heller ingenting särskilt och lägga märke till trots att jag prata med honom sekunderna efteråt. När jag då säger mitt ärende att jag kan lämna namn och telefon eftersom jag vet att folk väldigt ofta är rädda för att vara vittnen. Det vet jag ju eftersom vi råkar ofta ut för sådana saker på försäkringsbolag, så säger den där unga polismannen att han har redan fått ett vittnesmål och behöver, det behövs inte mera. Då tänker jag som så, ja då behövs inte jag här mera utan jag kan försöka ta mig hem. Då beslutar jag mig för att gå tillbaka till Skandia och receptionen för att ringa hem till min hustru och fråga när nattbussen går hem. Jag hinner väl ungefär en fyra - fem meter när den här flickan som jag hade till vänster om mig i ursprungsskedet, när hon får syn på mig så kommer hon fram och så säger hon. Vet du vem det är dom har skjutit, säger hon, när jag säger att nej ingen aning då så säger hon så här, det är Olof Palme. Jag minns de här orden väldigt tydligt så de är jag väldigt säker på, för jag säger nämligen, nej, du skojar säger jag till henne, varpå hon säger, nej du, säger hon, sånt skojar man inte om. Då slår det mig att den har söta gumman som jag hade sett då tidigare på knä vid den skjutna personen skulle kunna tänkas vara Lisbet, hon var ju så pass påklädd och jag har dessutom inte sett Lisbet på nära håll tidigare. Det skulle kunna tänkas vara så, men riktigt övertygad var jag väl ändå inte när jag sedan promenerade tillbaka till Sveavägen 44 för att ringa hem och ta reda på nattbussen.

F: Det är först då som du får reda på att det är Olof Palme?

E: Ja det är först då jag får veta det

F: Lisbet Palme har inte sagt någonting?

E: Inte vid ett enda tillfälle som jag har hört.

F: Jag vill återvända till lite tider här. Har jag fattat dig rätt att tiden som du har beräknat från det du kommer ut ur nummer 44 fram till dess den liggande Palme, så har det gått cirka 20 sekunder?

E: Ja om du räknar ända borta från Sveavägen 44 så bör det stämma.

F: Ifrån det du hör skottet fram till Palme så har det gått cirka 5 - 6 sekunder?

E: Ja det stämmer
F: Och du beräknar meterantalet till cirka 20?
E: Ja det är riktigt
F: Sen några sekunder där du är lite, skall vi säga... .
E: Tveksam
F: Tveksam så ser du den här silhuetten?
E: Ja.
F: Den här silhuetten som du ser kan du på något vis beskriva den?
E: Ja, jag har försökt att dels tänka mig en ålder, och det som jag bara kan utgå från, jag är ju själv tecknare så att, utbildad tecknare så jag vet att vissa saker hör ihop med vissa åldrar. Själva kroppskonstitutionen. Det jag då kom fram till var att det var en yngre person som hade någonting relativt fylligt på överkroppen. Huvudet var också ganska fylligt. Det såg ut som ett kraftigt, inte precis lockigt hår men ändå fylligt hår på något sätt. Benen rätt så smala. Åldern om jag skall gissa mellan 25 - 50, eller 75 år, det går ju inte att vara så där exakt när man ser något i silhuett. Skulle jag snarare vilja placera den har silhuetten i den yngre delen av den har skalan, så där en 25 - 30 någonstans
F: Det är i alla fall inte en sån bild du har så att du skulle känna igen någon person?
E: Nej jag har inte sett några detaljer utav ögon eller näsa eller någonting sådant.
F: Du har sett bild........
Sidobyte av kassetten
F: Du har sett bilder på vittnet Lars utgår jag ifrån i tidningen även vad beträffar klädesplagg och sånt där.
E: Jag har inte sett några bilder på vittnet Lars, jag har ingen som helst uppfattning om honom.
F: Då skall vi visa det sedan. Under det att du är framme vid den här händelsen, det är ju lite folk där, det är Lisbet Palme. Får du någon mer beskrivning av den som man tror har skjutit än en mörkblå täck jacka?
E: Nej det får jag inte.
F: Inget vittne som kommer fram utom det du berättar om det här som lämnas till polisen?
E: Nej.
F: Efter att du hör skottet så har du cirka 20 meter fram till Palme. Du kan inte komma på någon

annan person eller något förhållande som du lagt märke till, exempelvis vid Dekorima?

E: Nej, jag halvspringer den där sträckan, och är förhållandevis koncentrerad på klockan.

F: När du ser den liggande mannen första gången, var befinner du dig då i förhållande till honom?

E: Ungefär där alldeles vid fötterna på personen.

F: Det är först då som du noterar….

E: Ja någon meter innan. Jag var alltså inte beredd på att över huvud taget hitta någon liggande person, jag hade en väldigt klar uppfattning om att jag tyckte att smällen lät väldigt mycket som en påsksmäll eller någonting.

F: Jag vill gå tillbaka till den här silhuetten. Din beskrivning av silhuetten är det, du sa någonting kraftigt på överkroppen. Vad jag förstår av beskrivningen så bör det rimligare vara en jacka på överkroppen. Jacka typ midje... kanske en bit längre, än att det är en rock.

E: Ja jag får mera intryck av att det är en jacka än en rock.

F: Har du något intryck av färg?

E: Nej det är bara svart som silhuett och bakgrunden som är då lite aprikosrosa, det är alltså färgen på huset på Luntmakargatan 14.

F: Har du något intryck av huvudbonad?

E: Det är väldigt svårt att säga om det var huvudbonad eller en kraftig frisyr, men jag vet att lite granna på grund av att jag uppfattade det mera som frisyr, så uppfatta jag som en yngre person.

F: Du la inte märke till om han bar på någonting?

E: Jag kunde inte se om han höll i någonting. Jag var lite granna rädd för att personen eventuellt kunde vara skjuten, och eventuellt få för sig att skjuta tillbaka. Det var ju dels så långt avstånd och dels så trodde jag inte att det skulle komma något skott. Jag såg däremot ingenting i någon hand. Det ljusa var mera upptill på personen.

F: När du kommer tillbaka och får den här beskrivningen sedan från personen till polismannen, hur beskrivs då den tilltänkte mördare?

E: Ja han beskrivs då en mörk rock med keps, och med tunna glasögon. Jag tror inte att min handlovsväska var med vid det tillfället. Inte vad jag kan komma ihåg.

F: Själv, om jag har förstått det hela rätt, så hade du keps utan knäppe och öronlappar?

E: Ja det är riktigt.
F: En rutig keps?
E: Ja en mörk grå/svart-spräcklig.
F: Du hade vidare en mörk rock med eller utan bälte?
E: Utan.
F: Hade du någon halsduk?
E: Ja.
F: Är det den halsduk du har med i dag?
E: Ja det är den jag har med i dag, den är i två blåa nyanser och en kanelfärgad mellanbit.
F: Det är en tvärrandig. Hade du rocken knäppt och halsduken ordentligt knuten, eller.....
E: Jag hade den knuten och instoppad, och rocken var knäppt.
F: Sen hade du mellangrå långbyxor?
E: Ja jag hade svarta långbyxor.
F: Svarta långbyxor?
E: Ja.
F: Sen hade du en handlovsväska?
E: Ja.
F: Är det den som du har med dig här?
E: Den ligger här framför ja.
F: Det är en brun ordinär handlovsväska med en storlek på 15 x 22 cm, med ett handband i ena gaveln.
F: Får jag fråga. Du sprang alltså efter, som du säger, de här poliserna?
E: Ja.
F: Hur långt springer du efter. Hur långt beger du dig?
E: Till Luntmakargatan, jag står precis mitt i korsningen Luntmakargatan och Tunnelgatan. När jag står och tittar runt omkring och inte lyckas se skymten utav någon utav poliserna så vänder jag och går tillbaka men då går jag på den södra biten av barackerna på Tunnelgatan tillbaka.
F: Så du står precis i själva korsningen och försöker och se vart de tog vägen?
E: Ja.
F: Gör du några andra iakttagelser av person eller fordon då du försöker nå kontakt med poliserna på vägen till korsningen med Luntmakargatan eller på vägen tillbaka?
E: Ja på vägen till Luntmakargatan så springer jag med en ganska bra hastighet och då är jag koncentrerad på den biten. När jag kommer till Luntmakargatan så är jag väldigt förvånad över att det

är så tomt där över huvud taget. Sen när jag går tillbaka Tunnelgatan mot Sveasägen så märker jag att det har kommit rätt så mycket mera människor. Jag skulle väl uppskatta det till åtminstone 15 personer.

F: Men på själva Luntmakargatan, ser du några människor eller bilar där i rörelse?

E: Nej Luntmakargatan är ju väldigt mörk eftersom barackerna har gjort att man har varit tvungen att ta bort gatubelysningen. Det är ganska skumt, och jag har inte lagt märke till något speciellt.

F: Den här människan som vi beskriver i silhuett, ser du till den personen?

E: Nej det gör jag inte.

F: Efter vad jag förstår så har du cirka 15-16 sekunder efter att skottet avlossats som du har registrerat, så har du gjort iakttagelser av denna människa i silhuett?

E: Ja det bör stämma, med tiden fram och en liten kort orienteringsstund, så bör den tidpunkten stämma.

F: Har du någon uppfattning om vart den människan tar vägen?

E: Nej, jag står och tittar väldigt, som jag tycker, väldigt länge eftersom personen står alldeles still en 5-6 sekunder någonting. Det känns lite konstigt och bara stå och stirra på varandra, så jag sänker blicken för att titta på personen som ligger på marken och blöder, och så är jag nyfiken på den där personen där borta igen. När jag då strax, med detsamma efteråt tittar upp åt det hållet igen så är personen, alltså silhuetten borta helt och hållet.

F: Får jag fråga, gjorde du innan denna iakttagelse någon iakttagelse Luntmakargatan väster ut, alltså tittade du in i gränden innan du la märke till den här silhuettmänniskan, alltså i tidigare skede?

E: Jag kan ju ha gjort någon liten svepande rörelse med ögonen men då hade mina tankar övergått ifrån tunnelbanan och hinna med den till vad skall man göra i en sån här situation. Jag har ingenting som är så där direkt i detalj.

F: Du har i varje fall inte gjort någon iakttagelse som du kan minnas som ligger före silhuettmänniskan här?

E: Nej inte någonting som är anmärkningsvärt på något sätt.

F: Vi skall visa några fotografier, så vi stänger av bandspelaren under tiden. Du har nu fått titta på en fotosamling, och innan du vet syftet med att titta på den fotosamlingen så uttrycker du spontant att du är mest intresserad av foton som är benämnda E 15. Du är också intresserad av foton som är benämnda E 107:1, men mest E 15. Du tycker att det skulle vara den mest välliknande till silhuetten vad jag förstår.
E: Ja det är riktigt. Det stämmer väldigt bra överens med min bild utav siluetten.
F: När du sen får veta att vi också är intresserade av om du känner igen ytterligare personer bortsett från silhuetten, så uttrycker du att E 20 skulle kunna vara den flicka som är vid Palme när du kommer fram. Är det riktigt?
E: Ja.
F: Du säger också beträffande E 13 att när du kommet tillbaka till folksamlingen efter din språngmarsch efter poliserna så finns det en man som kan vara E 13 som har kommit till platsen, och du benämner honom som att han var lite högljudd. Han hade också skägg, men du har minnesbild av att det skulle vara lite rödare. På vad sätt var högljudd?
E: Jag tyckte inte att han verkade riktigt nykter egentligen.
F: Vad sa han?
E: Han upprepade samma sak hela tiden, och han sa är det Palme, är det Palme, upprepade han gång på gång.
F: Gjorde du ingen notering då om det här med Palme, jag tänkte på den uppgiften du sedan fick av den där flickan?
E: Nej jag tyckte han var märkbart berusad så att jag trodde det var mera ett samband med det.
F: Finns det någon ytterligare person i fotosamlingen som du kommer ihåg?
E: Inte som jag skulle kunna känna mig säker på, och E 20, det jag minns utav henne var att det var en ung flicka, ljushårig och att hon var söt.
F: Hör du jag vill gå tillbaka till det här som Lisbet Palme sa, jag har blivit skjuten. Hon beskrev ingenting mer, utan det var bara en ren upplysning?
E: Ja hon sa det liksom upprepat vid ett par tillfällen, och då så uttryckte hon sig, dom har skjutit mig också. Ett senare tillfälle så sa hon, dom har skjutit mig i ryggen.

F: Uttryckte hon sig på det sättet att hon sa dom?
E: Ja det gjorde hon faktiskt.
F: Flertal?
E: Ja, dom har skjutit mig också, dom har skjutit mig i ryggen. Varför jag kommer ihåg det på det sättet det var att jag tyckte hon var påfallande rörlig och såg oskadad ut för att ha blivit skjuten i ryggen.
F: Talades det någonting om vapnet när du, under den har händelsekedjan?
E: Nej.
F: Det enda signalement som du fick på mördaren bortsett från till polismannen här, det var mörkblå täckjacka?
E: Ja, och det var Lisbet som sa det, och hon, när jag frågade henne först riktningen, åt vilket håll han hade sprungit, då sa hon med en gång och pekade mot tunneln, men däremot när jag frågade om hur var han klädd, så tvekade hon lite, lite, en kort stund, en mycket kort stund, men hon tvekade ändå innan hon sa täckjacka, en mörkblå täckjacka.
F: Har du någonting ytterligare som du tycker skulle vara intressant för vår del att få kännedom om som vi inte har tänkt på att fråga?
E: Ja det jag har tänkt på är de här med ett skott framifrån eller bakifrån, så ligger Olof Palme på rygg med huvudet i riktning mot Kungsgatan, beroende på åt vilket håll han har varit vänd när han har blivit skjuten. Om han har fallit rakt utan att vända sig om i fallet, så bör han ju ha stått vänd i så fall med ryggen upp mot Kungsgatan till. Dessutom så vet jag ju att ett skott där det går in ger ifrån sig ett förhållandevis litet hål medan där skottet går ut så blir det en ganska påfallande stor öppning. Jag observerade inte massa blod i bröstet som det rätteligen skulle ha varit i så fall. Jag uppfattade det som att den här personen hade blivit skjuten i munnen, det var hemskt mycket blod i mun och näsa. Munnen var öppen, ögonen var slutna, ansiktet var rätt så översköljt utav blod. I övrigt såg jag inte så mycket blod annat än det som rann på trottoaren. Därför så var jag inte särskilt observant på den saken när vi flyttade över Palme i sidoläge, att det då skulle vara blod på ryggen var ju ganska naturligt eftersom det rann blod på trottoaren.
F: Du såg inga skador på ryggen när ni vände honom?

E: Det var, han vände ju ryggen då, vi vände honom åt vänster så han kom då att ligga med ryggen ut mot Sveavägen, och Dekorima som är affären i hörnet, är ganska hyggligt upplyst, däremot så är det ju väldigt skuggigt ut mot Sveavägen, därför är det väldigt svårt och lägga märke till någonting på ryggen när han ligger vänd på det sättet.

F: Utifrån att du bara har hört en, som du säger, smällare, kan du ge mig någon rimlig förklaring till varför du inte hört skott nummer ett eller två?

E: Nej jag kan inte göra det annat än jag vet jag har en granne som jagar älg och han säger så här, en som är ute och tjuvskjuter skall noga akta sig för att skjuta två skott ifall han råkar bomma det första. Folk är inte så observanta på det första skottet medan man blir väldigt observant på skott nummer två. Om det är så i mitt fall, eller om det är så att skotten har kommit med förhållandevis tät följd och att det är så att jag kan ha uppfattat det som skott med ekoeffekt. Jag har i alla fall i min minnesbild bara klart för mig att jag har hört, som jag tydligt kan urskilja, ett skott, eller en smällare som jag uppfattar det som.

F: En annan fråga, du hade de här stålbågade glasögonen på dig den här dagen när du kom?

E: Ja.

F: Brukar du använda glasögon normalt?

E: Inte på nära avstånd, och när jag arbetar eller läser, men när jag kör bil eller om jag skall känna igen folk på trottoaren på lite längre avstånd då har jag dem på mig.

F: Ytterligare en fråga och det är mer för att tillfredsställa för och pröva dig själv, du har figurerat i tidningar och i TV?

E: Ja.

F: Där nämns, om det är du som har sagt det eller inte vet jag inte, men det nämns att du inte är hörd av polisen.

E: Ja egentligen började det hela på det sättet att någon hade hört en lördag att det pågick någon typ av rekonstruktionsarbete i det här aktuella hörnet, och för mig var det då egentligen inte så konstigt eftersom jag tog för givet att det var på det sättet att det var så pass många poliser inkopplade att man behövde orientera sig hur det såg ut i det här området. Jag var ju borta en vecka på skidsemester och när jag kom tillbaka så blev jag

uppringd fem-sex gånger ifrån kriminalen. Jag vet
att vid de tillfällena så var någon eller några
ganska dåligt orienterade i hur det såg ut. Jag
kan nämna ett exempel, jag sa att jag befann mig
vid en annonspelare i höjd med Götabanken när jag
hörde skottet, och att det skulle vara 20 meter
som det skulle vara frågan om. Då säger den här
polisen ifrån kriminalen som ringer upp, men
snälla nån det är ju mycket mer än 20 meter till
Götabanken. Då tänker väl den personen på Götabanken
som ligger borta vid Sergelstorg. Jag förstod
att han inte visste hur det såg ut i det här hörnet.
Jag trodde att det var en rekonstruktion för
inblandade poliser i det här fallet. Jag har en
kollega, vi har gått på konstfackskola tillsammans,
han är tecknare på Rapports tecknarstudio,
jag blev lite nyfiken och tänkte att jag skulle
bara höra mig för hur det var, om det var en rekonstruktion
for poliser eller om det var någonting
i allmänhet. Eftersom jag ändå var en utav de
första på plats så tyckte jag det var konstigt om
det var på något annat sätt. Man frågar en kollega
på Rapport och sen, ja sen är karusellen igång så
att säga för min del med massmedia. Min förvåning
var bara då att om det nu var en rekonstruktion om
det var antingen gjort bara för poliser eller om
man skulle ha någon utav de första vittnena så var
jag lite förvånad över att inte jag var med bland
dem. Konstigare än så är det inte.
F: Vad jag förstår på dig så blev du lite trampad
på tårna?
E: Nej jag brydde mig inte särskilt mycket om vare
sig det ena eller det andra, jag utgick egentligen
ifrån att i och med att så pass många är inkopplade,
att inte alla kan känna till sakerna i detalj,
så tog jag det för ganska självklart att man
var och tittade på platsen. Det är klart det det
gör man väl bäst om det är en aning avskärmat så
att det kan gå till i lugn och ro.
F: Ytterligare en fråga, du säger att du är tecknare.
Har du en sån minnesbild tror du så att du
utifrån din kunskap med teckning skulle kunna ge
en, din silhuett?
E: Ja.
F: Utan att ha den förvanskad?
E: Ja.
F: Det kan du göra?
E: Det skulle jag kunna göra.

F: Får jag bara fråga, du säger att du åkte på skidsemester en vecka efteråt, vart åkte du då?
E: Jag åkte till Idre och var borta, vi skulle ju egentligen ha åkt med detsamma på lördagen, min hustru som tycker att allt som har med sånt här och göra är obehagligt hade i princip förbjudit mig att höra av mig till polisen med motivering att du har inget nytt att tillföra. Då så när jag hörde den första presskonferensen som var på lördagen så sa jag, ja jag skall åtminstone ringa och ta bort ett onödigt signalement eftersom jag upptäckt att det stämde hemskt mycket med mig, medan däremot Lisbet hade sagt täckjacka. Jag ville hjälpa till med att ta bort ett signalement, det verkade knepigt nog ändå. Jag ringde på de numren som var angivna vid presskonferensen, det gick inte och komma fram så jag ringde, eftersom jag har Stockholmskatalogen hemma, så ringde jag växeln och växeln ordnade så att en person som inte fanns med på just de numren men som fanns tillgänglig på ett annat nummer kunde få mina iakttagelser om signalement. Jag talade om var jag kunde träffas och att jag skulle vara borta en vecka.
F: Kommer du ihåg hur det vittnet såg ut som berättade, tycktes berätta om dig, alltså utseendemässigt?
E: Inte i detalj annat än att jag uppfattade det som en ung person, ja 25 - 30 någonting, och en ung polisman, en relativt kort ung polisman, också ung till åldern.
F: Får jag fråga, har du pratat med någon i bil, i något fordon efter denna händelse, ett fordon som har stått i närheten. Någon som har suttit i något fordon?
E: Nej, du menar den kvällen?
F: Ja.
E: Nej det har jag inte gjort. Jag gick tillbaka, jag kan ta det kort, jag gick tillbaka och fick reda på nattbussen, det var hemskt gott om tid så jag kunde ta en kopp kaffe. Sen promenerade jag Sveavägen bort till Odengatan. Odengatan upp till Odenplan i lugn och ro kan man säga, och nattbussen gick väl då tio minuter över tolv. Jag var hemma tio minuter i ett. Radioprogrammet ….. tio minuter över ett så då först var jag säker på den personen i fråga.
F: En sista fråga, när går sista tunnelbanetåget till Handen?

```
E: Ja, jag vet att man, att tågen börja, att tågen
slutar och gå klockan tolv. Jag hade ingen, jag
vet att jag bör dels med tanke på att jag skall
först ta mig till Hötorget, och jag hade inte nå-
gon sån där minutschema men att jag bör ju vara
med sista tåget som då i princip slutar att gå
klockan tolv Mörby då. Tar jag en halvtimme på mig
så brukar det gå bra.
F: Om du icke har någonting ytterligare så sätter
jag punkt.
E. Då kan vi sätta punkt.
F. Förhöret avslutas klockan 10.20.
```

Där är det omfattande förhöret slut. Vi plockar ut några intressanta delar och detaljstuderar dem:

```
F: Får jag bryta där. Under den tidigare kvällen
hade du varit på Skandia hela tiden, på ditt ar-
betsrum eller i huset? Vad hade du gjort tidigare
på kvällen. När började du arbeta.
E: Du menar just den här kvällen? Då hade jag va-
rit på mitt arbetsrum hela kvällen.
F: Det hade du varit?
E: Ja.
F: Inte utanför huset någon gång?
E: Nej.
```

Detta motsägs av ABAB-väktarna i huset, som i förhör anger att Sture har varit ute och ätit middag på kvällen, och återvänt vid ungefär åtta på kvällen. Vi ska titta på väktarnas förhör senare. Det intressanta här är varför Sture skulle vilja undanhålla detta. Det kan väl inte vara en särskilt konstig sak att avslöja för polisen att han har varit ute och ätit middag på Sveavägen på kvällen?

```
F: Åker du sedan med tunnelbanan, vart?
E: Jag åker med tunnelbanan till Hötorget och så
byter jag till linje Mörby, jag bor i Täby.
```

Detta får vi anse vara en felsägning. Det går inte att byta till
Mörby på Hötorget. Han menar rimligen T-centralen.

> F: Men du har kollat ditt stämpelkort, och där
> står det 23.20?
> E: Ja det är riktigt.

Här utelämnar Sture helt diskussionen med förhörsledaren om
att klockan gick fel.

> F: Du säger utifrån den skiss som du har framför
> dig att mannen står i linje med Luntmakargatan,
> och han står sett från ditt håll till vänster om
> byggbarackerna i byggbarackernas slutända?
> E: Ja det är riktigt.
> F: Du har sagt att du ser siluetten klart på man-
> nen därför att det finns dels en ljus vägg på hör-
> net fastigheten Luntmakargatan nummer 14, alltså
> huset Skandia, samt att där finns en lampa som är
> då i bakgrunden. Är det riktigt?
> E: Ja det är riktigt.
> F: Den här observationen har du under hela utred-
> ningstiden trott vara vittnet Lars påpekar du, men
> du har sedermera haft samtal med en man på Skandia
> som har någon kontakt med vittnet Lars och du har
> fått klart för dig att det kan inte vara vittnet
> Lars.
> E: Det är inte riktigt rätt. Enligt honom så
> skulle vittnet Lars ha varit till vänster om ba-
> racken, men jag har talat med en tidningsreporter
> som är helt övertygad om att förhållandet är om-
> vänt, vittnet Lars är till höger och mördaren har
> sprungit till vänster. Därför vet jag inte om det
> är vittnet Lars eventuellt, eller om det eventu-
> ellt är mördaren jag har sett.

Sture har alltså sett en person till vänster om byggbaracken,
vid en plats där Lars J i förhör uppger att mördaren sprang
med full fart mot trapporna, och definitivt inte stod still. Kan
det trots allt vara Lars som Sture ser? Nej, Lars var aldrig på
den platsen vid den tidpunkten. Han gömde sig för mördaren
först bakom byggbarackerna och sedan gick han fram till trap-

porna. När mördaren kikade ner från trappkrönet, gömde sig Lars J bakom en container som stod till höger på gatan. Trots detta vet vi att det var Lars som Sture såg. Han pekar nämligen ut Lars i en fotokonfrontation som den man han såg till vänster om barackerna.

Det här är svårt att förstå. Han har bevisligen sett Lars, men han har sett honom på en plats där han inte var.

```
F: Vad börjar du att ägna dig åt när du kommer
fram, försök och ta det i någon ordning?
E: Jag försöker först att bestämma mig för om jag
skall fortsätta mot tunnelbanan, hur allvarligt
det ser ut, och jag tittar mig lite granna runt
omkring, medan jag håller på och försöker bestämma
mig.
```

Sture står alltså på mordplatsen, och tvekar vad han ska göra. Tidpunkten är bara 5-6 sekunder efter att mördaren, klädd i exakt likadana kläder på exakt samma plats har stått och tvekat. Inge M, som sitter i sin senapsgula Opel på andra sidan gatan och betraktar mordet och mördaren under en längre tid rapporterar ingen sådan person nummer två som nästan omedelbart efter mordet skulle ha dykt upp.

```
Jag har en ung flicka till vänster och en ung
grabb till höger. Flickan tar pulsen och vi två
andra försöker och få den här personen som visade
sig vara Olof Palme i framstupa sidoläge för att
blodet skall kunna rinna undan.
```

Bilden är ganska tydlig. De tre personerna hukar sida vid sida och jobbar med den liggande mannen. Stefan G sitter till höger vid huvudet, och Anna H till vänster. Sture mitt emellan, och vänder Olof med Stefans hjälp. Återigen måste vi konstatera att Sture är helt ensam om sin uppfattning. Hans beskrivning av denna händelse finner inget som helst stöd vare sig hos Stefan eller hos Anna.

Jag får också den känslan av att Lisbet är mest intresserad av att någonting händer, inte så där särskilt mycket vad det är som händer. Det här med framstupa sidoläge fick jag uppfattningen att hon uppfattade positivt. Att saker över huvud taget hände, det var det som var nästan viktigast för henne.

Låt oss gå tillbaka till vad Karin J, som tillsammans med Stefan G och Anna H var först framme på platsen, uppgivit i sitt förhör den 2'e april om hur Lisbet uppfattade hjälpen:

> Karin J: Vi springer fram till mannen och kvinnan, då har Stefan kommit dit. De har lagt honom i framstupa sidoläge.
> Förhörsledaren: Vem har gjort det?
> K: Stefan, ja Stefan har gjort det tror jag det var, hjälp med Lisbet då kanske, det vet jag inte. Anna eftersom hon kan hjärtmassage, hon och Stefan hjälps åt och försöka med upplivningsförsök medan jag försöker lugna ner Lisbet. Lisbet försöker dra bort, hon drog bort Anna, smällde till henne och sa att det skulle vara läkare till det.
> ...
> F: Vad säger hon. Vad är det första du hör att hon säger?
> K: Det var att vi inte skulle lägga oss i, att det skulle finnas en läkare, det skulle beställas operation.

Här måste man konstatera att det föreligger två helt motsatta uppfattningar. På ena sidan står Stures uppgifter om att Lisbet är positiv och, som han senare uppger i tingsrätten, tacksam för all hjälp. På andra diametralt motsatta sidan står Karin J som vittnar om att Lisbet med våld försöker få hjälpen att upphöra.

> Jag hinner väl ungefär en fyra - fem meter när den här flickan som jag hade till vänster om mig i ursprungsskedet, när hon får syn på mig så kommer hon fram och så säger hon. Vet du vem det är dom har skjutit, säger hon, när jag säger att nej ing-

en aning då så säger hon så här, det är Olof
Palme. Jag minns de här orden väldigt tydligt så
de är jag väldigt säker på, för jag säger nämli-
gen, nej, du skojar säger jag till henne, varpå
hon säger nej du säger hon, sånt skojar man inte
om.

Personen som Sture avser här är Anna H. Hon har blivit förhörd flera gånger, och aldrig nämnt denna ordväxling. Det behöver inte betyda att den inte har ägt rum, men till saken hör att hon dessutom har gjort en fotokonfrontation rörande personerna på platsen – utan att peka ut Sture. Sture, å sin sida, identifierade utan några problem Anna H ("E20") i fotokonfrontationen. Det kan i det sammanhanget vara värt att känna till att Anna H både med namn och bild medverkade flitigt i tidningarna dagarna efter mordet. Att peka ut henne hade varit enkelt för vem som helst som något så när hängde med i nyhetsflödet efter mordet, vilket så gott som alla svenskar gjorde.

F: Du har sett bilder på vittnet Lars utgår jag
ifrån i tidningen även vad beträffar klädesplagg
och sånt där.
E: Jag har inte sett några bilder på vittnet Lars.
Jag har ingen som helst uppfattning om honom.
F: Då skall vi visa det sedan.

Därefter pekar Sture ut Lars ("E15") i den kommande fotokonfrontationen. I tingsrätten hävdar han att utpekandet var hundraprocentigt, även om det inte framstår så i detta förhör. Sture identifierar också E13 som är Anders Björkman, och Yvonne N, E107:1.

F: Kommer du ihåg hur det vittnet såg ut som be-
rättade, tycktes berätta om dig, alltså utseende-
mässigt?
E: Inte i detalj; annat än att jag uppfattade det
som en ung person, ja 25 - 30 någonting, och en
ung polisman, en relativt kort ung polisman, också
ung till åldern.

Vem var mannen som lämnade signalementet och vem var polismannen? Sture – som med sitt skarpa bildminne i detalj kommit ihåg allt annat, inklusive Anna H och Anders B, och som till och med kan peka ut Lars J i en mörk gränd på 50 meters avstånd, där bara en silhuett syns – minns nu inga detaljer om en person som han stod blott en meter från.

Avslutningsvis kan vi konstatera att frågorna närmast ökar i antal för varje gång vi studerar Stures historia.

Skandia

Efter TV-reportaget och tidningsartikeln förhördes Sture en fjärde gång den 25 april, trots att polisen ansåg sig vara "klar" med Sture. Men det stannade inte där.

Någon gång efter mordet måste polisen ha fått in ett specifikt tips om Sture E. Mycket tyder på att det tipset kom från Per H, som då var säkerhetschef på Skandia. Han ringer till polisen och får tala med kriminalkommissarie Linder, som överlämnar uppslaget till polismannen Erik Skoglund.

Per H rings upp av Skoglund, och samtalet som följer tecknas ner och redovisas i ett uppslagsprotokoll. Per H hänvisar i samtalet till personalmannen Roland B, som bland annat är ansvarig för in- och utstämplingarna på Skandia.

Samtalet som Skoglund har med Roland B, är underligt nog offentligt. Det är nämligen bilagt det förundersökningsmaterial som förundersökningsledarna lämnat in till tingsrätten inför rättegångsförhandlingarna, då Christer P's ansvar för händelserna på Sveavägen den 28 februari 1986 ska prövas. Vi vet inte hur det här nedtecknade samtalet kunde leta sig in i dokumenten som åklagarna valde att använda som underlag inför tingsrättens prövning, men sannolikt beror det på att Sture och hans förhör ursprungligen inte ingick i underlagen från början. Åklagarna hade nämligen ursprungligen valt att helt ignorera

Sture överhuvudtaget. Han fanns inte alls med i deras bild av händelserna. Först när försvararna beslutade sig för att kalla honom som vittne i rätten, tog förundersökningsledarna fram vittnesförhören och inkluderade dem i rättegångshandlingarna, tillsammans med noteringarna från samtalen mellan Skoglund, Per H och Roland B. Även ett antal förhör med de väktare som tjänstgjorde på Skandia den där kvällen togs med. Noteringarna har egentligen överhuvudtaget ingenting med målet mot Christer P att göra. Så varför togs de då med? Det är inte så konstigt som det kan tyckas, syftet de tjänar är ett annat; att misskreditera vittnet Sture. Och det gör de med besked.

Bakgrunden är följande: Sture har på förmiddagen den 1 mars ringt till Ingemar B, Roland B's chef, och frågat efter vem som kan hjälpa honom med att kontrollera exakt när han hade stämplat ut kvällen före, alltså mordkvällen. Ingemar har hänvisat till Roland, så ungefär vid halv tolv på förmiddagen ringer Sture till Roland. Tidpunkten är Roland mycket säker på, eftersom han var omklädd för sin tennistid klockan tolv och hade bråttom iväg.

Roland erbjuder sig att ta reda på tiden men vill först veta skälet till Stures förfrågan. Jo, dels är det polisen som vill veta, och dels är det journalister som hört av sig och vill ha reda på tiden, säger Sture. Och det handlar, berättar Sture, inte bara om någon enstaka förfrågan. Till och med tidningar i Oslo har enligt Sture hört av sig med frågor.

Redan här får vi anledning att ställa den första frågan. Hur kunde polis och journalister efterfråga Stures utstämplingstidpunkt när ingen hade hört talas om honom överhuvudtaget innan han själv ger sig till känna? Detta sker som vi minns först klockan 12:20 samma dag när han för första gången ringer in till polisens tipstelefon.

Nåväl.

Roland och Sture pratar vidare en stund. Sture uppger bland annat att han hörde oljud (som senare visade sig vara ett skott) när han kom fram till Götabanken på mordnatten. Han berättar vidare att han var snabbt framme, hjälpte till att vända Olof Palme i framstupa sidoläge och att han sedan rusade efter polisen. I samtalet med Roland ger dock Sture en annan version om skälet till att springa efter polisen än den vi tidigare stött på. Till Roland anger han att polisen på mordplatsen faktiskt fått ett signalement, nämligen keps och trenchcoat, och att han sprang efter för att rätta till detta felaktiga signalement. Roland citerar Sture: "Så var ju jag klädd, och jag sprang efter dem för att tala om att det var fel".

Om nu Roland minns fel eller inte kan vi inte veta, men ett sådant citat vore underligt att uppge om det inte var självupplevt. Den officiella versionen från Sture som vi hört tidigare är att polisen inte fått något signalement alls, utan att han springer för att lämna det enda som då har förekommit i Stures öron, nämligen blå täckjacka. Det här är en viktig skillnad, och bara den ena versionen, om ens någon, kan vara sann.

Vi läser vidare i noteringarna.

Roland åker och spelar tennis, kommer hem och äter sedan en lätt lunch. Därefter ringer han Sture och berättar att han ska åka in till Skandia för att få fram uppgifterna om stämplingen. "Det var bra", svarar Sture, "för de ligger på mig här från alla möjliga håll och vill veta."

Roland åker till Skandia och kontrollerar tiden för Stures utstämpling. På kortet står det 23:20. Roland ringer Fröken Ur och kontrollerar att apparaten går rätt, men det gör den inte. Den går en minut för fort. Därför ger han Sture den egentliga tiden, 23:19.

"Gick du direkt ut på gatan eller stannade du och pratade med vakterna?" frågar Roland. Men Sture hävdar att han gick direkt ut, utan något samtal. Roland noterar det ovanliga i detta. Det normala vid utpassage, kanske inte minst vid den tiden på dygnet, är att utväxla åtminstone några artighetsfraser.

Det här börjar se mer och mer underligt ut. Sture har ju hävdat i sina förhör att han stämplade ut 23:19, men att klockan gick fel så att den egentliga tiden ska vara 23:20. Roland hävdar att det var tvärtom. I tingsrätten påstår Sture i stället att tiden var 23:20, och att klockan gick en minut fel så att han egentligen stämplade ut 23:21.

Så när var det? 23:19 eller 23:21? Vad spelar en eller två minuter hit eller dit för roll? Jo, det har en helt avgörande betydelse. Om Sture stämplade ut 23:19 och ägnar 20-30 sekunder åt att ta sig till platsen för mordet, så är han där mellan en och två minuter innan mordet skedde. Men om han å andra sidan stämplade ut 23:21, så kommer han fram 5-6 sekunder efter att det hänt, precis som han hävdar.

Att Skandias personalman, med ansvar för inpasseringssystem och stämplingar, säger att Sture stämplade ut 23:19 är klart försvårande, för att inte säga förödande, för Stures trovärdighet.

Skoglunds samtal med Per H, Skandias säkerhetschef, är ännu mer intressant. Per konstaterar själv att Sture måste ha varit på platsen för mordet ungefär en minut innan det har inträffat. Misstankarna Per hyser för Sture utvecklas under samtalet med Skoglund och kulminerar i att Per berättar för Skoglund om att Skandias säkerhetspersonal på eget bevåg bestämt sig för att gå in i Stures rum och leta efter "vapenfett eller vapendelar". Skoglund på kriminalen är definitivt intresserad vid det här laget och ber Per hålla honom underrättad. Vilket Per lovar att göra.

Slutet på den delen av historien är tyvärr inte känd. Vi vet inte om Skandia gjorde någon undersökning av Stures rum och vad de i så fall fann, och vi vet inte om polisen vidtog några ytterligare egna åtgärder.

Kort efter samtalen med Per lämnar Skoglund utredningen.

Tingsrätten

När Sture hörs i tingsrätten, så gör han det som ett av försvararnas relativt fåtaliga vittnen. Att åklagarna väljer att inte kalla in Sture E skulle vid en första betraktelse kunna tolkas som att åklagarna visste att han inte såg gärningsmannen, och att han i övrigt inte torde kunna bidra till att fälla Christer P. Men så enkelt verkar det inte ha varit. Åklagarna har valt att helt utesluta Sture E ur hela förundersökningsmaterialet som lämnades in till tingsrätten. Alla förhör och alla referenser till honom saknas helt. Försvararna har dock hört talas om Sture, säkerligen genom hans medverkan i TV och övrig media, och begär att han ska höras. Varför de vill göra detta vet vi inte, men den formella anledningen är att Sture "ska höras angående sina iakttagelser vid gärningstillfället".

Kanske ville försvararna sprida tvivelsmål runt antalet gärningsmän på platsen. Åklagarna argumenterade ju för att Christer P var ensam mördare, men Sture har uppgett att Lisbet Palme sagt "förresten så har dom skjutit mig också", vilket skulle kunna innebära att hon sett mer än en gärningsman till skillnad från vad åklagarna gjort gällande. Kanske var det skälet till att Sture blev kallad som vittne.

Försvarets begäran bifölls av tingsrätten, och förundersökningsledaren var därmed tvingad att inkludera materialet de hade om Sture. Det är därför vi har kunnat få tillgång till förhör med honom. Allt material i underlaget till tingsrätten blir nämligen offentliga uppgifter. Men åklagarna var inte sparsamma när de valde bland materialet. Förutom förhören med Sture valde de att även skicka in de förhör som gjorts med säkerhetspersonalen på Skandia, förhör som är minst sagt komprometterande för Sture. Taktiken bakom detta är uppenbar. Om försvaret lyckades få ut något ur Sture som skulle peka i en för åklagarna ogynnsam riktning, skulle de enkelt kunna åberopa förhören med säkerhetspersonalen i syfte att dra tvivelsmål över Stures historia.

Så blev det dock aldrig.

Sture hördes under ed i tingsrätten på förmiddagen den 4 juli 1989 på försvarets begäran.

Förhöret återges här i dess helhet.

```
AL = Christer P's försvarare Arne Liljeros
SE = Sture E
RO= Rättens ordförande, lagman Carl-Anton Spak
JA= Åklagare Jörgen Almblad

AL: Jo, Sture E, du vet vad förhöret gäller. Det
gäller vissa iakttagelser du gjorde på kvällen den
28/2 -86. Arbetade du på Skandia vid det till-
fället?
SE: Ja, det gjorde jag.
AL: Ha … och arbetade du över?
SE: Ja, jag arbetade över därför att familjen
skulle åka till Idre på vintersemester, och jag
hade inte gjort färdigt det jag tycker jag borde
ha gjort. Så att jag satt kvar… rätt länge. Jag
visste att mitt sista tunnelbanetåg gick så att
jag var tvungen att lämna mitt arbetsrum kvart
över elva. Så att då lämnade jag också mitt ar-
betsrum.
AL: Jaha, och du stämplar ut och kommer ut på
Sveavägen?
SE: Ja, det gjorde jag.
```

AL: Kan du säga ungefär när du stämplade ut?
SE: Enligt stämpelklockan så visade den på... eh...
23...20, men... vid kontroll dan därpå visade det sig
att efter Fröken ur, så gick den 60 sekunder fel,
och det betyder att jag har stämplat ut 21.
AL: 23 och 21?
SE: Jaa.
AL: Ää, det finns några noteringar tidigare här om
att du ska ha stämplat ut 23:19, men rätt tid ska
vara 21:20, men... Har du kollar det här?
SE: Det här har jag kollat... bara för några dar sedan.
AL: Jaha... så du skulle ha stämplat ut då 23 och ...
SE: 21
Al: Jaha så kommer du ut då, är det Sveavägen 44
som du kommer ut?
SE: Ja
AL: Ha, du kommer ut, och kan du berätta med egna
ord vad du gör och vad du ser och vad du hör?
SE: Ja. Jag följer trottoarens ytterkant ... och ungefär när jag kommer i höjd med en affischpelare
som står i höjd med det som då hette Götabanken,
och nu heter Linders resebyrå, då hör jag vad som
förmodligen är skott nummer två, jag har bara uppfattat ett skott, eh, tydligt och klart, det andra
har jag uppfattat mera som oljud.
AL: Hur långt ifrån tunnelgatan kan du ha varit då
när du hör det här skottet?
SE: Den här affischpelaren står 20 meter ifrån i
nordlig riktning, och jag var alldeles bakom den...
och därifrån så sneddar jag in ... eh ... mot bankens
upplysta fönster för att kolla på min klocka, om
jag skulle hinna med sista tunnelbanetåget eller
inte.
AL: Jaha, du tittar på din egen klocka?
SE: Ja.
AL: Och så fortsätter du då i riktning mot Tunnelgatan?
SE: Ja, den tunnelbanestationen som finns vid tunnelgatan stänger rätt tidigt på eftermiddagen, på
kvällen, så att ... eh ... jag var tvungen att gå upp
till Kungsgatan för att komma ner.
AL: Ha... ja, vad..vad händer, vad ser du?
SE: Jo, när jag då går på insidan av trottoaren så
håller jag i princip på att snubbla på en person
som ligger på marken, ligger på rygg, och jag ser
att det är blod, och jag står och tvekar om jag

ska fortsätta mot min tunnelbanestation, eller om jag ska stanna.
AL: Innan vi fortsätter, hur lång tid kan det ha gått från det att du hör den här smällen, till dess att du kommer fram till den här personen som du nästan snubblar över?
SE: Den tid det tar att titta på klockan, plus en sex-sju sekunder.
AL: Jaha. Hade du bråttom, gick du fort?
SE: Ja, jag gick fort.
AL: Mm. Hur var det med folk på platsen här, kan du säga någonting om det?
SE: Ja, det var typiskt efter biodags, det fanns lite folk här, och lite där, och det var rätt mycket trafik på gatan.
AL: Mm. Sex sju sekunder plus den tid det tar att titta på klockan, och titta på klockan, kan det ta ett par sekunder det?
SE: Ja, jag har en mörk urtavla, så att... plus att jag var vinterklädd, så att man måste plocka fram klockan under kavaj och rock och så vidare.
AL: Ja, och vad konstaterar du, du ser en person ligga där. Ser du någon ytterligare person?
SE: Jaa, jag ser en dam som ligger på knä, över den här personen. Och, eh, under den tid jag då står och funderar på hur jag ska göra vidare, så eh, rör hon sig upp och ner, och fram och tillbaka. Och min, eh, då glömmer jag min tunnelbana och så tänker jag att här, eh, gäller det att fråga åt vilket håll den person som sköt sprang och hur han var klädd, för att jag befarade att hon inte skulle vara kvar på platsen på det sätt som hon sprang fram och tillbaka.
AL: Hur verkade hon vid det tillfället, vi vet ju nu att det är fru Palme.
SE: Ja. Eh, hon verkade lite virrig och flaxig, men jag hade ett samtal med henne, och, eh, det gick att prata med henne.
AL: Sa hon någonting om vad som hade hänt?
SE: Nä, det var jag som frågade, jag frågade åt vilket håll. Och då pekade hon åt tunneln på tunnelgatan. Och så frågade jag, hur var han klädd. Och då tvekar hon ett litet kort ögonblick, ska vi säga en tre sekunder, och så säger hon "mörkblå täckjacka". Och sen eh, några sekunder senare, så säger hon: "Förresten så har dom skjutit mej också". Och då tänkte jag att det kan inte vara så

farligt med det, på det sättet som hon rörde på sig.
AL: Ja, tittade du åt vänster då?
SE: Ja då tittade -
AL: ...in mot Tunnelgatan?
SE: Ja, då tittade jag bort mot tunnelgatan, och då ser jag en figur, mestadels som en silhuett, lite svagt belyst från sidan, och den person står alldeles blick stilla under en eh, tidsperiod som jag uppskattar till 10 sekunder. Och eftersom jag trodde att det var den personen som hade hållit i vapnet, så kände jag en liten hotfull känsla, och därför så tyckte jag att 10 sekunder var en väldigt lång period. Sen tittade jag ner i marken, och när jag tittar upp igen så är den figuren borta.
AL: Hur lång tid kan det ha gått från det att du hör dom här skotten, skottet, till dess att du tittar till vänster och ser den här silhuetten borta på tunnelgatan?
SE: (Suckar, 10 sekunders tankepaus) En, eh, 10,15 sekunder... jag är lite osäker.
AL: Alltså från det att du hörde skotten, gick-
SE: Nä, inte från det att jag hörde skotten, från det att jag kom fram.
AL: Från det att du kom fram?
SE: Ja.
AL: 10, 15 sekunder. Fick du något begrepp om den personen, klädsel, ålder?
SE: Ja. Jag har ju haft tillfälle att titta på fotografier hos kriminalen, och peka ut vilka jag såg, och den personen jag såg på detta långa avstånd, och i dålig belysning, var jag nästan hundraprocentigt säker på, när jag satte fingret på ett fotografi, och jag fick efteråt veta av polisen att det var vittnet Lars som jag hade sett. Och han var vä- (Bandbyte) Och han var väldigt, eh, typiskt klädd med ganska stor bullig jacka, och mycket smala ben.
AL: Och den här personen du såg, var stod han, stod han på vänster eller höger sida av tunnelgatan?
SE: Han stod till vänster om baracken, i förlängningen av baracken, och på den, eh, hitre trottoaren på Luntmakargatan.
AL: Ålder på den här personen, du har ju sett fotografier och så vidare, men ditt intryck då, vid tillfället?

SE: Det var att det var en ung person.
AL: Det var en ung person?
SE: Ja.
AL: Hur, eh, hjälpte du till på något vis här... när det gäller Palme?
SE: Jaa, jag håller ju på med eh, lite olika saker på Skandia som gäller information och skadeförebyggande åtgärder, säljstöd och så vidare, och eh, jag har eh, gått en eh, första hjälpen-kurs, och det jag ser då framför mig på marken det är en person som ligger på rygg, men en halvöppen mun, och blodet som går så lång upp så att tänderna syns inte, och det sipprar lite grand ur mungipa och näsborre. Och då fick jag lära mig att under alla omständigheter så måste andningsvägarna vara klara, så att jag gör ett så kallat framstupa sidoläge.
AL: Under den här tiden, hur agerade fru Palme?
SE: Eh, jag tyckte att hon var tacksam för all hjälp som överhuvudtaget hände vid det tillfället.
AL: Ja, du sa när du såg den här mannen borta tydligen, vid Luntmakargatan tror jag att det var, var det mörkt?
SE: Ja, det var mycket mörkt.
AL: Mycket mörkt?
SE: Ja. Barackerna gjorde att större delen av belysningen där borta, den var i... den var så hög att man var tvungen att ta bort belysningen på själva tunnelgatan.
AL: Ja, just det. Din egen klädsel vid det här tillfället, kan du beskriva den?
SE: Ja, jag var klädd i en eh, mörk rock, som gick ner till knäna, jag hade en keps, jag hade den här handlovsväskan, och dom här tunna glasögonen (tar av sig glasögonen och lägger på bordet).
AL: Kepsen, vad var det för färg på den?
SE: Den var svart- och gråspräcklig. Ganska mörk.
AL: Rocken var mörk, var den-
SE: Den var mest-
AL: Va? Svart?
SE: Den var svart, ja.
AL: Ja, du var kvar på platsen ett tag.
SE: Ja.
AL: Återvände du sedan till Skandiahuset?
SE: Ja, men innan dess så hinner ju den första polisbilen komma, och strax därefter efter så kommer en polispiket med ett antal poliser, och jag är vänd med ryggen åt deras håll och hör klappret

från, mellan fötter och trottoar, då hör jag hur någon ropar: "Åt vilket håll"? Och då reser jag mig upp, och så sträcker jag ut hela handen för att det skulle synas tydligt och så säger jag "Åt det hållet" och pekar mot tunnel. Och när konstaplarna då springer iväg åt det hållet, och i har princip hunnit fram till Luntmakargatan, det är väl en femtio meter, så blir jag förtretad på mig själv att jag inte hade nämnt mörkblå täckjacka, och springer ifatt dom och springer ganska fort efter omständigheterna, det var ju lite isbark och så på trottoaren, för att berätta för dom det jag hade glömt att säga.

AL: Jag återgår till fru Palme, du sa någonting om att hon sa också något om att hon också hade blivit beskjuten.

SE: Ja, föresten så har dom skjutit mej också, säger hon till mig.

AL: D...dom?

SE: Hon använde ordet dom.

AL: Ja, det var det jag tänkte fråga om. Sa hon det vid flera tillfällen att dom har skjutit mej-

SE: Nej. Nej, vid ett tillfälle.

AL: Sa fru Palme att hon hade sett flera personer?

SE: Nej, Nej hon använde bara det uttrycket, och det, mer än så pratade vi inte med varandra.

AL: Ja, här vid platsen där Palme låg, och även där fru Palme var, kom det fram flera personer dit?

SE: Det kom, allteftersom, det kom alltfler personer, men eh, jag var ju på utflykt då när jag skulle springa ifatt poliserna. Så... när jag kom tillbaka så hade även ambulanserna kommit.

AL: Men när du första gången kommer fram till den här platsen, finns det då ytterligare personer där?

SE: Ja, jag står ju då en kort stund och funderar på vad jag ska göra, då tänker jag inte på om det finns fler eller inte, men, eh, då omedelbart efter så ser jag bland annat en ung flicka och en ung grabb.

AL: Du är osäker på om du är den första som kom fram till det här paret?

SE: Jag är osäker på det.

AL: Mm. Jo, den här personen som du så i silhuett där borta på Luntmakargatan, kunde du se vilken färg han hade på sitt ytterplagg?

SE: Nej.

208

AL: Det gick inte?
SE: Nej, men det var mörkt.
AL: Det var mörkt?
SE: Ja. Och, eh, benen såg ut att det var mycket tajta jeans, det var den uppfattning jag hade.
AL: Huvudbonad?
SE: Jag tror inte det.
AL: Nej. Ja. Ja-tack.
RO: Åklagarsidan? Jörgen Almblad?
JA: Nej, jag har bara en fråga, du har vid ett tillfälle när du har hörts av polisen sagt att du upplevde det som att Lisbet Palme var behärskat chockad-
RO: Jag uppfattade inte?
JA: Behärskat chockad.
RO: Jaha.
JA: Är det ett uttryckssätt som du skulle vilja bibehålla idag så att säga?
SE: Ja, jag, då menar jag ungefär som så att hon var efter omständigheterna, om du förstår hur jag menar, tillgänglig.
JA: Mm.
RO: Då är förhöret avslutat.

Där avslutas förhöret. Vi bryter ut och studerar en del intressanta stycken. Låt oss börja med tiden för utstämplingen.

AL: Kan du säga ungefär när du stämplade ut?
SE: Enligt stämpelklockan så visade den på... eh... 23...20, men... vid kontroll dan därpå visade det sig att efter Fröken ur, så gick den 60 sekunder fel, och det betyder att jag har stämplat ut 21.

Nu är tiden justerad från 19 minuter över 23 från de första förhören, som egentligen skulle vara 20, till att nu slutligen vara 20, som egentligen skulle vara 21. Någonstans måste det vara fel. Kan Sture minnas fel? Knappast. Senare i förhöret säger han så här:

AL: Ää, det finns några noteringar tidigare här om att du ska ha stämplat ut 23:19, men rätt tid ska vara 21:20, men... Har du kollar det här?
SE: Det här har jag kollat... bara för några dar sedan.

AL: Jaha... så du skulle ha stämplat ut då 23 och ...
SE: 21

Sture har alltså bemödat sig med att inför rättegången kontrollera när på minuten han stämplade ut, och hur mycket fel klockan gick för flera år sedan. Utan stödbevisning, och med Skandias personalmans uttalande om att Sture stämplade ut 23:19, är det svårt att få förtroende för Sture i den här frågan, framförallt som hans egna uppgifter om tiden genom förhören har förändrats genom förhören.

> SE: Ja. Jag följer trottoarens ytterkant ... och ungefär när jag kommer i höjd med en affischpelare som står i höjd med det som då hette Götabanken, och nu heter Linders resebyrå, då hör jag vad som förmodligen är skott nummer två, jag har bara uppfattat ett skott eh, tydligt och klart, det andra har jag uppfattat mera som oljud.

Sture justerar även här sina tidigare uppgifter. Från att tidigare bara ha talat om ett skott, vilket han uppfattat som en avgassmäll, har Sture nu till sist ändrat den slutliga versionen till att han hörde två skott, men att det andra misstolkas som oljud. Det är svårt att förstå vad han menar. Han hör ett skott, klart och tydligt, men det andra tror han är oljud. Vad skulle det vara för fenomen som får någon att tro efter att man hör två knallar, att ett skulle vara ett skott och nästa skulle vara oljud? Är det inte rimligare att tro att båda knallarna har samma ursprung, oavsett om de inbördes skulle låta något annorlunda? Låt oss vänta med att värdera det här ytterligare, och bara nöja oss med att konstatera att Stures ändringar av sina uppgifter inte bidrar till att grundfästa något förtroende för hans historia.

> SE: Den här affischpelaren står 20 meter ifrån i nordlig riktning, och jag var alldeles bakom den... och därifrån så sneddar jag in ... eh ... mot bankens

```
upplysta fönster för att kolla på min klocka, om
jag skulle hinna med sista tunnelbanetåget eller
inte.
...
AL: Mm. Sex sju sekunder plus den tid det tar att
titta på klockan, och titta på klockan, kan det ta
ett par sekunder det?
SE: Ja, jag har en mörk urtavla, så att… plus att
jag var vinterklädd, så att man måste plocka fram
klockan under kavaj och rock och så vidare.
```

Här finns mycket ny intressant information. Först ser vi att de ständigt återkommande 5-6 sekunderna det tar från smällen tills han är framme vid Olof Palme, nu har sträckts ut till 6-7 sekunder, plus ett par sekunder som det tar honom att titta på klockan. Det finns först och främst en glidning i tiden det tar innan han kommer fram, visserligen en svag glidning som till synes inte har någon större betydelse, men som ändå indikerar någon sorts ambition att dra ut den här kritiska tidpunkten. Nu kan det ha tagit så lång tid som 7 plus 2 sekunder innan han är framme. Det andra vi observerar är att han alltså måste ha stått stilla en kort stund för att kolla klockan. Tidigare har Sture sagt att han kollar klockan i steget, men så är det inte längre utan nu stannar han och kollar vad klockan är vid det upplysta fönstret. Det här är en ny uppgift som senare i tidningsintervjuer ska utvecklas ännu mer. Nu sneddar han alltså in från reklampelaren och går mot skyltfönstrets upplysta fönster. Det sägs inte rätt ut här, men senare framkommer att han stod vid skyltfönstret en stund för att kunna se vad klockan var. Rent beteendevetenskapligt kan vi kanske förklara vad Sture säger sig göra. Visst är det ett rent mänskligt beteende vi ser prov på och som vi alla kan relatera till? Han är ju sen och har bråttom för att försöka hinna med det sista tåget. Självklart vill han veta vad klockan är. Men visarna på klockan syns dåligt, så han måste stanna vid det upplysta fönstret. Hade inte vi alla gjort likadant?

Men tittar vi på *exakt* vad det är han gör blir det svårare att känna sympati för hans historia. Sture packar ihop, går ner för trappan, stämplar ut vid den, får man förmoda, tydliga stämpelklockan, och går sedan ut på gatan. Senast vid den tidpunkten när han stämplade ut måste han ha fått en ganska klar och tydlig indikation på vad klockan är. Han fortsätter ut över den breda trottoaren, går vid gatulysena, skyndar på stegen och väljer vid reklampelaren att snedda in över den sju meter breda trottoaren för att stanna och titta på sin analoga klocka med mörk urtavla.

Han har 120 meter kvar till tunnelbanenedgången.

Det är bråttom, ska han hinna? Vänta nu: låt oss notera att han har 120 meter kvar vilket tar mindre än en minut om man småspringer. Om han nu tar tid att stanna och gräva fram klockan under kavaj och rock, vad är det han har tänkt att han ska göra med informationen? Vilken tid är det han vill kontrollera? Vi vet att Sture måste ha haft en ganska klar bild av att klockan var ungefär 20 över elva när han stämplade ut för några sekunder sedan. När gick egentligen det här sista tåget som han försökte hinna med? Vilken tid är det han egentligen vill passa? Om han nu, bara 120 meter innan stationen, stannar och kontrollerar vad klockan är så bör han ju ha en ganska klar uppfattning om exakt vilket tåg han försöker hinna med. Just frågan om vilket tåg han egentligen försökte hinna med, ställde sig även polisen. Den sista fråga de någonsin konfronterade Sture med var: "När går sista tunnelbanetåget". Sture svarade:

```
Ja, jag vet att man, att tågen börja, att tågen
slutar och gå klockan tolv. Jag hade ingen, jag
vet att jag bör dels med tanke på att jag skall
först ta mig till Hötorget, och jag hade inte nå-
gon sån där minutschema men att jag bör ju vara
med sista tåget som då i princip slutar att gå
klockan tolv Mörby då. Tar jag en halvtimme på mig
så brukar det gå bra.
```

Sture vet med andra ord inte när tåget som han hastar till ska gå, och han vet därmed inte vad han ska göra med kunskapen han får när han tar sig tid att stanna och titta på klockan. "Tar jag en halvtimme på mig så brukar det gå bra." Den här historien verkar underlig, men låt oss nu gå vidare i förhöret från tingsrätten.

> SE: Ja, då tittade jag bort mot tunnelgatan, och då ser jag en figur, mestadels som en silhuett, lite svagt belyst från sidan, och den person står alldeles blick stilla under en eh, tidsperiod som jag uppskattar till 10 sekunder. Och eftersom jag trodde att det var den personen som hade hållit i vapnet, så kände jag en liten hotfull känsla, och därför så tyckte jag att 10 sekunder var en väldigt lång period. Sen tittade jag ner i marken, och när jag tittar upp igen så är den figuren borta.

Här reagerar man som lyssnare på hur Sture bedömer tidsperioden. Han uppskattar att han tittar upp i 10 sekunder. Men han tror att det är mördaren och därför känns de här 10 sekunderna som väldigt långa. Varför uppskattar han det då till 10 sekunder, och inte mycket mer? Känns det som mycket mer än 10 sekunder, varför säger han då att det bara är 10 sekunder? Tog han tiden? Eller är det en påhittad efterhandskonstruktion?

> AL: Under den här tiden, hur agerade fru Palme?
> SE: Eh, jag tyckte att hon var tacksam för all hjälp som överhuvudtaget hände vid det tillfället.

Detta går tvärtemot allt som framkommit från övriga vittnen. Anna H talar om att hon nästan med våld fick hålla Lisbet ifrån sig eftersom Lisbet krävde att ingen rörde Olof. Karin J berättar att Lisbet "smällde till" Anna H.

> AL: Du är osäker på om du är den första som kom fram till det här paret?
> SE: Jag är osäker på det.

Ingen ytterligare diskussion följer på detta meningsutbyte. Från att tidigare, i förhör efter förhör, tvärsäkert ha uttalat sig om att två personer utöver Lisbet fanns på plats vid kroppen, är han nu plötsligt osäker. Vid det här laget vet vi att det är helt omöjligt att någon kunde ha varit framme lika snabbt som Sture om hans berättelse i övrigt stämmer. Kanske har han själv funderat över det här och blivit osäker, men de tidigare uppgifterna i förhören har lämnat mycket lite utrymme för osäkerhet.

Vi fortsätter lyssna på vad Sture säger i rättegången.

> SE: Det kom, allteftersom, det kom alltfler personer, men eh, jag var ju på utflykt då när jag skulle springa ifatt poliserna. Så... när jag kom tillbaka så hade även ambulanserna kommit.

Här hör vi att båda ambulanserna fanns på plats när Sture kommer tillbaka efter hans utflykt. Det stämmer dåligt med den del av berättelsen, som Sture lämnar i andra sammanhang, där han uppger att han efter sin utflykt ser att Anna H genomför hjärtmassage. Det vore helt orealistiskt för henne att göra det efter att båda ambulanserna anlänt.

Där avslutar vi analysen av Stures edsvurna vittnesmål från tingsrätten.

Vilket allmänt intryck kan man då få av Sture och den berättelse han lämnar i alla dessa förhör?

Sture framstår som ett idealiskt vittne. Han minns allting utan att behöva tänka efter. Svaren kommer snabbt. Han tvekar nästan aldrig, eller påstår att han inte minns. Allt är solklart och tydligt. Endast i ett par speciella fall börjar han tveka, och ger otydliga svar. Inte nog med att han har svar på det mesta. Han gör till och med egna efterforskningar för att hjälpa polisen när han tar reda på om stämpeluret går rätt.

Men allting är inte frid och fröjd.

Allt fler detaljer tillkommer med tiden. Vissa detaljer justeras så att händelseförloppet ändras på ett avgörande sätt. Och det finns fakta i hans berättelse som vi ovillkorligen kan hävda helt enkelt inte stämmer.

Utan tvekan bär Stures berättelse många kännetecken på en lögn, även utöver de stycken där vi med säkerhet kan beslå honom med att tala osanning.

En person som ljuger svarar snabbt. Han har redan tänkt ut alla svar på alla tänkbara frågor, och när frågan kommer så levereras svaret självsäkert och snabbt. Däremot får lögnaren problem när utfrågaren hoppar fram och tillbaka, eller vill veta detaljer i historien i relation till något som inte hänger ihop. Ett annat kännetecken är att ord och fraser upprepas, eftersom de är inövade. En person som inte ljuger brukar i stället omedvetet variera sig när en sann historia återberättas.

Det är också vanligt att en person som talar sanning inte drar sig för att göra små spontana korrigeringar av sin egen berättelse, exempelvis kanske hon säger "Nej vänta, jag stod på vänster sida, inte höger". I ett förhör är det naturligt att någon som berättar något som är sant ibland erkänner att delar av historien är bortglömd. Sådana passager hittar man överallt i vittnesförhör. "Nej, nu minns jag inte om jag stod på höger eller vänster sida".

Stures vittnesmål bär på flera sätt en prägel av att vara uppdiktad. Dels kan vi beslå Sture med att i vissa specifika fall faktiskt fara med osanning, dels kan vi med ledning av det allmänna intrycket konstatera att hans vittnesmål visar flera tecken på att vara osanna. Hur kan det då, om det nu är så enkelt att vederlägga hans historia, komma sig att polisen inte uppmärksammade detta? Det kan finnas några skäl till det.

För det första så vet vi ju inte om polisen faktiskt upptäckte eller ansåg att han eventuellt talade osanning. Det finns däremot tydliga tecken på att Sture i juni 1986 blev intressant för polisen som tänkbart inblandad, främst genom Skandiaförhören.

För det andra så förhördes Sture hela tiden av olika poliser, och det är fullt tänkbart att det brast i kommunikationen mellan poliserna, eller att förberedelse inför förhören var undermåliga. En polismans misstanke om att Sture ljög förstärktes inte av att nästa polis misstänkte samma sak. Kanske lät de saken bero med det.

För det tredje är det tänkbart att polisen ansåg att han ljög, men att de bara bedömde det som att han var en person som inte alls fanns på plats utan bara ville bli berömd genom att ljuga om sin insats på mordplatsen.

Sture framstår som en person som vill bli sedd och bekräftad och mycket tyder på att det var så som polisen bedömde honom. Tecken tyder på att Hans Holmér tidigt sorterade ut Sture som ett opålitligt vittne med motiveringen att han var en notorisk mytoman.

Men det finns ytterligare en botten i den här historien.

Media

Sture har vid ett flertal tillfällen intervjuats av TV och tidningar. Första gången han medverkade i en tidningsintervju med anledning av Palmemordet, var redan dagen efter mordet. Sture intervjuades på lördagen och artikeln publicerades på söndagen. Därefter har han medverkat i tidningen Proletären, TV-nyhetsprogrammet Rapport, facktidskriften Skydd & Säkerhet, och dessutom intervjuats av olika författare och journalister. Någon blygsamhet har inte kunnat noteras utan Sture har snarare tvärtom välkomnat uppmärksamheten och närmast med glädje ställt upp och medverkat. Man får intrycket att han nästan själv har bedrivit en del uppsökande verksamhet. Detta talar vid första anblicken ofrånkomligen för att Sture inte har något att dölja. Vi återkommer till detta senare. Innan dess ska vi studera vad Sture säger i dessa intervjusituationer. Vi börjar i kronologisk ordning, och ser vad Sture säger till SvD redan dagen efter mordet.

Uppenbarligen har Sture personligen tagit sig upp till SvD's redaktion och anmält sig som ett mordvittne. Detta är alltså samma dag som Sture med fru har bestämt att åka till en förhandsbokad veckolång semester till Idre. Sture vill dock hellre låta sig intervjuas av tidningen.

Sture fotograferas läsande dagens tidning, med den mördade statsministern på omslaget. Intervjun lyder så här:

> Sture E, som arbetat över på Skandia på Sveavägen, var 20 meter från statsministern då denne sköts ner. Jag såg inte när skotten avlossades, berättar han. Det smäller så mycket på gatorna. Men när jag lyfte blicken såg jag en man ligga på rygg på gatan. E gick fram för att se om han kunde hjälpa till. Olof Palme låg stilla på gatan, med slutna ögon. Han blödde ur näsa och mun. Blodet hotade att koagulera, så tillsammans med 17-åriga Anna H lade de Palme i framstupa sidoläge.

En del saker måste kommenteras. Det första är att nu, dagen efter mordet, är det skott i plural som Sture hör. Detta ändras i kommande förhör till bara ett. Vi vet naturligtvis inte vad Sture egentligen har sagt till journalisten, men det torde inte ha varit någon längre diskussion om saken, eftersom journalisten i så fall sannolikt skulle ha reagerat.

Det andra som kan nämnas är den underliga formuleringen om blod som hotar koagulera i munnen. Detta har såklart ingen bäring på något signifikant men det är en formulering som är speciell och utmärkande.

Det intressanta med denna text är kanske inte så mycket vad som sägs, utan snarare vad som inte sägs. Än har Sture alltså inte avslöjat att han har sprungit in i gränden på jakt efter polisen. Detta är något som en journalist inte hade tvekat över att använda om det hade nämnts av Sture.

Tidningen Proletären är en vänsterinriktad veckotidning i dagstidningsformat. Under 80- och 90-talet skrevs i denna tidning ett antal artiklar om Sture E. Journalisten som författade samtliga dessa artiklar var Olle Minell, en journalist som fortfarande är aktiv i samma tidning, och som än idag skriver om mordet.

I den första artikeln, från 1989, lyfter vi ut följande citat:

> Som du vet är trottoaren mycket bred här på Sveavägen, berättar Sture. Jag går ut genom dörren bredvid de stora svängdörrarna för dessa är låsta nattetid. Bråttom har jag och jag går längst ut på trottoaren mot Sveavägen fram emot korsningen vid Tunnelgatan. Efter dryga 30 meter skall jag kolla klockan. Som du ser har jag en svart urtavla, säger Sture och sträcker ut armen för att visa mig. Därför viker jag in mot Götabankens fönster för att i dess ljus se hur mycket tid jag har på mig. Just i denna rörelse, från ytterkanten av trottoaren strax innan reklampelaren och in mot bankfönstret hör jag något som mest liknar en "smällare".

Intervjun åtföljs av en serie bilder. Dessa bilder, sannolikt med Olle M som fotograf, visar Sture i de olika positionerna i skedet fram till mordplatsen. En bild visar just detta ögonblick: Sture står stilla, svagt framåtböjd, riktad rakt in mot Götabankens upplysta skyltfönster, noggrant studerande sin klocka. Armen är uppe i karaktäristisk vinkel mot det neråtböjda ansiktet. Exakt här står han när skottet brinner av. Positionen är ca två meter från ingången till Dekorima. Nästan exakt här står också ögonvittnet Anders B på sin promenad efter paret Palme. Det märkliga med detta är att varken Anders B eller Sture kan berätta om den andre. Detta trots att de i praktiken måste ha befunnit sig på nära nog exakt samma ställe.

> Jag reagerar inte omedelbart, men när jag tittar upp och bort mot Tunnelgatan ser jag en person liggande på marken och en kvinna som böjer sig ner över honom. Jag springer fram till dem och då har det redan kommit fram ett ungt, sött par, en kille och en tjej. Min språngmarsch fram till det, som senare kommer att visa sig vara Olof Palmes mordplats, tar 6-7 sekunder.

Här har Sture ändrat på historien lite. Han säger nu att han i alla fall tittar upp och ser en liggande person på marken, och att han därefter springer fram till honom. Här framkommer det också att Anna H och Stefan G, det söta paret, redan är framme hos Olof.

> Vad jag uppfattar är jag den ende som talar med kvinnan. Jag frågar henne vart han som sköt tog vägen och då pekade hon in i Tunnelgatans gränd och bort mot trapporna. På min fråga hur denne var klädd svarade hon efter någon sekunds tvekan: "en mörkblå halvlång täckjacka."

Vi vet dock att ett antal personer pratar med Lisbet, bland annat Leif L. Leif är vittnet i Chevan som tillsammans med sin kamrat är ute och kör på stan i väntan på att plocka upp sina sportlovsfirande barn. När Leif står vid rödljuset i korsningen ser han mordet, vänder om sin Cheva och plockar samtidigt upp sin mobiltelefon. Han slår därefter 90 000 och väntar på att polisen ska svara. Efter drygt en minuts väntan utan svar lägger han på, går ut ur bilen och går fram till kvinnan. "Snälla frun, vad sköt han för?" frågar Leif.

Sture å sin sida vet inte om att det har skett ett mord; han har inte hört några skott, bara smällare, han har inte sett någon gärningsman, han vet bara att det ligger en man på rygg med blod i ansiktet. Ändå frågar han vart mördaren tog vägen, och hur han var klädd.

> Jag ligger fortfarande kvar på knä vid mannen med ryggen åt Sveavägen då jag hör springande steg bakom mig. En polis tar mig på axeln och frågar vilken väg han som sköt tog. Jag reser mig då upp och sträcker i något militärisk stil ut armen och pekar in mot trapporna i Tunnelgatan.

Sture är inte ensam om att vilja vara den som visar polisen vägen. Vittnet Jan-Åke S sitter i sin bil norrut på Sveavägen precis vid korsningen när mordet inträffar. Efter mordet går han ut, kontrollerar om det är någon som kontaktat polisen och ställer sig därefter lite avvaktande vid sidan om. När polisen kommer är Jan-Åke den person som enligt egen utsago visar flyktvägen för den första polismannen som kommer till platsen. Därefter kommer polispiketen fram, och de får mördarens flyktväg utpekad av Hans J, taxichauffören som ser mördarens hela flyktväg upp till trappan. Hans säger att han skriker direktiven rakt ut eftersom det tog ett tag innan poliserna reagerade.

Att – som Sture säger – stå på mordplatsen med armen utsträckt i "militärisk stil" är något som vi inte hört berättas på det sättet tidigare, men vi lägger det på minnet tills vidare. Det är också spännande att höra att polisen tar Sture på axeln. Det är något som tidigare inte framkommit.

> Efter en stund kommer jag ihåg att jag inte sa hur mannen var klädd, vilket kvinnan berättat för mig. Jag reser mig då upp och springer efter po-

> *liserna som likt en "glammande" småskoleklass gett sig av in i gränden. Men när jag kommer fram till Luntmakargatan ser jag ingen varpå jag rundar byggbarackerna och går tillbaka till mordplatsen.*

Detta rundande av baracken är något som tillkommit i senare versioner av Stures berättelse. Orsaken till att han just rundar baracken är okänd.

> *- Jag har ställt mig en del frågor efter den här kvällen. Varför låg en oanvänd slemsug på platsen, säger Sture. Enligt min bedömning så borde den ha använts i allra högsta grad. Likaså sa Lisbet Palme till mig "förresten har de skjutit mig också." Hur kunde hon då skutta omkring på platsen som hon gjorde? Och varför har de inte tagit med mig på rekonstruktionerna som gjorts vid mordplatsen? Nu har jag ringt DN och andra tidningar som publicerat bilder från dessa rekonstruktioner och talat om att bilderna är fel! Kvinnan är på utsidan mannen med ryggen vänd mot Sveavägen, inte på insidan. Det kan ju ha betydelse på vilken sida om mannen hon gått. Sent omsider fick jag träda fram i TV- aktuellt och berätta min version - men på polisens rekonstruktioner fick jag aldrig vara med, vilket jag finner mycket märkligt.*

Vi har tidigare konstaterat att Sture kämpar sig in i sammanhanget. Här framgår det väldigt tydligt. Han ringer DN, Expressen, Rapport. Ett beteende som leder tankarna till en person som inte har något att dölja, utan tvärtom gärna syns i olika sammanhang. Vi kan också notera en annan sak: Han känner till detaljer, såsom vilken sida Lisbet satt på, och att det låg en oanvänd slemsug på platsen. Detta har ett starkt signalvärde, nämligen: "Jag var på platsen!"

Under 1991 publicerar Proletären tre nya artiklar. Nu har Olle Minell helt bytt inriktning, och torgför nu en stark misstänksamhet mot Sture. Olle Minell refererar från förhören som Palmeutredningen genomför på Skandia, bland annat med Roland B på Skandias personalavdelning och Per H på säkerhetsavdelningen. Olle Minell skriver vidare:

> Direkt efter förhören med säkerhetsmannen Per H, personalchefen Roland B och de tre väktarna på Skandiahuset mordkvällen, avskedas Erik S från Palmeutredningen. Ett "hett spår" läggs åt sidan, eller rättare sagt "man bestämmer sig för att det inte finns någon substans i det", för att tala med den nuvarande spaningsledaren Hans Ölvebros ord.
> "Några ytterligare förhör med E har inte hållits. Och det är inte aktuellt heller. Det finns saker kring E som gör att vi kan göra den här bedömningen, säger spaningsledaren Hans Ölvebro till Proletären."

Månadstidningen Skydd & Säkerhet intervjuar Sture 1992. Intervjun är speciellt skriven och väldigt svår att tolka i den meningen att det är osäkert vilken egen utgångspunkt journalisten Jan Andersson har. Men besvärligast är att det i vissa fall inte är klart vad som är journalistens personliga reflektioner, och vad Sture själv säger i sina intervjusvar.

Rubriken till artikeln är "Varför fick vi inte veta hela sanningen om Olof Palmes död?"

Vi plockar ut några brottstycken ur intervjun.

> När jag nådde fram till reklampelaren (numera ligger en resebyrå där), så gick jag över till Götabankens skyltfönster, för att titta på min klocka i ljuset från fönstret.

Här kan Sture återigen tolkas som att han faktiskt står stilla vid fönstret. Han har tidigare sagt att det tar en liten stund att gräva fram klockan under rock och kavaj, och detta i kombination med att han ska fånga ljuset från Götabankens skyltfönster, måste innebära att han står stilla här i några sekunder. Vi vet också att det är härinne som Anders Bs kompisar tar ut pengar, och att Anders står utanför och väntar. Under loppet av 10 sekunder har alltså tre personer befunnit sig på i stort sett samma plats. Mördaren fanns där enligt Inge M, Sture fanns där enligt honom själv, och Anders B fanns där enligt honom själv och ett antal andra vittnen. Trots detta kan Inge M, som för övrigt framstår som ett trovärdigt vittne, bara se en enda person här.

> Jag går fram och ser att mannens mun är fylld av blod, det sipprar ur ena näsborren. Ingen hjälper till – det var ju någon litet längre ner på gatan och på andra sidan Sveavägen. Jag är ensam med det här, jag måste göra något.

Nu, 1992, är Sture först framme vid Olof Palme igen.

> Några poliser kom fram och frågade åt vilket håll gärningsmannen sprungit – "åt det hållet", pekade jag. Och fyra-fem poliser sprang in mot Tunnelgatan uppför trapporna, några in i gångtunneln.

Vid detta tillfälle var cykel- och gångtunneln som leder vidare från Tunnelgatan till Birger Jarlsgatan stängd. Uppgiften att polisen skulle ha sprungit in här är inte korrekt.

> Jag tänkte, försäkringstjänsteman som jag är, att det är bäst att jag hjälper till och anmäler mig som vittne. Det brukar vara svårt att få tag på vittnen i försäkringsmål. Så jag ville anmäla mig till polismannen - inte som mördare - men som vittne.

"Inte som mördare?" Vad är det för en kommentar? Fanns det något skäl för polisen att missförstå honom i denna situation och tro att det var som mördare han skulle anmäla sig?

> Jag skulle personligen ha använt ett smidigare, ett mindre vapen – om jag varit mördaren. Inte ett så kraftigt vapen, möjligen också dyrbart, kanske utfört med elfenbenskolv i utsirat mönster som försvann från restaurang Oxen samma kväll.

Detta är ju ett väldigt speciellt uttalande från en person som av både journalister, författare och säkerhetschef tidigare har varit misstänkt för inblandning i mordet.

Vi avslutar det här avsnittet med att referera den sista delen av Jan Anderssons intervju av Sture E i tidningen Skydd och Säkerhet. Den berör i huvudsak Stures egna tankar om hur mordet gick till, och får stå okommenterad.

> Det var kanske inte alls överlagt och planerat. Inte mord, utan dråp, eller som ett vådaskott under en älgjakt … . Vittnen uppger sig ha sett en man samtala med paret Palme, stående med ryggen

mot det upplysta skyltfönstret. Andra uppger sig ha sett en man lägga handen på Olof Palmes axel, när paret Palme går neråt gatan förbi Beckers.

Lägg ihop de här bilderna – paret tilltalas av en man som kanske känt igen dem och vill säga något till en livs levande världskändis som plötsligt kommer knallande Sveavägen fram från bion. Många har hälsat vänligt på Palme – han hade inte bara fiender. Tänk om den beundrade statsministern snäser av vederbörande på ett föraktfullt sätt.

Avvisade och vända ryggen åt blir några av oss förbannade. Om då någon av oss också går runt med ett vapen – så kanske vi tar till det vid ett sådant tillfälle.

Sinnet rinner till – vi tar några steg efter mannen, lägger handen på hans axel för att stoppa honom.

-Din djävel! – pang. Det är tyvärr mänskligt – eller omänskligt.

…

Kanske mördaren är en solitär, en ensamvarg, just i det oplanerade dråpögonblicket.

…

Perspektivet "dråparen" anger att det var någon som "råkade ut" för det här på Sveavägen … och råkade ha ett vapen med sig.

…

Är statsministerns död en slump? Kanske ett misstag eller något åt det hållet? Jag tror det. Det är den enda förklaringen jag har.

Mysteriet i gränden

Mycket tyder sålunda på att Stures berättelse inte stämmer. Han stämplar ut och kom ut på Sveavägen, så mycket vet vi, det finns stödjande bevisning för detta faktum. Från förhören med väktarna på Skandia vet vi också att han kom tillbaka ungefär 20 minuter senare. I övrigt har vi bara Stures berättelse att gå till, och där saknas stödjande utsagor helt och hållet. Tvärtom så finns det vittnesmål som pekar på att han inte alls har varit på platsen, och det finns uppgifter i hans egen berättelse som är uppenbart oriktiga. Vad innebär det? En man har varit i god tid på platsen, han ljuger om sina aktiviteter och därefter gör han sitt bästa för att visa sitt ansikte för både polis och allmänhet?

Är han ute efter uppmärksamhet?

Eller handlar det om någonting betydligt allvarligare?

Vi skulle faktiskt kunna förklara hela mysteriet med att helt enkelt anta att Sture inte alls var där. Han var en oskyldig förbipasserande som missar mordet med några sekunder. När det går upp för honom vad som hänt så står han på behörigt avstånd och observerar, dagen efter vill han i stället spela hjälte och anmäler sig. Hans mytomaniska läggning fyller i en del passande detaljer. Är det så det gick till? Är det möjligt?

Knappast.

Inge M berättar inte om någon sådan man som har passerat mordplatsen strax innan mordet. Inge M har uppsikt över mordplatsen och berättar i förhör om personer som passerar söderifrån och går norrut, sannolikt Anders B med sällskap, men ingen som passerar åt andra hållet.

Kanske hade Sture inte hunnit passera mordplatsen, utan befinner sig strax norrut innan det inträffar? Även det är tveksamt, då måste han ha stått ganska nära Leif L med sällskap, och Leif L utesluter möjligheten att Sture fanns i närheten. Och från den positionen hade Sture aldrig kunnat se Lars.

Sture anger ju i sitt första förhör att han ser en man inne i gränden. Denna man identifieras senare som Lars. Själva identifieringen ska vi inte fästa oss vid, Sture kan ha sett Lars i tidningen och den vägen identifierat honom. Men Lars fanns inte i tidningen dagen efter mordet när Sture ringde polisen första gången. I det förhöret anger Sture att han sett en man i 20-årsåldern inne i gränden vid baracken, och att denna man varit iklädd mörkblå täckjacka.

Precis en sådan man, Lars, stod alltså placerad inne vid barackerna och studerade mordet under tiden som det hände. Några sekunder senare passerar mördaren samma plats och Lars springer efter honom.

Ingen annan ser Lars. Anna H och Stefan G ser inte honom. Inte heller Leif L eller Hans J som annars ser hela vägen upp till trappan från sin position, ser honom. Att Lars verkligen var på plats, och följde efter mördaren får anses klart och får stöd bland annat av Yvonne N's berättelse. Skälet till att Lars är så frånvarande i de övriga vittnenas berättelser är att han är placerad på en mörk plats, i en smal gränd, och möjlig att se bara i en mycket smal vinkel om man befinner sig på mordplatsen och inte går förbi barackerna. Det är som om han står i en smal dörrspringa i ett mörkt rum, och blickar genom den in i ett stort och upplyst rum. Han är i praktiken osynlig. Ändå har Sture som enda person på plats sett honom.

Lars J's viktigaste insats hittills i mordutredningen har fram tills nu ansetts vara att han förföljde mördaren och att han därmed knyter ihop Yvonnes iakttagelse med sin egen och att vi därigenom vet lite mer om var mördaren tog vägen än vad vi annars hade gjort. Men den viktigaste insatsen får nu anses vara det enkla faktum att han bara står stilla på sin plats och iakttas av Sture. Detta faktum placerar Sture på mordplatsen, vid tidpunkten för mordet.

Var hamnar vi då? En man ljuger för polisen om vad han gjort, syns inte på mordplatsen, är klädd som mördaren och har bevisligen befunnit sig på platsen. Kan denna man ha haft något med mordet att göra?

Det är dags att dra lite slutsatser.

Slutsatser

Det finns ingen mall, process, eller datorprogram som kan värdera och bedöma fakta kring ett brott och dess misstänkta och sedan presentera gärningsmannen. Trots avancerad teknik och modern utrustning kan man sällan med 100 procents säkerhet säga att den misstänkte också är identisk med den skyldige. I målet mot OJ Simpson framgick det att till och med DNA-bevis kan ifrågasättas. Hur vet man att inte en polis planterar en blodig handske på en komprometterande plats? Eller att han av misstag förväxlar ett DNA-prov taget från den misstänktes hem med ett sådant taget på brottsplatsen?

Orealistiskt och otänkbart?

Ja, men knappast omöjligt. Det innebär att alla sorters bevis måste värderas och vägas, även sådana som vi vid första anblicken anser är oantastliga. I fallet Palme finns inga tekniska bevis i traditionell mening. Inget DNA, inga fingeravtryck, inget mordvapen, inte ens de upphittade kulorna går att med fullständig säkerhet sägas härstamma från mordet. Och även om de gör det så är de bara en kuriositet så länge som inte mordvapnet är funnet och placerat i mördarens hand. Allt som finns är ett antal vittnen, där många av dem har olika uppfattningar om vad som utspelade sig på mordplatsen.

För att med trovärdighet kunna peka ut någon person för ett brott där personen inte tas på bar gärning och teknisk bevisning saknas bör många indicier hänga ihop i en stark kedja och peka i en och samma riktning. Inte heller bör fakta kunna motbevisa dessa indicier. Generellt kan man säga att domstolarna, i alla fall hovrätten och högsta domstolen, är ytterst ovilliga att döma någon utan starka indicier. Finns minsta tveksamhet brukar man nyttja principen att hellre fria än fälla. Trots detta visar erfarenheten att det i svenska fängelser sannolikt sitter oskyldigt dömda personer som uppenbarligen är dömda med hjälp av indicier eller falska (eller feltolkade) bevis som verkat till deras nackdel. Det finns alltså anledning att vara försiktig med eventuella utpekanden.

Låt oss först studera vad som pekar på att Sture kan ha haft något med mordet att göra.

Sture fanns på platsen

Det är knappast ett brott att befinna sig på en mordplats i anslutning till att mordet begås, i alla fall inte om man inte håller i vapnet. Men för att kunna utpeka någon som skyldig så måste man först kunna göra troligt att denne någon har befunnit sig på mordplatsen vid tidpunkten för mordet. Och det har Sture gjort. Vi behöver inte fråga honom själv för det finns flera indicier och minst ett bevis:

Han har stämplat ut 23:19, detta bekräftas både av Sture själv initialt och av Skandias loggbok över stämpelklockan. Han har därmed haft tid att infinna sig på mordplatsen två minuter senare och endast 60 meter därifrån.

Väktare på Skandia uppger i polisförhör att Sture har gått ut vid den angivna tiden, varit borta i 20 minuter, och därefter kommit tillbaka och berättat om att Olof Palme har blivit skjuten. Vi kan alltså vara säkra på att han har varit i närheten, men hur placerar vi honom på exakt just den punkt där mordet skedde, i exakt rätt stund? Det är inte så svårt. Sture avslöjar detta själv.

I förhöret dagen efter mordet berättar Sture att han inne i gränden har sett en man som senare identifieras som Lars J. Vi vet att Lars stod där exakt vid tidpunkten för mordet. Han dök upp där just innan mordet och ganska snart därefter beger han sig därifrån. Han var i samma ålder och klädd på samma sätt som Sture beskriver. Inget annat vittne har sett denna person så Sture kan inte ha hört om det i efterhand. Vid tidpunkten när denna uppgift kommer från Sture är det inte heller känt via radio, TV eller tidningar att ett vittne har varit placerad på denna plats, så inte heller via dessa kanaler kan Sture ha hört om Lars. Hur kunde då Sture veta att han fanns där? Det finns ingen annan förklaring än att Sture måste ha varit på mordplatsen och sett honom i den smala och mörka luckan där Lars var synlig, alternativt passerat honom inne i gränden där han gömde sig för mördaren när denne sprang förbi. Men den enda person som det skulle kunna röra sig om är ju mördaren. Lars har inte sett någon annan än mördaren inne i gränden. Den enda person förutom mördaren som fanns där inne var just Lars.

Sture talar inte sanning

Det finns ett antal saker som vi otvetydigt kan beslå Sture med att fara med osanning om.

Han ljuger om när han stämplar ut. Det faktum att han lämnar nya uppgifter om när han stämplade ut i förhöret i tingsrätten måste anses som en lögn, inte minst som han bedyrar att han dessutom har kontrollerat uppgiften bara för några dagar sedan. Denna lögn är betydelsefull eftersom den gör det möjligt för honom att inte komma för tidigt till mordplatsen.

Att lögnen dessutom levereras under straffansvar efter avgivande av ed i en rättegång där en oskyldig person dömdes till livstids fängelse är inte smickrande.

Påståendet om att han var aktiv på mordplatsen efter mordet är en annan uppgift där vi kan beslå Sture med osanning. Ingen person har sett Sture på mordplatsen, framför allt inte i den roll som han själv anser sig ha. Vi vet att han inte hade den typ av interaktion med Lisbet Palme han berättat om. Vi vet att han inte hjälpte till med kroppen mellan Anna H och Stefan G. Vi vet att han inte visade vägen till poliserna. Vi vet att han inte sprang efter poliserna. Vi vet att han inte stod i vittneskö och pratade med en polis.

Hans berättelse om Lisbets agerande och hennes sinnesnärvaro stämmer inte heller. Ingen annan är ens i närheten av samma beskrivning, det vill säga att Lisbet var behärskat chockad och gick att prata med samt var tacksam för all hjälp. Samtliga andra vittnesmål med en åsikt om saken pratar om en – fullt förståeligt – hysterisk kvinna, som i princip är omöjlig att kommunicera med. Och som initialt försökte avvärja alla försök till första hjälpen.

Sture speglar mördarens aktiviteter

Det finns ett antal moment i Stures berättelse om hur mordet genomfördes, som precis lika gärna kunde ha berättats av mördaren. Låt oss ta dem i tur och ordning.

Promenaden fram till mordplatsen

Sture promenerar hastigt längst ut på trottoaren tills han kommer fram till reklampelaren. Där avbryter han sin brådskande språngmarsch mot tunnelbanan för att vika in mot skyltfönstret och kontrollera sin klocka. Detta kan knappast anses vara en särskilt naturlig åtgärd, speciellt inte med tanke på att Sture är stressad, har bråttom till sin tunnelbana och måste hinna med sista tåget för att åka på semester dagen därpå. Särskilt med beaktande av att Sture inte vet när tåget går. Vad ska han göra med informationen om hur mycket klockan är? Det naturliga beteendet är i stället att fortsätta det hastiga småspringandet mot tunnelbanan, oavsett vad klockan i det läget skulle visa på. Det framstår inte som naturligt att slösa tid på att stanna, ta fem sex steg in mot skyltfönstret och sen gräva fram en klocka och försöka tolka den, inte minst som det bara är 120 meter kvar till tunnelbanenedgången.

Men det är inte det som är poängen. Det märkliga med denna rörelse är istället att vittnet Inge M ger mördaren just denna väg och position in till mordplatsen. Enligt honom kommer mördaren in till sin position vid skyltfönstret från reklampelaren in till skyltfönstret bredvid, vilket är exakt vad Sture också säger att han gör.

Stående vid skyltfönstret, grävande i kläderna

Sture säger att han står vid skyltfönstret till vänster om ingången till Dekorima. Där vill han titta på klockan, varför han måste gräva fram den i sina kläder under rock och kavaj.

Här vid skyltfönstret måste som vi just konstaterat även mördaren ha stått en stund innan mordet. Visserligen antar vi att mördaren har stått till höger om ingången, men det är frågan om några meter och saknar betydelse för att visa på likheterna i beteendemönstret.

Mördaren har alltså också stått vid skyltfönstret. Helt säkert har även han vid något tillfälle grävt i kläderna, men då efter revolvern. Det är nu inget som något vittne rapporterat om, utan helt enkelt en slutledning baserat på det faktum att mördaren knappast kan ha gått runt på stan med en revolver i handen på sin väg till mordplatsen. Han måste naturligtvis på ett eller annat sätt ha dolt den. Kanske i en ficka, i ett hölster, i byxlinningen eller på annat sätt under kläderna. Strax innan mordet har mördaren sedan tagit fram revolvern för att ha den skottklar inför mordet.

Stures uppgift om att han stannade vid skyltfönstret nämndes inte i något av de polisförhör som Sture genomgått. Däremot framkom detta i rättegången. Det kan vara intressant att veta att efter att dessa polisförhör hölls – men innan rättegången genomfördes – hade Thomas Kanger 1987 kommit ut med sin bok "Mordet på Olof Palme". I den boken utvecklar vittnet Inge M sin bild om att mördaren kom sneddande från reklampelaren och ställde sig vid skyltfönstret mellan avfasningen och ingången. Detta skyltfönster är bara 5 meter ifrån platsen där Sture två år efter mordet kommer på att han sneddade in och ställde sig.

Tvekar vid mordplatsen

Sture kommer fram till mordplatsen, står stilla en stund vid paret och tvekar om hur han ska göra. Stanna kvar och hjälpa till, eller skynda sig till tunnelbanan? Just detta tvekande är något som vi hör flera mordplatsvittnen berätta om att mördaren gör. Efter att ha avlossat skotten står han kvar en stund, som om han är osäker på vad han ska göra. Han tvekar. Sedan stoppar han undan vapnet och försvinner.

Armen utsträckt

> Jag reser mig då upp och sträcker i något militärisk stil ut armen och pekar in mot trapporna i Tunnelgatan.

Att som Sture säger stå på mordplatsen med armen utsträckt i "militärisk stil" är något som en annan person också gjort, alldeles nyligen och på exakt samma plats. Den mannen är mördaren. Men då med en revolver i handen

Pratar med Lisbet

Sture påstår att han pratade med Lisbet. Vi vet däremot inte säkert om mördaren pratade med paret Palme eller inte, men det finns flera tecken som tyder på det. Dels har vi Anders B's vittnesmål där han berättar om ett sällskap av tre personer som verkar promenera och ha trevligt tillsammans. Om detta stämmer, så verkar det inte orimligt att ord har utväxlats. Snarare skulle det verka orimligt att ett sådant sällskap skulle vara helt tyst, oavsett av vilket skäl det har kommit samman. Ett "Ursäkta" eller "Vad gör du" bör sannolikt utväxlas. Dels har vi Inge M's berättelse där det framgår att Lisbet släpper armkroken med Olof och tar ett par tre snabba steg framåt innan skotten smäller. Det är på samma sätt här inte orimligt att detta beror på att Lisbet uppmärksammat att någon kommit fram och tilltalat Olof och att hon vill undvika detta sannolikt obehagliga närmande genom att skynda på stegen. Det kan ha varit så enkelt som att gärningsmannen smyger upp bakom paret och säger "Godkväll herr Palme", med syftet att helt säkert identifiera att det är rätt person. Till sist har vi taxichauffören Anders D, som i sitt kortfattade förhör uppger att det verkat som om de tre personerna samtalade med varandra.

Springer in i gränden

Sture berättar om hur han springer in i gränden och jagar efter poliserna. Denna språngmarsch är det dock ingen som har sett, och Sture berättar själv att den var tämligen meningslös i den bemärkelsen att han inte fick tag på de löpande poliserna. Trots att han borde ha mött vittnet Yvonne N med sällskap så finns det ingenting i vare sig hennes berättelse eller Stures som nämner detta. Stures berättelse om språngmarschen in i gränden är egentligen en ren kopia av hur vittnen har sett mördaren springa i väg, och kanske det bästa exemplet på en spegling av mördarens beteende.

Signalement identisk med mördaren

Vi vet genom olika vittnen ungefär hur gärningsmannen ser ut. Olika personer ger dock olika beskrivningar av gärningsmannen och de har alla givetvis olika förutsättningar att göra en bra iakttagelse. Att värdera eller väga olika vittnesmål mot varandra kan vara förrädiskt. En person som ger ett bra intryck, minns många detaljer, och har haft god uppsikt över mordplatsen kan mycket väl lämna felaktiga uppgifter. Ett sådant exempel ges av två personer som befinner sig mycket nära mordplatsen och har stora möjligheter att göra korrekta iakttagelser. Anders B och Anders D beskrivningar av gärningsmannens huvudbonad är anmärkningsvärt långt ifrån varandra. Anders B beskriver gärningsmannens huvudbeklädnad som en mörk eller mörkblå stickad mössa som är hoprullad ett par gånger. Anders D å sin sida säger i ett första förhör att gärningsmannen har en grå herrhatt, och i ett annat senare förhör att det är en blandning av en Sherlock Holmes-mössa och en grå herrhatt. Alla dessa olika beskrivningar förefaller vara helt oförenliga. Vem ska man då tro på? Kan man ta ett genomsnitt av dessa, och ta fram en sorts mellanting eller medelvärde? Nej, det är inte rimligt. Det enda rätta är att titta på varje vittnesmål för sig, och sedan försöka göra en sorts rimlighetsvärdering av innehållet. Om övervägande delen av de vittnesmål som ger ett trovärdigt intryck entydigt pekar åt ett visst håll, kan man därigenom få en uppfattning om de verkliga förhållandena. Detta är såklart vanskligt och man måste lämna en stor vingelmån i den här typen av vittnesvärderingar. Med denna metod kan mördarens signalement i förhållande till Sture beskrivas så här:

Egenskap	Mördaren	Sture
Allmänt intryck	Mörk	Mörk
Huvudbonad	Mössa eller Keps, nerdragen i panna och nacke	Keps, nerdragen i panna och nacke
Ytterplagg	Lång, mörk, antagligen svart, kanske luden. Troligen stora fickor	Lång, svart, luden. Stora fickor
Byxor	Mörka, varken smala eller vida.	Mörka, varken smala eller vida.
Skor	Lågskor, kanske med vit sula	Lågskor, med vit sula
Övrigt	Handledsväska, kanske handskar	Handledsväska, handskar
Längd	180 centimeter eller strax däröver	182 centimeter
Kroppsbyggnad	Något påbyggd på överkroppen, kort hals	Något påbyggd på överkroppen, kort hals
Ålder	35-45 år	52 år
Löpstil	Sprang snabbt	Sprang snabbt

De två signalementen är i praktiken identiska. Undantaget är åldern, men då mördaren i stort sett bara varit iakttagen springande bakifrån, får den uppgiften anses ha en grad av osäkerhet i sig. Även kring huvudbonaden råder en viss osäkerhet, men det är inte otroligt att en keps rejält neddragen i nacke och panna från olika vinklar, kan se olika ut för respektive betraktare.

Motiv

Vi vet inte vilka motiv som kan ha legat bakom mordet. Teorier har framförts om allt från interna familjeangelägenheter till internationella storpolitiska motiv. Även fenomenet Palmehat brukar få en framträdande roll när mordet och dess motiv diskuteras.

Inget är känt om huruvida Sture skulle hysa något motiv för att ta Olof Palme av daga. Att Sture starkt ogillade Palme och hans politik och sannolikt betraktade honom som oönskad på sin position får anses vara klarlagt, men att det kan utgöra motiv är långsökt.

Sammanfattningsvis

Vi har alltså en person som bevisligen fanns på mordplatsen, ljuger om sina förehavanden där, beter sig på samma sätt som mördaren och ser likadan ut som mördaren.

Jämför man detta med de indiciekedjor som i tur och ordning band först Viktor G och sedan Christer P vid mordet, är de indicier vi nu har vid handen gällande Sture E oerhört mycket starkare. Ändå fälldes Christer i tingsrätten, och trots det senare frikännandet i hovrätten bedömdes han som så trovärdig i rollen som gärningsman, att riksåklagaren gjorde ett allvarligt försök att få till stånd en resning i högsta domstolen.

Innebär då dessa indicier att Sture är skyldig? Nej. Men det innebär inte att han kan avskrivas heller.

På samma sätt som vi nu har radat upp ett antal indicier för att Sture skulle kunna ha något med mordet att göra, måste vi också se vad som talar för att han är oskyldig.

Det mest uppenbara är att han själv ringer polisen dagen efter mordet och uppger sig vara ett vittne. Detta strider mot allt som känns naturligt. En mördare, tror vi oss veta, borde väl göra allt han kan för att lägga så många mil mellan sig och mordplatsen så snart som möjligt efter mordet? Helst fly landet. Men Sture ringer inte bara polisen dagen efter, han skjuter dessutom upp sin planerade vintersemester i Idre och går därefter upp på Svenska Dagbladet för att intervjuas och låta sig fotograferas i tidningen. Inte nog med det, han kontaktar SVT och låter sig bli filmad och framträder på bästa sändningstid i TV med både bild och röst.

Eller är det kanske egentligen väldigt smart? Experiment har visat att i villervallan efter en helt oväntad händelse – till exempel ett plötsligt och överraskande rån på öppen gata, där offret blir rånad av en gärningsman och en person därefter springer efter den flyende rånaren – har vittnen som inte varit förberedda på händelsen mycket svårt att i efterhand med säkerhet peka ut vem som är offer, vem som är gärningsman och vem som är förföljare. Sådant verkar den mänskliga hjärnan ha lätt för att blanda ihop, och vi har sett en del exempel på sammanblandade signalement även i Palmeutredningen.

En person som befinner sig på platsen och beter sig som mördaren och dessutom har liknande kläder kan under vissa omständigheter kanske felaktigt pekas ut i rollen som gärningsman, när han egentligen bara är ett oskyldigt vittne. Vi vet således inte om detta beteende som vid första påseendet talar för att Sture är oskyldig egentligen är en oerhört modig och uttänkt strategi. Tänk efter: I den händelsen att någon skulle få för sig att peka ut Sture som mördaren kan de flesta anklagelser enkelt bemötas. Låt oss föra ett hypotetiskt resonemang kring en tilltänkt situation, där polisen skulle ha misstänkt Sture för att vara mördaren och därför engagerat honom i en vittneskonfrontation på samma sätt som gjordes med Viktor G och Christer P, det vill säga på den andra sidan av spegelglaset. Låt oss också säga att ett vittne identifierar honom i vårt påhittade exempel som mannen som stod i skyltfönstret och väntade på paret Palme.

Ett sådant utpekande skulle vara helt utan värde av det enkla skälet att Sture redan erkänt att han fanns på just den platsen. Han stod ju vid skyltfönstret och tittade på klockan.

På samma sätt skulle det vara ganska enkelt att kasta tvivel på ett utpekande av Sture som mannen som stod med utsträckt hand på mordplatsen och sköt, för att därefter springa in i gränden. Han har ju redan berättat om hur han stod på platsen med utsträckt arm (utan revolver) och därefter sprang in i gränden. Vittnet måste ha blandat ihop det hela, kanske var hon i chock?

Och att identifiera ett ansikte i en konfrontation som redan beskådats av miljoner människor i tidningar och på TV kan inte vara värt någonting alls. Sture har redan etablerat sig som ett vittne som fanns på plats och hur konstigt det än låter så är det ett mycket bra skydd mot ett utpekande.

Men det finns annat som talar för att Sture *inte* kan vara gärningsman.

Paret Palmes väg hem från biografen Grand den här kvällen var inte känd på förhand och det fanns ingen möjlighet att veta att de skulle passera förbi hörnet vid Dekorima vid just den tidpunkten. Hur kan då Sture, om han nu skulle vara gärningsman, kunna veta att statsministerparet skulle komma denna väg just då?

Egentligen behöver det inte vara så konstigt. En enkel förklaring kan vara att det är en ren tillfällighet. Sture kommer ut ur entrén från Skandiahuset på Sveavägen, ser paret uppe vid skyltfönstren 40 meter norr om Skandia och börjar promenera mot sin tunnelbanenedgång. Han bestämmer sig för att vänta in dem för att säga ett par sanningens ord. Nere vid Dekorimahörnan stannar han och väntar. Stures har själv lanserat en egen teori om vad som hände på mordplatsen. Han beskriver den så här i tidningen Skydd och Säkerhet 5/92:

> Det var kanske inte alls överlagt och planerat.
> Inte mord, utan dråp, eller som ett vådaskott un-
> der en älgjakt … . Vittnen uppger sig ha sett en
> man samtala med paret Palme, stående med ryggen
> mot det upplysta skyltfönstret. Andra uppger sig

> ha sett en man lägga handen på Olof Palmes axel,
> när paret Palme går neråt gatan förbi Beckers.
> Lägg ihop de här bilderna – paret tilltalas av en
> man som kanske känt igen dem och vill säga något
> till en livs levande världskändis som plötsligt
> kommer knallande Sveavägen fram från bion. Många
> har hälsat vänligt på Palme – han hade inte bara
> fiender. Tänk om den beundrade statsministern
> snäser av vederbörande på ett föraktfullt sätt.
> Avvisade och vända ryggen åt blir några av oss
> förbannade. Om då någon av oss också går runt med
> ett vapen – så kanske vi tar till det vid ett så-
> dant tillfälle.
> Sinnet rinner till – vi tar några steg efter man-
> nen, lägger handen på hans axel för att stoppa
> honom
> -Din djävel! – pang. Det är tyvärr mänskligt –
> eller omänskligt.
> ...
> Kanske mördaren är en solitär, en ensamvarg, just
> i det oplanerade dråpögonblicket.
> ...
> Perspektivet "dråparen" anger att det var någon
> som "råkade ut" för det här på Sveavägen ... och
> råkade ha ett vapen med sig.
> ...
> Är statsministerns död en slump? Kanske ett miss-
> tag eller något åt det hållet? Jag tror det. Det
> är den enda förklaringen jag har.

För att kunna umgås med tanken att en person har avfyrat en revolver mot någon måste man också kunna visa att personen hade tillgång till ett sådant vapen. Det finns inga indikationer på att Sture vanemässigt bar en revolver på sig och inte heller att han ens hade tillgång till en. Det finns å andra sidan heller ingenting som talar emot att han vanemässigt bar på ett vapen i handväskan.

Vad krävs av en människa för att begå ett mord? Vem bär på så mycket mod, hat eller galenskap att han utan återvändo passerar gränsen för det otänkbara?

Sture framstår som helt orimlig i den hypotetiska rollen som mördare. Han beskrevs som feg, var ostraffad vid tidpunkten för mordet och hade en anständig och respektabel position vid Sveriges största försäkringsbolag. Han var i det perspektivet en helt vanlig svensk precis som alla vi andra, om än den kvällen styrkt av flytande mod på flaska.

Vi vet ännu inte säkert vem som på det fegaste av alla sätt sköt Olof Palme till döds på Sveavägen i Stockholm för trettio år sedan. Men jag kan skymta honom borta vid skylfönstret i närheten av reklampelaren. Och det är en orimlig mördare som tar tillfället i flykten att befria nationen från en fiende.

Epilog

Mordet på Olof Palme försatte Sverige i chock. Visst hade vi haft vår beskärda del av dramatik under några år, med norrmalmstorgsdramat, sprängningen av västtyska ambassaden, flygplanskapningar och annat. Men inget som detta. Med Olof Palme dog inte bara en make, trebarnspappa och statsminister utan även tron på det trygga samhället. Många har vittnat om hur säkerheten skärptes betydligt efter dådet och på många sätt kringskars livet, inte minst för offentliga personer. Vi vet än idag inte om mordet var en vettvillings verk eller om det var resultatet av en komplott med långtgående planering som föll, ur upphovsmännens synvinkel, oerhört väl ut. Den här boken har bara fokuserat på sekunderna kring mordet. Inte på motivbilder och inte heller på om det fanns någon planering eller komplott bakom själva dådet.

Är Sture ett oskyldigt ögonvittne som befann sig tjugo meter från Sveriges statsminister när han sköts ner på öppen gata mitt i centrala Stockholm? Är det ren otur att han denna dag råkade bära kläder identiska med mördarens? Och är det en slump att han kommer samma väg som mördaren, stannar bredvid samma skyltfönster, tvekar på platsen på samma sätt som mördaren bara sekunder efter skotten, och till sist springer in i gränden på exakt samma sätt och samma väg som mördaren? Nej, inget tyder på det. Hans historia håller inte ihop. Ingen har sett honom på platsen i den roll han själv ger sig. På punkt efter punkt kan vi leda i bevis att hans uppgifter om förhållandena på platsen är felaktiga. Ändå vet vi att Sture med hundraprocentig säkerhet fanns på plats just när mordet skedde, eftersom han kunde identifiera Lars J i hans position bakom barackerna.

Vad är det egentligen som pågår sig här? Varför berättar Sture en historia som är uppenbart felaktig, men ändå så trovärdig att polisen inte fattar misstankar? Är han en desinformatör som på alla sätt vill få in sin historia i utredningen? Vad har han i så fall för syfte med det, vad kan det rimligen finnas för skäl för honom att missleda polisen på villospår? Det verkar ju inte på något sätt vara så att han vill kasta misstankar på någon annan. Han pekar inte ut någon misstänkt, vare sig person eller grupp. Vad driver honom att ständigt närvara i tidningar och TV, och därtill mer än gärna ställa upp på bild? Varför förevisar han så gärna en egen rekonstruktion när han nu inte fick vara med på den riktiga?

Vi minns från kapitlet med Viktor G att taxichaufförens utpekande av den tänkta gärningsmannen diskvalificerades av åklagaren vilket i förlängningen ledde till att Viktor G försattes på fri fot. Skälet var att taxichauffören genom kriminalpolisens försorg redan innan valkonfrontationen hade förevisats fotografier av den misstänkte Viktor G. Denna konfrontation betraktades därmed som värdelös ur bevissynpunkt eftersom taxichauffören redan hade sett bilder på den misstänkte. Det fanns alltså ingen möjlighet att veta om utpekandet gällde den man han hade sett på mordnatten, eller om han helt enkelt kände igen gärningsmannen från fotografiet. Därför gick det inte längre att hålla kvar Viktor G.

Vittnet var förbrukat.

På samma sätt skulle det i egenskap av ögonvittne vara mycket svårt att med bibehållen trovärdighet peka ut ett annat vittne som gärningsman, inte minst någon som medverkat med sin bild i tidningar och TV. Det skulle vara besvärligt, för att inte säga omöjligt, att vinna en domstols stöd för sitt utpekande av en person som på det sättet figurerat offentligt. Vilken försvarsadvokat som helst skulle utan bekymmer mala ner ett sådant fall i smulor, endast genom att peka på möjligheten att vittnet inte alls sett gärningsmannen, utan ett annat oskyldigt vittne. I målet mot Christer P var det ungefär det som hände. Lisbets "hundraprocentiga" utpekande av gärningsmannen antogs av hovrätten egentligen kunna vara en förväxling mellan gärningsmannen och ett vittne, nämligen personen i Dekorimas port, Anders B.

Av samma skäl skulle Sture E aldrig kunna identifieras som gärningsman av något annat vittne. Sture hävdar att han stod och grävde i kläderna vid skyltfönstret, precis som gärningsmannen måste ha gjort. Han stod och tvekade på platsen, på samma sätt som mördaren. Han höll armen utsträckt på brottsplatsen, fast inte med en revolver i handen. Till och med flykten in i gränden går att kasta tvivel runt. Var det ett oskyldigt vittne man såg springa efter polisen, eller var det en gärningsman på flykt efter ett mord?

Hur gick då mordet till? Vad är svaret som vi har letat efter under trettio år? Finns det mitt framför näsan på oss?

En fullt tänkbar lösning på gåtan runt mordet på Olof Palme den där olycksaliga natten för i skrivande stund trettio år sedan ser ut enligt följande:

En man kommer ut på gatan, småfull efter att ha suttit på sitt kontor och druckit. Han är dessutom irriterad och förbannad på den senaste skattehöjningen på aktiehandeln. Sedan gammalt hyser han ett hat mot Palme. Av gammal vana bär mannen på en revolver som han har skaffat för länge sedan. Av "säkerhetsskäl", det händer ju så mycket på gatorna på kvällarna.

När han kommer ut på trottoaren ser han tjugo meter bort Lisbet och Olof Palme promenera på gatan. Helt ensamma, utan livvakter. Han fnyser lite åt den oväntade synen och börjar reflexmässigt promenera hemåt. Men för varje steg han tar så växer hatet. När han närmar sig korsningen inser han plötsligt att han befinner sig på den perfekta platsen. Ett sådant här tillfälle kommer aldrig mer att komma. Han stannar ett par meter innan korsningen. Krånglar upp revolvern ur den lilla väskan och lägger den i rockfickan. Handen i fickan greppar kolven och spänner sakta hanen.

Trettio sekunder senare passerar nationens fiende förbi. Den blivande mördaren kliver fram, säger något men blir direkt avvisad av en trött och frusen statsminister som bara vill hem. Han kramar i hastigt vansinne av två skott men när han ser effekten och hör kvinnans gälla skrik väcks han ur sin tillfälliga affekt och fryser för en hundradels sekund till is när det går upp för honom vad han gjort. Bilar bromsar in, folk ser ut att strömma till. Utan att tänka stoppar han ner revolvern i fickan igen. Han blir rådvill och undrar vad han nu ska ta sig till. Ska han stanna och ta sitt straff, men på köpet bli hjälte inom vissa kretsar, eller ska han lägga benen på ryggen och ta chansen att komma undan?

Folk har ju ändå sett honom, inte minst Lisbet som inte verkar vara skadad alls. Men reptilhjärnan beordrar honom efter några förlamande sekunder att springa.

Inne i gränden ser han en man i 20-årsåldern i mörkblå täckjacka som står och tittar på honom när han springer förbi på nära håll. Inte bra. Han fortsätter i alla fall uppför trapporna. Uppe på krönet stannar han och tittar ner mot mordplatsen. Nu hör han redan sirenerna och förvånas över hur snabbt polisen kom till platsen. Nere vid trapporna står fortfarande mannen i blå täckjacka kvar och studerar honom. Han vänder om och fortsätter David Bagares gata ner och ser där ytterligare folk på andra sidan gatan. En av dem stirrar oavbrutet på honom hela gatan ner. Det här ser sämre och sämre ut. Nere på Regeringsgatan svänger han höger och möter nästan direkt en polispatrull på väg till platsen. Ångern sköljer över honom, och när han kommer fram till korsningen med Brunnsgatan har han börjat inse att han aldrig kan komma undan. För många har sett honom. Han bestämmer sig snabbt. Han ska gå tillbaka och rakryggad möta polisen på plats och erkänna sig skyldig.

Han fortsätter runt kvarteret, stärkt av sitt nyvunna mod, och vid Tunnelgatan kommer han fram till byggbarackerna igen. Han fortsätter ner till mordplatsen där han ser hur Olofs kropp lastas in i ambulansen. Lisbet är där. Fyra poliser går runt bland vittnen och tar noteringar.

Mördaren går fram till en polis och ber att få berätta om mordet. Polisen tittar på honom och avvisar honom. Ytterligare vittnen behövs inte. Cirkulera! Mördaren tror inte sina öron. Vad sjutton? Han vandrar runt ett par minuter, men inget mer händer. Poliserna börjar så smått avvika. Vad är det här?

Han åker hem, och under natten börjar planen på att förbli den okände mördaren ta form.

Han lyssnar på radio och ser på TV och slukar allt han kommer över i tidningarna på morgonen. Och när mördaren till sist har en vettig uppfattning om vad som hände minuterna efter skotten så lägger han ihop det med vad han redan vet och konstruerar sedan sin historia. För extra trovärdighet nämner han också Lars J, så att ingen ska kunna tvivla på att han var där.

Allt hade fungerat perfekt om han bara hade struntat i den där sista lilla detaljen.

-o-o-o-

Jag pekar *inte* ut Sture som gärningsman. Däremot redovisar jag omständigheter som tycks peka i en viss riktning, men det betyder inte att det inte finns naturliga förklaringar som helt och hållet åsidosätter alla resonemang i denna bok.

Läsaren får, baserat på fakta i målet, dra sina egna slutsatser gällande gärningsman. Sture kommer dock aldrig att kunna prövas i någon jordisk domstol.

Slutet på historien om Sture E är tragisk. 1999 tog äktenskapet med hans fru slut, och kort därefter såldes huset och Sture och frun flyttade in i var sin lägenhet. Året efter planerade Sture att åka ner till vänner i Småland och fira midsommar, men han var helt utblottad och lyckades inte få ihop medel till resan. Han ringde runt och försökte låna ihop lite pengar, men misslyckades. Bara några dagar senare tog han själv sitt eget liv.

Kanske tog han svaret på mordgåtan med sig i graven.

Författarens efterord

Källor

I stor utsträckning har redan publicerade uppgifter använts som källa. Det handlar i de flesta fallen om tidningsartiklar, böcker och förhör. I huvudsak framgår det i aktuellt avsnitt vilken källa som använts. Rimliga ansträngningar har gjorts för att kontrollera sanningshalten i dessa källor.

I några få fall är inte uppgifterna tidigare publicerade. Dessa uppgifter kommer från personliga samtal, intervjuer, eller brevväxlingar med uppgiftslämnare. I de fallen har jag gjort ansträngningar för att kontrollera lämnade uppgifter. I dessa fall är källan i normalfallet inte angiven, såvida inte denne gett uttryckligt tillstånd till röjande. Detta drar naturligtvis ner trovärdigheten på dessa källor, men även här har jag gjort ansträngningar för att kontrollera de lämnade uppgifterna.

Namngivning

Huvudregeln för denna bok har varit att endast med förnamn och första bokstaven i sitt efternamn benämna ögonvittnen, poliser, oskyldigt misstänkta och övriga som utan egen förskyllan blivit inblandade. Flera personer har efter mordet vittnat om hur mordet och efterspelet har förpestat deras tillvaro.

Det är svårt att inte känna sympati med dem som agerat i stunden för att hjälpa en medmänniska i nöd, men som i efterhand inte bara fått löpa gatlopp i pressen utan också blivit misstänkliggjorda av polisen i förhör eller på annat sätt blivit starkt ifrågasatta.

Åklagare, advokater, poliser med chefsposition inklusive förhörsledare och vissa andra nyckelpersoner som får anses vara offentliga personer anges med sitt fulla namn.

Vissa företagsnamn är substituerade.

Sture E som på många sätt har en nyckelroll i denna bok heter egentligen något annat. Det kan framstå som egendomligt att just han ska åtnjuta ett större skydd mot offentlighet än alla andra. Skälet är att han löper en större risk att dra på sig misstankar om sin egen inblandning i mordet. Sture har inte längre någon möjlighet att försvara sig mot dessa misstankar varför det finns anledning att maskera hans identitet. Även medlemmar av Stures familj har fingerade namn, och vissa händelser, platser och årtal från deras bakgrund är ändrade.

Citat

Vid utdrag från förhör och liknande har originalets språkbruk och stavning bokstavstroget använts. I en del fall har det varit påkallat att justera rena stavfel i syfte att öka läsbarheten. Dessa justeringar har varit obetydliga och påverkar inte innehållet.

Fördjupning

För den intresserade finns det idag en uppsjö av material att fördjupa sig i. Dels finns det mängder av välskrivna och initierade böcker att förkovra sig i, men är man genuint intresserad bör man gå vidare och titta på grundmaterialet i form av den delen av polisutredningen som är offentliggjord. Den utgörs av vittnesförhör, teknisk utredning om förhållandena vid brottsplatsen och mycket annat.

Tidningar från tiden efter mordet kan också ge en hel del information. Numera finns mycket information redan tillgängliggjord på Internet, men för att kunna få en helhetsbild måste man bege sig till Kungliga Biblioteket där samtliga utgivna magasin och tidningar finns arkiverade. Sedan en tid tillbaka är många dagstidningar digitaliserade och sökbara via KB:s Internetsida. De är sökbara direkt hemifrån din egen internetuppkopplade dator, men för att kunna läsa tidningarna måste du alltså ta dig till KB:s mikrofilmsarkiv där särskilda datorer låter dig läsa tidningarna i sin helhet. Du kan söka efter allt som förekommer i tidningarna, exempelvis namn på personer, händelser och så vidare. Sökfunktionen hittar du på http://tidningar.kb.se/

I floran av bra och intressanta böcker måste bröderna Poutiainens bok Inuti Labyrinten nämnas. Den är ett referensverk när det gäller skeendet strax efter mordet och även om den numera har gått ur tryckning så finns den att tillgå på många olika bibliotek. Svar på frågor såsom var poliserna fanns, vad de gjorde, hur utredningen kom igång och vilken inriktning den fick, finns att läsa om i den boken.

Lars Borgnäs och Gunnar Wall har båda varit väldigt produktiva och skrivit läsvärda böcker som har innehållit ett stort mått av fakta och som är underbyggt av eget genuint forskningsarbete.

Sven Anér har under mycket lång tid varit aktiv med forskning om mordet på Olof Palme. Ett otal böcker och andra publikationer har publicerats från Anérs penna och i huvudsak är de fortfarande tillgängliga och aktuella.

En starkt rekommenderad läsning är den statliga utredningen Sou 1999:88, formellt benämnd "Granskningskommissionens betänkande i anledning av Brottsutredningen efter mordet på statsminister Olof Palme". Den leddes initialt av S Marjasin, och kallades under en period Marjasinrapporten, men refereras oftast numera som granskningskommissionens rapport. Den omfattar över tusen sidor information om vilka spår polisen utrett och vad som har hänt med dessa spår. Rapporten ger dessutom en bra historik över utredningens första drygt tio år. Den är alltså oerhört omfattande och kan vara tung att ta sig igenom, men är å andra sidan gratis och finns nedladdningsbar på regeringens internetsidor. Vid denna boks tryckning fanns den på

http://www.regeringen.se/rattsdokument/statens-offentliga-utredningar/1999/01/sou-199988--/

Polisens egen utredning omfattar många hundra volymer om inte mer, men är inte offentligt tillgänglig. En del av den går att titta i. Det är den del som lämnades in som förundersökningsmaterial till tingsrätten inför rättegången mot Christer P. Där finns alla vittnesförhör, många i original, och dessa kan faktiskt vem som helst titta på och bläddra i. Även hela materialet från själva rättegången finns tillgänglig i form av lyssningsbara ljudband. Numera är allt material digitaliserat och en kopia kan mot en avgift begäras ut för den som kan ta sig till riksarkivet på Kungsholmen i Stockholm.

Organisationen Flashback har en mycket omfattande tråd på sitt forum. När detta skrivs har knappt 70 000 inlägg gjorts. Första inlägget författades för 15 år sedan, och aktiviteten har sedan dess varit hög, med i snitt 12 inlägg per dag. Kvaliteten varierar naturligtvis med varje postares ambitioner, men generellt är de aktiva väl insatta och ytterst engagerade. Strukturen i tråden följer ett enda flöde, så överskådligt kan det knappast kallas. Men en sökfunktion finns, och eftersom flera oberoende sökmotorer indexerar inläggen går det oftast snabbt att via tråden få fram även ganska obskyr och i övrigt svårfunnen information. Alla inlägg görs anonymt och det kan ibland vara svårt att skilja på åsikter, teorier och fakta bland all information. Trådens aktiva stampostare brukar dock vara snabba med att följa upp och aktivt kritisera eller stödja nya eller nygamla spår.

Även Facebook har sitt egna diskussionsforum, det så kallade Palmerummet. Där blir man medlem genom att först ansöka och sedan förhoppningsvis bli godkänd. Därefter kan man delta i diskussionen. Här är man inte anonym på samma sätt som på Flashback, och det gör att det kan bli en annan typ av diskussion.

Författare med ett aktivt och offentligt utbyte med sina läsare är också värda ett omnämnande i detta sammanhang. Till dessa hör bland annat Gunnar Wall och Sven Anér, som i sina kommentarsfält aktivt bereder utrymme för mångas tankar och tolkningar av det som hände på Sveavägen den 28'e februari 1986.

Författarens tack

Jag känner stor tacksamhet till alla dem som på olika sätt har bidragit och hjälpt till med boken. Särskilt vill jag nämna min fru och mina två barn, som utan att blinka har lyssnat på timslånga utläggningar om olika teorier. Ert stöd har varit fantastiskt!

Ovärderlig hjälp har jag fått från Konstantin Foussianis som under stor tidspress har bidragit med korrekturläsning, coachning, vägledning och glada tillrop.

Sist men inte minst ett mycket stort tack till kreativa och begåvade Emilia Norén som skapade teckningen för omslaget.

Utan er alla hade ett sådant här projekt varit en omöjlighet.

Kontakt

Om du har frågor, kommentarer eller synpunkter om denna bok och dess innehåll, eller om du har upplysningar om mordet eller om Sture E så är du mycket välkommen att kontakta mig.

Skicka i så fall ett e-mail till **lars_larsson@outlook.com**.

Bilaga 1: Tidslinje

192x: Stures mor och far flyttar till Indien. De bor bra, och har trädgårdsmästare, kockar och tjänare.

1934: Sture föds i Bombay, Indien.

1945: Sture med familj ankommer till Liverpool från Calcutta. Åker vidare med båt till Sverige.

1946: Föräldrarna åker tillbaka till Indien. Sture lämnas hos släktingar i Nybro.

194x: Sture börjar på Sigtuna internatskola.

195x: I början av 50-talet återvänder föräldrarna från Indien under en kort period. De återvänder till Indien snart igen.

1956: Föräldrarna återvänder till Sverige för gott. De bosätter sig i Täby.

196x: Sture börjar som redaktör på Sveriges Radios förlag.

1964: Sture gifter sig med sin första fru, Sekreteraren "Pyret" Anita E, dotter till dirigenten, pianisten och kompositören Sixten E, och hans fru Ingegärd S.

1966: Stures far går bort i lungcancer.

1967: Sture börjar som reklamkonsulent på Skandia.

1967: Sture skiljer sig från sin första fru. Äktenskapet varade drygt tre år.

1968: Sture, som nu bor i Viggbyholm (Täby) gifter sig för andra gången, nu med Maria H, Näsby Park (Täby).

1983: Sture intervjuas i SvD om androgyna personligheter.

1984: Sture hoppar av som fullmäktigeledamot och lämnar samtliga sina kommunalpolitiska uppdrag för Moderaterna i Täby. "Jag har tappat både intresse och vilja. Så många oegentliga och felaktiga påståenden som Moderaterna har kommit med kan man bara inte svälja".

1986-02-28 (Fredag): Olof Palme mördas

1986-03-01 (Lördag): Sture ringer självmant till polisen och lämnar sitt vittnesmål.

1986-03-02 (Söndag): Sture och fru åker till Idre på en veckas vintersemester, en dag försenad.

1986-03-08 (Lördag): Sture med fru är tillbaka från semester.

1986-03-10 (Måndag): Sture förhörs för andra gången, han lämnar sitt vittnesmål per telefon.

1986-03-11 (Tisdag): Sture förhörs för tredje gången. Troligen hos polisen.

1986-04-06 (Söndag): Sture medverkar i Rapport. Där berättar Sture att polisen har förväxlat honom med gärningsmannen.

1986-04-07 (Måndag): Sture medverkar i Expressen.

1986-04-25 (Fredag): Sture förhörs för fjärde gången. Troligen via personligt besök hos kriminalen.

1986-05-16: 33-åringen frias från misstankar.

1986-05-20: Brev skickas till DN.

1986-05-2x: Brev skickas till Kungen, RÅ, länspolismästaren, med flera.

1986-05-22: Brev skickas till Wickbom.

1989-01-19: Första artikeln i proletären av Olle Minell. Olle är säker på att Stures uppgifter pekar mot polisspåret.

1990-01-09: Sture skickar brev till Sven Anér.

1990-02-28: Brev skickas till JK Hans Stark.

1991-02-14/21/28: Andra till fjärde artikeln i proletären. Olle Minell pekar på möjligheten att Sture inte talar sanning.

1992-05: Artikel i Skydd & Säkerhet där Sture beskriver sin syn på mordet.

199x: Sture får förtidspension från Skandia.

1999: Sture skiljer sig från sin andra fru.

2000-06: Sture avlider.

Bilaga 2: Förhör

Vittne	Vittnesmål	Placering	Förhörd av
Ahmed Z	1986-03-03 11:05	Promenerar västerut på David Bagares gata	Håkan Ström
Ahmed Z	1986-03-13 07:50	Promenerar västerut på David Bagares gata	Jan Länninge
Anders B	1986-03-01 02:25	Gick bakom paret.	Kenneth Nordlander
Anders B	1986-03-03 19:30	Gick bakom paret.	Allan Bäckström och Å Torstensson
Anders B	1987-03-25 10:00	Gick bakom paret.	Lars Jonsson och Solveig Riberdahl

Vittne	Vittnesmål	Placering	Förhörd av
Anders D	1986-03-01 00:20	Körde Taxi på väg söderut. Första bil i mittfilen.	H Karlsson
Anders D	1986-03-14 10:30	Körde Taxi på väg söderut. Första bil i mittfilen.	Jan Länninge
Anna H	1986-03-01 00:15	Satt i Åke L's bil. Norrut i vänsterfilen som första bil.	E Näslund
Anna H	1986-03-03 17:45	Satt i Åke L's bil. Norrut i vänsterfilen som första bil.	Åke Thorstensson
Anna H	1986-04-02 11:00	Satt i Åke L's bil. Norrut i vänsterfilen som första bil.	Lars Jonsson
Anna H	1986-04-03 11:00	Satt i Åke L's bil. Norrut i vänsterfilen som första bil.	Lars Jonsson och Allan Bäckström
Ann-Charlott H	1986-03-03 16:50	Satt i Anders D's taxi	Torsten Stålnacke
Ann-Charlott H	1986-05-12 15:25	Satt i Anders D's taxi	Christer H Sjöblom

Vittne	Vittnesmål	Placering	Förhörd av
Annika B	1986-03-02 17:32	Stod placerad i riktning mot Kungsgatan vid rest Montecarlo	Håkansson
Annika B	1986-04-18 08:00	Stod placerad i riktning mot Kungsgatan vid rest Montecarlo	Lars Jonsson
Bengt P	1986-03-02 14:30	Sitter i bil och passerar mordplatsen norrut	Jan Winner
Cecilia A	1988-06-21 16:35	Satt i Åke L's bil. Norrut i vänsterfilen som första bil.	Inge Uvemo och Lennart Gustafsson
Charlotte L	1986-03-03 16:55	Satt i Anders D's taxi	Thomas Carlsson
Christina V	1986-03-01 15:20	Promenerade söderut på Sveavägen på andra sidan gatan	Hurtig
Christina V	1986-03-05 12:27	Promenerade söderut på Sveavägen på andra sidan gatan	M. Petersson

Vittne	Vittnesmål	Placering	Förhörd av
Christina V	1986-03-27 10:55	Promenerade söderut på Sveavägen på andra sidan gatan	Håkan Ström och Gunnar Olsson
Egon E	1986-03-01 02:05	Stod placerad i riktning mot Kungsgatan vid rest Montecarlo	Per Gustavsson
Elisabeth J	1986-04-03 12:10	Satt i Åke L's bil. Norrut i vänsterfilen som första bil.	Lars Jonsson
Göran I	1986-03-06 00:00	Satt i vita Mercedesen. Riktning söderut, gjorde u-sväng	Allan Bäckström
Göran I	1988-02-03 15:35	Satt i vita Mercedesen. Riktning söderut, gjorde u-sväng	Ingvar Kjellvås
Hans J	1986-03-04 20:30	Körde vita Mercedesen. Riktning söderut, gjorde u-sväng	Björn von Sydow
Hans J	1986-03-14 00:00	Körde vita Mercedesen. Riktning söderut, gjorde u-sväng	Seth Jansson och Inge Uvemo

Vittne	Vittnesmål	Placering	Förhörd av
Hans J	1986-05-13 08:55	Körde vita Mercedesen. Riktning söderut, gjorde u-sväng	Jan Länninge
Hans J	1986-05-16 10:45	Körde vita Mercedesen. Riktning söderut, gjorde u-sväng	Jan Länninge
Hans J	1986-10-15 12:15	Körde vita Mercedesen. Riktning söderut, gjorde u-sväng	Solveig Riberdahl och Ulf Norlin
Helena L	1986-03-02 12:30	Sitter i Inges bil i riktning öster på Tunnelgatan	Uvemo
Helena L	1986-03-14 11:00	Sitter i Inges bil i riktning öster på Tunnelgatan	L Borgström
Helena L	1986-04-07 15:15	Sitter i Inges bil i riktning öster på Tunnelgatan	Paul Johansson
Inge M	1986-03-01 09:20	Sitter i sin bil i riktning öster på Tunnelgatan	Monica Andersson
Inge M	1986-03-14 10:30	Sitter i sin bil i riktning öster på Tunnelgatan	L Borgström
Inge M	1986-04-08 11:50	Sitter i sin bil i riktning öster på Tunnelgatan	Lars Hamrén

Vittne	Vittnesmål	Placering	Förhörd av
Jan A	1986-03-01 13:30	Satt i Chevrolet riktning söderut	Kaj Hane
Jan A	1986-03-01 21:35	Satt i Chevrolet riktning söderut	Börje Wingren
Jan A	1986-03-02 16:00	Satt i Chevrolet riktning söderut	Börje Wingren
Jan A	1986-04-08 14:55	Satt i Chevrolet riktning söderut	Lars Jonsson
Jan N	1986-03-01 02:15	Sitter i sin limousine på Tunnelgatan	Eva Borg
Jan N	1986-04-08 13:00	Sitter i sin limousine på Tunnelgatan	Lars Jonsson
Jan-Åke S	Okänt. KL 11:30	Sitter i sin bil i korsningen norrut på Sveavägen.	Monica Andersson
Jan-Åke S	1986-04-09 07:05	Sitter i sin bil i korsningen norrut på Sveavägen.	Paul Johansson
Karin J	1986-03-01 00:20	Satt i Åke L's bil. Norrut i vänsterfilen som första bil.	Sven Malmros
Karin J	1986-04-02 15:10	Satt i Åke L's bil. Norrut i vänsterfilen som första bil.	Lars Jonsson och Allan Bäckström

Vittne	Vittnesmål	Placering	Förhörd av
Kenneth E	1986-03-05 00:00	Satt i vita Mercedesen. Riktning söderut, gjorde u-sväng	Allan Bäckström
Lars J	1986-03-01 01:15	Står i korsningen Luntmakargatan - Tunnelgatan	Kenneth Nordlander
Lars J	1986-03-04 10:50	Står i korsningen Luntmakargatan - Tunnelgatan	Monica Andersson
Lars J	1986-04-04 14:05	Står i korsningen Luntmakargatan - Tunnelgatan	Lars Jonsson
Lars J	1986-08-27 21:15	Står i korsningen Luntmakargatan - Tunnelgatan	Ulf Norlin och Dick Lundblad
Leif L	1986-03-01 12:15	Satt i Chevrolet riktning söderut	Ali Lindholm
Leif L	1986-03-01 20:05	Körde Chevrolet riktning söderut	Börje Wingren
Leif L	1986-05-07 14:55	Körde Chevrolet riktning söderut	Jan Länninge
Leif L	1986-04-27 13:10	Körde Chevrolet riktning söderut	Håkan Ström
Lena B	1986-05-16 08:45	Satt i vita Mercedesen. Riktning söderut, gjorde u-sväng	Paul Johansson
Lena S	1986-03-04 15:00	Satt i Anders D's taxi	Thomas Carlsson

Vittne	Vittnesmål	Placering	Förhörd av
Lena S	1986-04-08 15:25	Satt i Anders D's taxi	Paul Johansson
Lisbet Palme	1986-03-01 15:35	Korsningen Sveavägen Tunnelgatan	Inge Reneborg och Christer H Sjöblom
Lisbet Palme	1986-03-08 18:05	Korsningen Sveavägen Tunnelgatan	Christer H Sjöblom
Lisbet Palme	1986-03-25 09:30	Korsningen Sveavägen Tunnelgatan	Hans Holmér
Lisbet Palme	1986-04-29 16:30	Korsningen Sveavägen Tunnelgatan	Lars Thonander och Gunnar Hierner
Per V	1986-03-27 11:46	Promenerade söderut på Sveavägen på andra sidan gatan	Håkan Ström och Gunnar Olsson
Stefan G	1986-03-05 18:00	Satt i vita Mercedesen. Riktning söderut, gjorde u-sväng	Allan Bäckström

Vittne	Vittnesmål	Placering	Förhörd av
Stefan G	1986-05-13 11:30	Satt i vita Mercedesen. Riktning söderut, gjorde u-sväng	Lars Jonsson och Allan Bäckström
Sture E	1986-03-01 12:20	Promenerar söderut på Sveavägen.	Ali Lindholm
Sture E	1986-03-10 09:52	Promenerar söderut på Sveavägen.	Håkan Ström
Sture E	1986-03-11 13:20	Promenerar söderut på Sveavägen.	L Borgström
Sture E	1986-04-25 09:00	Promenerar söderut på Sveavägen.	Lars Jonsson och Allan Bäckström
Susanne K	1986-03-12 09:30	Promenerade söderut på Sveavägen på andra sidan gatan	Inge Uvemo och Seth Jansson
Susanne K	1986-04-11 10:40	Promenerade söderut på Sveavägen på andra sidan gatan	Lars Jonsson
Susanne L	1986-03-14 09:15	Sitter i Inges bil i riktning öster på Tunnelgatan	L Borgström

Vittne	Vittnesmål	Placering	Förhörd av
Susanne L	1986-04-08 12:45	Sitter i Inges bil i riktning öster på Tunnelgatan	Lars Hamrén
Sven-Erik R	1986-03-14 12:40	Sitter i Inges bil i riktning öster på Tunnelgatan	L Borgström
Ulrika R	1986-03-12 09:09	Promenerade söderut på Sveavägen på andra sidan gatan	Inge Uvemo och Seth Jansson
Yvonne N	1986-03-02 13:55	Promenerar västerut på David Bagares gata	Håkan Ström
Yvonne N	1986-03-04 16:30	Promenerar västerut på David Bagares gata	Lars Jonsson och Åke Thorstensson
Yvonne N	1989-04-13 18:10	Promenerar västerut på David Bagares gata	Per Gustavsson och Inge Uvemo
Åke L	1986-04-05 11:10	Satt i Åke L's bil. Norrut i vänsterfilen som första bil.	Lars Jonsson

Bilaga 3: Stures bakgrund

Sture har sina rötter i östra Småland, närmare bestämt i Madesjö i Nybro kommun. Släkten härstammar dock från Kalmar, där Stures farmors far Jonas S får en dotter, Emma Andrea, tillsammans med sin fru, Gunhild L. Emma blir sedermera Stures farmor. Emma föddes 1864 i Kalmar, och hon levde därmed under en period i samma stad som Olof Palmes farfars far, landssekreteraren Christian Adolph Palme, som levde 1811-1889.

1854 fick Christian Adolph Palme en son, Sven Palme, som senare skulle vara med och bygga upp Lifförsäkrings AB Thule som efter ett antal framgångsrika år köptes upp av Skandia.

Stures farmor Emma gifte sig med Fredrik William, Stures farfar. Fredrik William föddes 1862 i Smygebo och dog 61 år gammal 1923 i Madesjö.

Fredrik William flyttade hemifrån redan vid 14 års ålder och tog jobb som smedlärling i Spaklösa vid Ljungan. 1889 var han fullärd och startade sin egen smedja på Kortgatan i Nybro. I Småland var efterfrågan från glasindustrin stark och Fredrik William hittade en marknad i att bygga glasformar som han sedan kunde sälja till glasbruken. Fredrik William var framgångsrik, och fick 1905 ett statsbidrag för att åka på studieresa till Holland, varifrån han tog med sig många idéer hem. Några år senare sålde han formtillverkningen till en bekant som efter några framgångsrika år avyttrade hela rörelsen till Orrefors bruk. Fredrik William började i stället tillverka glas på egen hand. Inledningsvis höll han till i samma lokaler, men 1916 blev de för trånga varför han byggde en ny, större, fabrik vid Stora Smedgatan. Produkten var tandkrämsburkar i glas, och firman kallade han Nybro Burkfabrik. Volymerna var betydande, och han exporterade bland annat till Norge och Danmark. Som mest producerades 10 000 burkar per dag i de egenkonstruerade, och i flera länder patenterade, glasmaskinerna. Maskinerna var robusta och producerade burkar ända till 60-talet innan de pensionerades.

Fredrik William var tongivande i uppbyggnaden av den lilla staden. Han startade upp Sparkassan, deltog i köpingens kommunstyrelse och spelade en viktig roll i ett antal av de föreningar som efterhand grundades och sedermera blomstrade, inte minst i nykterhetsrörelsen. Under många år var han dessutom ordförande i fattighjälpsfonden.

Hyttan drev han fram till sin död 1923. Dödsboet fortsatte driften i ytterligare några år fram till 1928, då pengarna tog slut och hyttan lades ner. Hyttan med inkråm köptes av fabrikören Gustaf Kähr, men någon verksamhet startades inte upp förrän 1934 då friställda glasblåsare från Pukebergs glasbruk gick samman och bestämde sig för att starta eget.

De bildade tillsammans med direktör Sture Ljungdahl Aktiebolaget Erikshyttan. Bolaget var aktivt ända till 1971 då cirkeln slöts och bolaget med verksamhet såldes till Pukebergs glasbruk. Bruket mitt inne i staden revs och det enda minnet av den tiden är nu en vägstump med namnet Erikshyttevägen.

Emma och Fredrik William fick fem barn. Äldst var Gustaf William som föddes 1892. Året därefter fick de Kerstin Magdalena Asta, och efter ytterligare ett par år Margareta Elin. Därefter dröjde det till 1900 innan nästa i barnaskaran föddes, då Bengt Gottfrid såg dagens ljus.

Två år senare, 1902, föddes Stures far, Frank William. Han träffade redan i folkskolan 1920 sin kommande fru, Stures mor, Renata Ingrid Stina, född 1903. Hon var det näst äldsta barnet till Ann och Karl-Bertil H som totalt fick 5 barn, tre pojkar och två flickor. Bröderna blev äldre än 80 år och hennes syster blev 94. Karl-Bertil var bagare, och hade ett bageri i Nybro. Renata blev modist och hade en handskbutik i Nybro där hon sålde accessoarer och handskar.

För Franks del var tanken att han skulle ta över pappa Fredrik Williams glasbruk, men när det lades ner innan Frank blev gammal nog att ta över, fick han se sig om efter annat. Han tog i stället jobb som maskinspecialist på Ivar Krügers fabriker.

Renata tog körkort tidigt och köpte en liten svart Packard. I början av 20-talet blev Frank placerad i Indien. Renata stannade först hemma och följde inte med förrän 1927 när de gifte sig. De kom att stanna i Indien i över 30 år och Renata födde där två söner. Peter Hans föddes i Calcutta 1941, och Sture Frank Wilhelm föddes i Bombay 1934. Renata trivdes i Indien. Hon gillade den fina villan med den grönskande trädgården och sin trädgårdsmästare.

Tjänstefolket, barnflicka och kock, gjorde livet enkelt att leva.

De flyttade tillbaka till Sverige i början av 1950-talet och bosatte sig i en villa i Täby. Lyckan varade i några år, men redan 1967 dog Frank i njurcancer. Renata, å andra sidan, blev mycket gammal. När hon dog var hon Sveriges äldsta kvinna, 112 år gammal.

På åttiotalet flyttade Renata från Täby, och bosatte sig inne på fashionabla Grev Turegatan i Stockholm, bara ett par hundra meter från korsningen Sveavägen - Tunnelgatan.

Stures uppväxt i Indien var speciell. Han uppfostrades i en traditionell och gammaldags miljö vilket satte sina spår. Som barn gick han klädd i grön, engelsk militärkostym och lekte mest med tidstypiska krigsleksaker. När det blev dags för skolan placerade föräldrarna honom i internat.

Han var oerhört blyg. Högläsning i skolan blev ett oöverstigligt hinder, och han kunde bli så nervös att han inte kunde andas. Längre upp i tonåren klarade han inte att utan stor vånda bjuda upp flickor till dans. Överhuvudtaget kände Sture en kluvenhet inför flickor.

Till Sverige kom Sture 1945, snart tolv år gammal. Föräldrarna lämnade honom i släktingars vård i Nybro och återvände till Indien för ytterligare uppdrag. I början av 50-talet återvände föräldrarna från Indien under en kort period för att strax därefter åka tillbaka till Indien. Först 1956 var de tillbaka för gott.

Skolgången i Sverige tillbringade Sture på internatskolan i Sigtuna. Högre utbildning fick han på konstfackskola där han utbildade sig inom grafik och teckning. När han gått ut skolan fick han jobb som redaktör på Sveriges Radios Förlag där han stannade några år. 1964 gifte sig Sture för första gången, med sekreteraren Anita E, dotter till dirigenten, pianisten och kompositören Sixten E. Bröllopsmiddagen hölls på Riddarhuset i Stockholm.

Äktenskapet mellan Sture och Anita blev inte långvarigt. De skiljde sig 1967.

Efter att ha jobbat på förlaget en period, tog Sture anställning på SVT där han träffade sin kommande fru, sjuksköterskan Maria H. De gifte sig 1968. Sture och Maria bodde vid den här tiden båda i Täby, hon i Näsby Park och han i Viggbyholm.

Stures tredje och sista arbete fick han som reklamkonsulent på Skandia. Här hade han ett eget kontor, med lås som inte ens väktarna hade nyckel till. Han ritade reklammaterial och andra grafiska produktioner. Sture älskade sitt jobb och brukade även rita och teckna på sin fritid. Han hjälpte bland annat hembygdsföreningen med material, och stod också till förfogande om föreningar, kompisar och andra bekanta var i behov av hjälp med någon form av grafisk produktion.

På sjuttiotalet byggde Sture och hans fru en stuga på Muskö. Det som saknades i praktiska byggkunskaper hos Sture vägdes upp av hans entusiasm.

Sent på året 1979 drabbades Sture av en olycka när han höll på att måla om. Han stod på en stege och ramlade ner så illa att han bröt nacken. Han fick en sorts stålställning med skruvar som skulle hålla kraniet på plats, och som han fick gå med i tre månader. Hans omgivning hade mycket roligt åt den, de tyckte att han såg ut som en rymdmänniska.

Sture gillade att ta sig ett glas eller två. Med tiden blev han alltmer alkoholiserad och drickandet stal mer och mer av hans fritid. Samtidigt fick Sture allt mer att göra på jobbet, och han jobbade över en hel del. Övertiden kombinerade han gärna med att i lugn och ro inta alkohol på sitt kontor.

Sture ogillade starkt Olof Palme. "Den där jävla Palme" brukade han säga. Obekräftade uppgifter gör gällande att han på fritiden umgicks med vänner som hade beröringspunkter med både WACL och EAP, två högerextrema organisationer. Han lär bland annat ha hjälpt till att ta fram en grafisk profil åt EAP. Det finns också uppgifter som pekar på att Sture kan ha legat bakom de välkända karikatyrerna på Palme, dels "piltavlepalme", och dels "kroknäsepalme med förbudsskylten" som publicerats i tidskriften Contra.

Ingenting tyder dock på att han var medlem i dessa organisationer.

Under början av 80-talet deltog Sture i en artikelserie i SvD med temat "Manligt och Kvinnligt". Artikelserien innehöll bland annat ett moment som gick ut på att läsarna på en talong i tidningen fick beskriva sina egenskaper enligt en 10-gradig skala. De skulle därefter skicka in talongen till tidningen, som sammanställde och bedömde personens manlighet respektive kvinnlighet. Det var bara de 100 första inskickade svaren som togs om hand och ett av dem var Stures. Han var så angelägen att vara med i urvalet, att han redan samma dag som uppropet fanns i tidningen sprang hela vägen till brevlådan för att posta sitt svar.

Sture kom med i urvalet och blev dessutom den av alla 100 deltagarna som uppvisade de mest androgyna egenskaperna.

I denna artikelserie säger Sture bland annat att han är uppriktig, självständig och självsäker, men att han ändå har en del känsliga sidor. Han är mottaglig för smicker, har barnasinnet kvar, är känslig för andras behov och är rädd för att såra andra, något som han menar går tillbaka till barndomen. Sture tvekar inte heller för att beskriva en del mindre smickrande sidor av sin personlighet. Han anser sig vara både tävlingsinriktad och ärelysten, drag som han önskar vore mindre framträdande. Kanske med hänsyn tagen till artikelseriens ämne och hur han framstår då författarna framställer honom som Sveriges mest androgyne man, ser han det påkallat att hävda att han inte ser sig själv som feminin, i alla fall inte "om man tänker på det sexuella".

Sture berättar vidare om att han bar drag av envishet på gränsen till rättshaverist. Som ett exempel anger han att han en gång drev en felaktig räkning hela vägen ända upp i vattenöverdomstolen.

På de internatskolor han gick i lärde han sig att stå på egna ben. Sture kände sig ofta ensam och övergiven. Han tror själv att hans ovilja för att göra andra ledsna ligger i rädslan att förlora sympatier eller kärlek. Kvinnor är jämlika i Stures världsbild och han skulle själv inte kunna ta rollen att bestämma över någon kvinna.

Sture var aldrig helt nöjd med sitt val av arbete. Som barn ville han bli fotograf och resa världen runt och ta bilder. Även kroppsligt var han något missnöjd med vad han var begåvad med. Fick han välja skulle han gärna vilja vara mer stark och atletisk.

I 40-årsåldern genomgick Sture en kris som tog sig uttryck i att han ifrågasatte vad karriären hade gett honom och vad livet egentligen gick ut på. Krisen gick sedermera över och han blev efterhand mer tillfreds med sitt liv, även om han inte var nöjd med sin personlighet och egentligen ville ändra på den.

Sture har av andra beskrivits som en komplicerad person. Han påstås ha haft dåligt självförtroende, men samtidigt var han oerhört snäll och en utpräglad djurvän, som inte ens kunde döda en fluga.

Någon våldsamt drag fanns inte hos Sture. Han tog hellre order än delade ut dem själv. På det mer jordnära planet hade han svårt att hålla ihop ekonomin. Han var godtrogen, närmast naiv, och trodde att alla alltid talade sanning, vilket gjorde att han förlorade en del på alltför vidlyftiga affärer.

I början av 1986 bokar Sture en resa till fjällen. Han och hans fru ska lördagen den första mars åka till Idre på en veckas skidsemester. På fredagen jobbar Sture som vanligt över men vill ändå komma hem i rimlig tid så att de ska kunna packa. Nu blir det inte så. Först klockan kvart över elva på fredagskvällen bryter Sture till sist upp. Han har druckit en del men är inte märkbart berusad. Han tar på sig rock, keps, halsduk, och sin handledsväska där han förvarar plånbok, näsduk och en del andra saker. Sen lämnar han några brev i internposten, tar trapporna ner, stämplar ut och passerar slutligen ut genom utgången på Sveavägen. Resten av den historien hittar vi i förhörsprotokollen.

Stures intresse för Palmemordet var inte av extrem karaktär, han var inte direkt uppslukad av utredningen efter mordet. Han läste det som framgick i massmedia, inte mer. När han blev kontaktad av författare, journalister och andra som ville prata med honom, blev han med något enstaka undantag smickrad över deras intresse. Han tyckte också om att bli igenkänd och ihågkommen. Sture funderade också på hur han skulle kunna dra nytta av belöningspengarna som utlystes, men kom aldrig fram till någon riktigt bra idé.

Han hade känslan av att polisen inte tog honom på allvar, och det var något som gjorde honom upprörd.

Runt 1996 tog Sture ut förtidspension från Skandia. På fritiden försökte han dra in pengar genom sin hobby, grafisk formgivning, och han försökte starta upp ett företag tillsammans med en kompanjon. Detta misslyckades, pengar verkade alltid saknas och varken Sture eller kompanjonen hade medel att avhjälpa det.

Sture avled i juni 2000, 66 år och fyra månader gammal.